◎ 中国现代文化世家丛书（第二辑）

千年世家传书香
——无锡七房桥钱氏家族文化评传

苏克勤 著

国家出版基金项目
NATIONAL PUBLICATION FOUNDATION

郑州大学出版社

图书在版编目(CIP)数据

千年世家传书香:无锡七房桥钱氏家族文化评传/苏克勤著.—郑州:郑州大学出版社,2015.12(20016.8重印)
(中国现代文化世家丛书.第二辑)
ISBN 978-7-5645-2736-5

Ⅰ.①千… Ⅱ.①苏… Ⅲ.①家族-文化研究-无锡市 Ⅳ.①K820.9

中国版本图书馆 CIP 数据核字(2015)第 307421 号

郑州大学出版社出版发行	
郑州市大学路 40 号	邮政编码:450052
出版人:张功员	发行电话:0371-66966070
全国新华书店经销	
河南安泰彩印有限公司印制	
开本:710 mm×1 010 mm 1/16	
印张:18.75	
字数:280 千字	
版次:2015 年 12 月第 1 版	印次:2016 年 8 月第 2 次印刷
书号:ISBN 978-7-5645-2736-5	定价:48.00 元

本书如有印装质量问题,请向本社调换

中国现代文化世家丛书
编辑委员会名单

◎

主　　编	詹福瑞　党圣元　张鸿声
执行主编	骆玉安
成　　员	（以姓氏笔画为序）

马　达　王　锋　王同毅
王振羽　王莉娟　孔庆茂
叶　新　冯保善　刘士林
刘成纪　刘运来　苏克勤
李风宇　李道魁　吴　昕
何晓红　沈卫威　张　霞
张功员　张志林　张鸿声
赵金钟　骆玉安　党圣元
徐　栩　凌　青　黄　轶
詹福瑞

主编助理　张　霞　席静雅

·代总序·
跨越时空的文脉

◎

在中华民族五千年的文明史上,"家"与"国"总是作为一个不可分割的社会有机体相伴而存。历史的长河滚滚向前,更迭不已的朝代衍生的名门望族难计其数。这些显赫家族中的一部分在繁衍存续中以文化为纽带,形成独特的群体,成为文化世家。这些文化世家及其杰出人才为华夏文化的传承与发展发挥过巨大的示范作用,在一定程度上影响着中国历史与文化发展的进程。如:齐鲁大地上以孔子肇始的孔氏世家,享誉儒林两千余年,堪称"中国第一文化世家";义宁的陈氏家族以陈宝箴、陈三立、陈寅恪而负盛名;杭州钱塘的钱氏家族,因千余年来文风昌盛、人才辈出而被誉为江南望族;安徽桐城方氏家族,自明末至今一直享誉文坛,有"中国近世三百年第一文化世家"之称。

改革开放以后,特别是20世纪90年代以降,中国进入新的文化复兴时期,国人比以往任何时代都更加重视科技、教育和文化,也更加珍视人才。事实表明,代表先进文化最高水平的社会群体,正是那些位居学术最高领域的专家、学者等文化精英。中国现代转型以来,那些文化、思想领域的领军人物,在推动社会变革和学术创新等方面贡献巨大。研究发现,这些专家、学者和精英人物,大都出身于文化世家,有着良好的家庭文化背景和丰厚的学养。文化世家所呈现的人才辈出的现象,成为中国现代史上一道亮丽的景观。

在我国文化典籍中,"世家"一词早有所见,其注解也多有不同。《孟子·滕文公下》中出现"仲子,齐之世家也"①之说;《史记》以"世家"记述王侯诸国大事,有《世家》30篇;欧阳修所撰《新五代史》,沿用司马迁《史记》的体例,书中也开举《列国世家》10篇。我国古代王侯开国,子孙世代承袭,所以称世家。后来,人们将世代显贵、以某种专业世代相承的家族或大家泛称为世家。《现代汉语词典》对"世家"有如下3种解释:封建社会中门第高,世代做大官的人家;《史记》中诸侯的传记,按着诸侯的世代编排;指以某种专长世代相承的家族。②

根据研究和多方因素理解,"世家"当指有特殊职业或专长、社会地位显赫,或代表某一领域、阶层特色并世代传承的家族。考虑到文化的特殊性,文化世家则是文化在家庭、家族中长期积淀,并经过多代人不断赓续、传承而形成的特有文化现象,是以家风、家训、家教等文化单元为标志,以家族杰出人物群体为代表的世代相传的家族体系。

现代文化世家则是源自19世纪末,成长于20世纪初,繁盛于20世纪中期并延续至今的,以家族文化传承为基本特色的不同家族的集成。中国现代文化世家总是以家族的一个或多个、能够影响或引领某一时代或某一领域发展的杰出人物为代表,进而形成一个具有浓郁的家族特色、对社会产生广泛而重要影响的群体。

中国现代文化世家的兴起和成长大致在19世纪末20世纪初至今100年多的时间。历史地看,20世纪以来的中国文化留给我们许多值得深思的空间。从1840年至1949年这段充满屈辱的历史,国人经受的痛苦是空前绝后的;然而,这一时期的中国却呈现出文化多姿、人才辈出的局面,所谓"国破山河在,家脉代代传"。这是中国根亲文化的魅力和生命力之所在。

---

① 《孟子》,中华书局2006年版,第142页。
② 《现代汉语词典》,商务印书馆2012年版,第1185页。

实际上,中国现代文化世家的家族脉络根须还可以上溯至300多年前的明末清初时期。那时,中国开始出现资本主义萌芽。商业资本的发达不仅带来经济繁荣和人口大量流动,也促使人们思想的开放和转变。封建的小农经济依然占统治地位,人们在获取有限的物质满足后,在精神上也有了更加新异的追求。特别是到了清朝末年和民国年间,西方列强的入侵和洋务运动的助推,让许多有钱人家对家族的振兴和子女的抚养有了颠覆性的认识。尽管"学而优则仕"的思想根深蒂固,但富家子弟求学读书并非为了单一的科举及第。由于视野的开阔,富裕人家往往不惜重金聘请名师对子女进行一对一的培养,或让年幼的子女体面地进入私塾,或挤进洋人的教堂,甚至远渡重洋,为的是让子孙后代冲出家门,获取更加宽阔的人生发展空间,去施展抱负,光宗耀祖。这样,官富子弟不仅躲避了战乱的袭扰,更能浸染异域文化,从而成就了大批人才。

晚清至民国时期,中国经历了前所未有的动荡局势。一方面,清廷的腐败无能引起民众造反;另一方面,外族入侵加剧了中国的贫弱。社会贫富悬殊,阶层急剧分化。当时的局面是,寻常百姓不仅生活窘迫,甚至生死难测;富豪家族生活安逸,甚至花天酒地,更可破财消灾,让自己的子弟躲避人祸,享受现代优质教育。即使是割据一方的军阀,也往往处心积虑地让自己的亲属弃武从文,期望发迹于文化世家。时局动荡,社会倒退,却难以遏制文化的萌动与繁荣。而乱世时期的富家子弟往往不乏有志之士,他们倾心文化功名,客观上造就了家族文化的繁荣,使文化世家风起云涌。

从人才学的角度进行考察,文化世家的整体成长往往又伴随国运兴衰而行,其历程也往往变幻纷呈,瑰丽多姿。中国的历史就是这么怪异,有时越是动荡不安,文化越是奇异多姿。春秋战国时期是这样,三国两晋南北朝时期是如此,近代的清末民国时期也概莫能外。

20世纪初,中国最后一个封建皇帝被赶出宫廷,伴随频仍的天灾和人祸(战乱和政治腐败),裹挟中西文化泥沙的巨浪席卷中国大地,中国彻底沦为半殖民地半封建社会。民国时期虽时局动荡,军阀混战,但文化却一直未能断裂,反而出现极度繁荣的景观。这一时期,军阀的利益、地盘纷争不断,文化的发展空间相对宽松;军阀的粗野庸俗,反而衬托出文化的精细高雅与尊贵,追求风雅成为时尚,文人地位也随之攀升,这在客观上促进了人才成长和文化繁荣的局面。现有史料足以证明,即使在1928年那样战火纷飞的动荡年月,成立伊始的国民政府中央研究院仍然做着遴选院士的长远计划,并终于在20年后的1948年成功地评选出中国首届81名院士。首届院士不乏文化世家子弟,如梁思成、梁思永兄弟,冯友兰、冯景兰兄弟等。这一现象值得我们研究和探讨。

1949年中华人民共和国的成立,标志着一个新时代的到来。由于时局稳定,加上国家恢复生产和经济建设都亟需大批各行各业的人才,许多流亡于海外的专业人才(多为旧时代文化世家子弟)纷纷回国。他们在参加新中国建设的同时,因为其卓越成就和高尚品德,成为科技文化领域的典范,从而使家族文化成为优化社会环境的重要因素,促进了家族文化繁荣时期的来临。随着时局的动荡变迁,特别是"十年动乱",许多家庭遭遇灾难,甚至出现家族内部政治斗争,相互陷害,亲情无存、文化割裂;加上中国计划生育政策的实施,家庭结构的变化,家族文化遭遇内外夹击,影响了家族文化的繁荣与发展。时至今日,已经难以见到中国传统家庭四世同堂、子孙满院的格局,而文化的一度断裂,也从根本上影响了文化世家的发展,我们也很难见到20世纪中期那样的文化世家了!

沉舟侧畔千帆过,病树前头万木春。20世纪90年代至今,随着科教兴国战略的实施,中国对科技和人才的重视程度前所未有,迎来了科技发展和人才成长的最佳机遇。同时,随着时局的稳定,和谐社会的发展,人们在享受现代科技带来的现代化便捷生活的同时,也渴望回归自然,怀念旧日民族文化传统。从20世纪乡土文学受到热捧,到同乡会、同学会、恳亲会、姓氏寻根、家谱赓续等活动,无不带有浓郁的中华民族传统文化色彩,同时也为家族文化的凝练创造了良好的氛围。中国家族文化在和谐发展的当世焕发出勃勃生机。

随着人类社会的不断进步,家族文化必然也会有新的发展,虽然嫡亲家族还需等待时日,而松散的家族联系必然也能够成就新兴的文化世家,成为新的人才成长的独特环境。况且,随着国家计划生育政策的调整和综合国力的不断增强,人们生活水平的不断提高,和谐社会的健康发展,新时期中国文化世家也必然会以新的形态呈现并在人才成长链中发挥出榜样和示范的作用。

中国现代文化世家根植于中华民族的肥沃土壤,深受民族文化浸润,有着鲜明的特色。

中国现代文化世家中的家族文化根基源自中华民族传统文化。我们选入的所有现代文化世家,都弥漫着中华民族的文化氛围。不管是新会的梁氏家族,还是无锡的钱氏家族,或者是唐河的冯氏家族、湘乡的曾氏家族、义宁的陈氏家族,他们首先是以中国传统文化为主要特征的书香门第。这些家族的杰出人物不仅有着良好的家风和深厚的家学渊源,而且其中的杰出代表人物从私塾开始多有大师引路,并大都出国留学,深受异域文化的影响,可谓学贯中西,所以在他们身上总能闪现出新异文化的光芒,通透着文化的锐气。如东至周氏家族中的周一良,在其出生的次日,母亲萧琬即患急病猝然离开人世,幸被父亲周叔弢的德国朋友、牧师卫礼贤抱回家让夫人用牛奶喂养了一年才送还周家,再由周一良的三姑母(旧式的文化女性、孀居而又无子女)扶养。周叔弢对儿子煞费苦心,不惜重金请来名宿大儒坐馆家塾。周一良的老师如张惄、毓康、温肃、唐兰等,或为当世鸿儒,或是文化名流,或与"大清天子同学少年"(陈寅恪语),而且还有外籍教师教学外语,使其通晓英、德、日等国语言,后来他成为中国著名的历史学家。又如,义宁的陈氏家族中,陈寅恪是中国现代最负盛名的诗人之一,还是中国现代历史学家、古典文学研究家、语言学家,被称为"清华百年历史上四大哲人"之一。其父陈三立是著名诗人,"清末四公子"之一,其祖父陈宝箴曾任湖南巡抚。因陈寅恪身出名门而又学识过人,在清华任教时被称作"公子的公子,教授之教授"。

综观中国现代文化世家展示的家族文化,有着明显的世代传承特色。每一个家庭中的杰出人物都不是单打独斗的,而是呈现出群英荟萃、相映生辉的局面(这一点在梁启超的子女中展示得更加明显)。他们或是科举精英,或是乱世怪才,有人甚至当上了皇帝的老师(翁同龢曾是同治、光绪两代帝师)。这些家族成员文化层次极高,职业新潮,特色明显。比如东至周氏家族中的周馥为一品监生,周学海为两榜进士的良医,周学熙曾任民国时期的财政大员,周明夔(叔迦)为佛学大师,周绍良是著名的红学家、敦煌学家、佛学家、收藏家和文物鉴赏家,周一良是著名的历史学家。又如新会梁氏家族中的梁启超是国学大师,他的子女梁思顺、梁思成、梁思永、梁思忠、梁思庄、梁思达、梁思懿、梁思宁、梁思礼等,也都成为当世英才。再如唐河冯氏家族的冯沅君、冯友兰、冯景兰、冯宗璞分别在文学、哲学、史学、地质学等方面成就卓著。这些代表人物堪称时代精英,他们从事的职业、徜徉的领域都留下了时代光辉;他们的成果都能够荣登当世的最高境界。他们身上的人文精神也成为时代楷模,激励了一代甚至数代人在人生的道路上健康成长,并在后人的追捧中不断发展、完善。

中国现代文化世家中的家族动辄几十甚至几百年的家族史,在当地声名显赫,德高望重,也大多恭行自律,家教严谨,讲究门风,形成独特的家训。如无锡钱氏家族的"姓钱但不爱钱",常熟翁氏家族的"读书""为善",湘乡曾氏家族的"耕读传家"等。中国现代文化世家以姓氏血缘为纽带,各个家族都有自己严格的宗祠家谱,家族特色明显;重视独特文化的凝练和世代延续,在传承中注重创新。如湘乡的曾氏家族能够在继承中兴名将遗风的同时,不仅人才辈出,还使良好的家风得以传承和创新。家族文化的兴衰与家族精英关系密切,一个家族的文化兴盛与衰落往往都离不开精英人物引领潮头、发扬光大。

中国现代文化世家的兴盛年代处于晚清、民国向现代转型时期,许多世家穿插了家学深厚、贤良德高的优秀女性。旧式中国社会,虽说女性的地位总体不高,但人们往往又把家风的树立、门户的筑垒寄望于良家女子,所谓"妻贤夫祸少,子孝父心宽"。这些家族中的女性不仅践行家族文化,而且以卓越的成就承担起家族文化的传承与创新。那时,相对稳定的大家庭模式和女性主内的家庭管理方式,客观上给女性施展管理才能提供了平台。殷实的家境使妇女可以免于生计所迫,让她们安心在家操持家务,教育孩子;有些女性从幼年开始即经受先进文化的熏陶,接受良好教育,成为女中豪杰。同时,女性受到的良好教育形成更加浓郁的文化氛围,并通过生活中悉心关心幼年家庭成员,以其无微不至的人文关怀、女性崇高的品德和良好的言行举止,影响家族成员健康成长。

在家庭成员成长过程中,女性发挥作用最典型的当属曾氏家族中曾国藩次子曾纪鸿之妻郭筠(字诵芳)。郭筠1岁即由父亲郭沛霖(曾国藩好友)做主许配曾家,12岁不幸丧父,幼年已成曾家女主人。因忙于家务无暇读书,直到和曾纪鸿完婚郭筠才有饱读诗书的机会。更为不幸的是,郭筠34岁又丧夫成寡。令人钦佩的是,郭筠持家教子有方,成为曾家富厚堂拿得起放得下的第一夫人。在富厚堂,曾家子孙几十口人都听她的号令!郭筠写有《曾富厚堂日程》,并有以自己的艺芳馆书斋名目、王闿运作序而传世的《艺芳馆诗存》。郭筠晚年立有6条"家训",策勉男女儿孙谋求自强自立,同时不要求年幼女性缠足,不赞成八股文章,也不愿孙辈去考秀才,却要他们学外国文字,接受新式教育。① 正是曾家有了这位贤惠的郭夫人,才使得曾氏家族能够在曾国藩等长辈虽过世经年仍然呈现一派繁荣昌盛的景象,并且这种景象在传承曾国藩治家精神的同时,又有新的、与时俱进的历史性转变。

中国现代文化世家开放的文化心态使得家族文化深受异域文化浸染,形成文化锐度,易于人才的脱颖而出。由于其时间跨度正处于中国社会的转型时期,时局的动荡、中西文化的碰撞,彻底颠覆了国人一贯的保守矜持、故步自封的性格,生存的需要逼迫他们在被动了解西方文化(其实早期更应该是科学和宗教文化)的同时,审视中国传统文化。他们发挥了自己的聪明才智,溅出奇异的光华,形成高锐度的思想和科学成果。这样,这些家族的子弟往往能够在同一时代、同一群体中或特立独行,或鹤立鸡群,或脱颖而出。

中国现代文化世家的精神动力来自兼容并蓄的开放心态和中西贯通的文化精神,这种精神催生人才的花丛枝繁叶茂;同时,其宽阔的文化视野形成兼容并蓄的文化发展路径,从而使得家族文化总能跟上时代的步伐,文化生命力强健。经济实力的增强往往能够带动精神境界的进一步提高,国家是这样,民族是这样,家庭也同样如此。成长于跨世纪的中国现代文化世家,由于世代显赫,随着经济、政治地位的提高和家族影响力的增强,其文化心态也逐步开阔。其家族代表不仅对中国传统文化批判、审视和合理吸纳,也同时关注西方文化,做到兼容并蓄;同时,新的事物、新的思想也成为他们的关注对象。所以他们总能成为时代的弄潮儿,紧

---

① 岳南:《南渡北归·南渡下》,湖南文艺出版社2013年版,第521~522页。

跟时代步伐,在守成的同时不乏创新,使家族文化具有极强的生命力。现代文化世家群体彰显的中国家族文化,是中国现代文化的主要组成部分。其涵盖的勤奋进取、艰苦奋斗、自强不息、爱国爱家、亲情友谊等人类先进文化的重要因素,将贯通时空,成为民族富强、家庭兴旺、个人成才的重要动力。

"中国现代文化世家丛书"已列入国家出版基金项目。根据策划者的总体目标,这套丛书要汇集20～30个在中国现代史上文化渊源比较深厚、影响力巨大的家族。这是一项内容丰富、任务艰巨的工程。为兼顾学术高度,丛书所选作者大都在各自承担家族传承的研究方面积累有丰富的史料和扎实的学术功底,具有较强的书稿撰写和文化品位把握能力。在承担丛书任务时,他们对前人已有的研究成果认真梳理,并多有创新。这些,都为丛书的品牌形成打下了坚实的基础。

"中国现代文化世家丛书"将影响中国现代历史进程的文化世家集中整理并大规模展示,以史学和传记文学的视角进行研究,意义重大。以家庭作为社会细胞进行文化解剖,以大量鲜活的中国现代杰出人物群体和翔实的史料展示跨世纪文化环境,表现健康向上、和谐进步的优秀文化,必将丰富和创新社会主义先进文化内容,对整个社会产生积极的影响。以展示影响中国历史的文化家族及其杰出人物群体为追求目标,不仅对国人产生示范效应,在世界范围内也会引起关注,从而丰富国际文化内涵,具有更加长远的文化战略意义。以时代、家族、人物作为研究、建设和传播中国文化的方法和路径,不仅创新了文化研究和文化传播的方法,也为民族文化的传承与创新提供了参考依据。深刻挖掘家族文化的伦理内涵,凝练和传承家族文化中的传统文化,通过家族文化与现代文化的冲突与融会,能够全新缔造中国人文精神,丰富国学内涵,推动民族文化复兴。

文化世家中的家族文化是中华民族优秀传统文化的重要组成部分,它源自中国传统文化,又富于创新,是民族文化传承创新的重要典范。从目前关注的这些文化世家看,其之所以能够在所处时代世代显赫,最重要的原因是这些家族沉淀了最精华的民族文化,吸收了最富于生命力的民族精神;同时,这些家族往往又能够冲破中国传统文化藩篱,吸收异域文化精华,其家庭成员往往能够进取守成、跨世系、跨时代延续发展。可以毫不夸张地说,中国现代文化世家的存在和发展,最典型地体现了中国文化的传承与创新。

中国现代文化世家展示的人才群体及其依存的文化形态,是国家和谐文化建设的重要载体。文化世家在历史上的成长和发展,曾经为中国社会的和谐稳定以至崛起发挥重要作用,也是传统文化中不可或缺的构成要素。这些家族中优秀人物的荣辱沉浮以及家族的兴衰变迁,从一个侧面展示了中国近代社会发展的轨迹,透视了中国知识分子忧国忧民的心路历程。我们完全可以通过中国现代文化世家的发展史去了解中国社会生态发展演变的梗概和脉络。

家庭教育、家族文化传承及其凝成的文化环境等对培养和造就杰出人才的重要作用,传承和创新民族文化,在更广阔视野下探寻优秀文化对人才的影响,都是当今不可忽视的文化命题。"中国现代文化世家丛书"首次以家族文化的形式作为切入点,系统挖掘中国传统文化和世界先进文化碰撞产生的独特文化,探究在这一背景下的中国家族文化及其对人才成长、家族兴起、国家富强的影响,推动我国学界对中国现代家族文化的重视和研究,其学术意义非同寻常。

党和国家领导人高度重视包括中国优秀传统文化在内的先进文化建设,确定了文化大发展大繁荣的宏伟目标,肯定了家族文化等优秀传统文化在"文化强国"战略中的基础性地位,倡导传承与创新文化。2013年9月26日,习近平总书记在会见第四届全国道德模范及提名奖获得者时说:"中华文明源远流长,蕴育了中华民族的宝贵精神品格,培育了中国人民的崇高价值追求。自强不息、厚德载物的思想,支撑着中华民族生生不息、薪火相传,今天依然是我们推进改革开放和社会主义现代化建设的强大精神力量。"2015年2月17日,中共中央、国务院在人民大会堂举行春节团拜会,习近平同志发表重要讲话,他明确指出:"中华民族自古以来就重视家庭、重视亲情。家庭是社会的基本细胞,是人生的第一所学校。不论时代发生多大变化,不论生活格局发生多大变化,我们都要重视家庭建设,注重家庭、注重家教、注重家风,紧密结合培育和弘扬社会主义核心价值观,发扬光大中华民族传统家庭美德,促进家庭和睦,促进亲人相亲相爱,促进下一代健康成长,促进老年人老有所养,使千千万万个家庭成为国家发展、民族进步、社会和谐的重要基点。"党的十八大报告中明确指出,"文化是民族的血脉,是人民的精神家园。全面建成小康社会,实现中华民族伟大复兴,必须推动社会主义文化大发展大繁荣,兴起社会主义文化建设新高潮,提高国家文化软实力,发挥文化引领风尚、教育人民、服务社会、推动发展的作用"。中共中央十七届六中全会通过的《中共中央关于深化文化体制改革推动社会主义文化大发展大繁荣若干重大问题的决定》也特别强调:"优秀传统文化凝聚着中华民族自强不息的精神追求和历久弥新的精神财富,是发展社会主义先进文化的深厚基础,是建设中华民族共有精神家园的重要支撑。"

我们试图通过"中国现代文化世家丛书"的出版,并通过遴选出来的在中国现当代具有代表性的文化家族群体,挖掘中华民族传统文化中的精髓,展现中国文化在近代社会的传承与发展,厘清中国传统文化血液流淌和分布的脉络,进而为当下的文化大繁荣大发展提供有益的借鉴和参考,为实现中华民族复兴的梦想发挥积极作用。

骆玉安

2013年10月一稿,2015年8月修改于郑州

目录

楔　子

第一章
吴越王族，千年世家
——钱氏

吴越国钱氏溯源 …………… 007
吴越国国王钱镠 …………… 011
吴越国三世五王 …………… 015
七房桥五世同堂 …………… 017

第二章
史学巨擘，国学大师
——钱穆

读书时代 …………… 025
初教廿年 …………… 046
执教高校 …………… 064
新亚时代 …………… 107
晚霞满天 …………… 132

第三章
力学大师，中科院士
——钱伟长

求学时代 …………… 158
逆境报国 …………… 192
桑榆晚照 …………… 215

第四章
环保专家，工程院士
——钱易

少年时代 …………… 235
大学生活 …………… 239
荣膺院士 …………… 242

第五章
芝兰玉树，满庭芳华
——族人谱

五世同堂的长辈 …………… 250
五世同堂的晚辈 …………… 254

第六章
书香门第,教育世家
——启示录

武肃遗训,仁厚家风 ……………… 262
五世同堂,满门书香 ……………… 271
执教为业,世代园丁 ……………… 276

附录一 七房桥钱穆家族世谱简图 ……………… 279
附录二 主要参考书目及文献资料 ……………… 281

楔子

◎

《百家姓》开首言道:"赵钱孙李,周吴郑王。"句中所谓的"钱",即指钱姓。

若以人口数量而论,钱姓在当今的百家大姓中仅排名第八十九位,但钱氏家族却以人才鼎盛而闻名天下。自五代以来,江南钱氏逐渐成为一个文化层次很高的家族,绵延千年、历经近四十代而不衰,人才济济,群英荟萃,仅院士就有一百余位,得以享有"文化世家""官宦世家""科技世家""院士世家"等荣誉。

在中国历史上,钱氏家族中,远的权且不说,近世自然科学界有钱学森、钱三强、钱伟长,并誉"三钱";文史哲界则有钱玄同、钱基博、钱穆、钱锺书等。其实,从钱氏家族中走出的人才又何止于"三"。钱氏家族的杰出人物还有还多,如外交家钱其琛,对岸还有位钱复,虽然政治立场不同,也是不凡,追溯起来,同出一源。

据考,江南钱姓,多数都是吴越王钱镠的后代,所以吴越钱姓就用吴越钱氏字辈(派)。据传这是宋太祖赵匡胤所赐,凡一百字,所以又称"吴越钱氏百字派"。据1995年出版的《钱氏家乘》所载,"吴越钱氏百字派"

如下：

> 圣神功德厚，光盛武陵春。
> 敕券传家宝，文章贯日清。
> 诗书忠孝远，兰桂冕疏尊。
> 温良恭俭让，奕叶立尼门。
> 王侯从古有，英烈至今新。
> 物华天象应，人杰地灵生。
> 蛟腾连凤起，电紫与霞横。
> 海阔波涛大，枝繁根蒂深。
> 仰观星斗近，俯视泰嵩平。
> 皇图期巩固，终始袭骈臻。

从江南名城无锡市区向东南方向行驶，在即将接近苏州地界时，有一个典型的江南小村。这里河网纵横，僻静幽雅，即使在现代工业化的今天，也间或能看到一条垂柳依依的小河，这里便是国学大师钱穆的故乡——无锡市新区鸿山街道七房桥村。

很久以来，无锡钱家即流传着"东有七房桥，西有七尺场"的老话。七房桥就是钱穆、钱伟长叔侄居住过的祖屋，2012年当地政府在钱家原"五世同堂"的旧址进行重建并对外开放。而七尺场则是钱基博、钱锺书父子居住过的祖屋，现为钱锺书故居纪念馆。

钱穆晚年在《八十忆双亲》中写道："余生江苏无锡南延祥乡啸傲泾七房桥之五世同堂。溯其原始，当自余之十八世祖某公……遂生七子，在啸傲泾上分建七宅，是为七房桥之由来……七房骈连，皆沿啸傲泾，东西一线，宅第皆极壮大。"[1]

钱穆文中所说的"十八世祖"，即指钱镠第十七世孙钱发第三子钱正德，"正德"是他在《钱氏宗谱》中的谱名，世称惟义公。钱正德兄弟三人，

---

[1] 钱穆：《八十忆双亲 师友杂忆》，生活·读书·新知三联书店，2005年版，第6—7页。

其长兄钱种德,世称惟常公;次兄钱顺德,世称惟孝公;钱正德最小,育有七子,长子钱洪,七房桥五世同堂钱家这一支便是从他直接传承下来的。

七房桥西侧千步处有条数米宽的小河,原名啸傲泾,全长不过数里。这条小河在河荡纵横密布的江南本不足为奇,但令人称奇的则是,这个普通的江南小村居然走出了以钱穆为首的不少名人,仅院士(学部委员)就达六人,连这条小河也都出了大名。

无锡七房桥钱氏第二十九世孙钱邵霖,系贡生出身,他育有二子:钱寓、钱惠。钱寓又育有士春、士皙、士昌、士曜四子;次子士皙则育有钱珏、钱锟、钱鈇、钱镜、钱镇、钱锵、钱锜七子;士皙的长子钱珏又育有承浚、承沛二子,承沛便是钱穆的生父。七房桥钱家从钱邵霖算起,到钱承沛这一辈,前后五世,故钱穆在文中称为"五世同堂"。

无锡七房桥钱氏家族,是江南地区闻名遐迩的书香世家,自明代中叶便是当地首富,与当地的华家、邹家等皆是豪门巨户。清朝同治年间以后,钱氏家族仍以五世同堂而远近闻名,钱家当时还因出了两位举人而被皇帝钦赐"五世同堂""贡士及第"两块横匾。太平军挥师江左以后,兵锋延指吴越地区,钱家老宅曾被太平军占据并辟为军事指挥所,后来一度又做过李鸿章进剿太平军的指挥所。太平天国败亡后,钱家族人虽然从外地回到了七房桥,但从此却逐渐衰落下来。

七房桥钱家因家中富庶而被当地人称为乡绅,又因后裔众多、人丁兴旺,故钱家析产分家之时,每家分得的财产甚少。到了钱穆的父亲这一辈,便越过越穷,远比不得钱邵霖当年那种良田万顷、富甲一方的威风了。七房桥钱氏家族虽然家道中落,却仍旧保持着尚文重儒、半耕半读的世传家风。如今,钱穆笔下那座规模宏大的"五世同堂"大宅,早已毁损,甚至那幢有名的怀海义庄也早已不复得见了。

无锡钱氏家族先后走出了十位院士(学部委员),他们分别是台湾"中央研究院"院士钱穆,中国科学院院士钱伟长、钱锺韩(钱锺书堂弟)、钱临照、钱令希、钱逸泰、钱保功,中国工程院院士钱易(钱穆长女)、钱鸣高,中国科学院学部委员(相当于院士)钱俊瑞。而这十位无锡籍钱姓院士(学部委员),仅无锡鸿声里就占了六位。分别是:

台湾"中央研究院"院士、国学大师、教育家钱穆；

中国科学院学部委员（相当于院士）、力学家、教育家钱伟长；

中国科学院学部委员（相当于院士）、经济学家、教育部原副部长钱俊瑞；

中国科学院院士、物理学家、中国科技大学原副校长钱临照①；

中国科学院院士、力学家、大连工学院原院长钱令希；

中国工程院院士、环境工程专家、清华大学博士生导师钱易。

耐人寻味的是，钱伟长是钱穆的亲侄，钱易则是钱穆的嫡亲长女，钱俊瑞与钱令希、钱临照兄弟均是钱穆早年的学生，钱穆又是钱令希、钱临照兄弟的父亲钱伯圭的学生，并深受其影响。

按鸿声里钱氏家族分支划分，"三德支"钱氏家族这六位院士（学部委员）分别是：

鸿声里的钱临照、钱令希兄弟；

三房巷的钱俊瑞；

七房桥"五世同堂"的钱穆、钱易和钱伟长。

在七房桥钱氏家族的三位院士（学部委员）中，钱穆是长辈，钱易是钱穆的嫡亲长女，而钱伟长则是钱穆的嫡亲长侄。在此三位院士（学部委员）当中，因钱穆是长辈，且成名较早，故又称七房桥五世同堂的钱氏家族为钱穆家族。

需要说明的是，无锡钱氏家族分属堠山、湖头两大支，其先祖同为五代的吴越王钱镠。钱基博、钱锺书父子分别为吴越国开国之君钱镠的第三十二、三十三世孙；钱穆（字宾四）则是钱镠的第三十四世孙。若按钱姓辈分排序，钱基博长钱穆两辈，钱锺书则长钱穆一辈；但若按年龄排序，钱基博（1887—1957）长钱穆（1895—1990）八岁，而钱穆又长钱锺书（1910—1998）十五岁，钱穆居中。正如钱穆所言："江浙钱氏同以五代吴越武肃王为始祖，皆通谱。无锡钱氏在惠山有同一宗祠，然余与子泉不同支。年长则称叔，遇高年则称老长辈。故余称子泉为叔，锺书亦称余

---

① 钱临照又名钱令昭，与其胞弟钱令希皆为院士。

为叔。"

无锡鸿声里七房桥"五世同堂"钱氏家族,先后走出了钱穆、钱伟长和钱易三位院士,这不但是江南吴越钱氏家族史上的一段佳话,也谱写了中国科学文化史上的一段传奇。

本书重点介绍鸿声里七房桥"五世同堂"的钱穆家族。

第一章 吴越王族,千年世家
——钱氏

◎

美丽的古城无锡,北依长江,濒临太湖,京杭大运河自西北向东南蜿蜒穿境而过。这里山川秀丽,物产丰富,钟灵毓秀,俊彦辈出,是一个历史悠久、人文荟萃的历史文化名城。

殷商末年,即将退位的商朝四大诸侯之一的周太王姬亶父①,其长子泰伯、次子仲雍弃位让国于乃弟季历,从遥远的西北岐山,千里迢迢地奔至江南,泰伯居于无锡梅里,仲雍居于苏州常熟,断发文身,教民稼穑,从而成为吴文化的开创者。

"东南财赋地,江浙人文薮",这是古代诗家称誉江南名城无锡的名句,而泰伯所居之地则在无锡的梅里,亦即今天的无锡市梅村一带。泰伯到这里以后,在此建立勾吴国,梅里从此也就成了勾吴国的政治、经济、交通和文化中心。"泰伯奔吴"的典故从此也就流传下来。泰伯、仲雍兄弟来到江南后,教民耕织,促进了北方的中原文化与江南的土著文化的融合,创造了独树一帜的勾吴文化,或曰吴文化,又曰吴越文化。

---

① 姬亶父,即古公亶父,亦称周大王或周太王,豳(今陕西旬邑)人,周文王之祖父。

吴地地处东南水乡，最早以梅村为中心，后来又向四周延伸扩展，在上古时期虽未能显示突出的优势，但随着后来社会经济文化的不断发展，这里的历史地位日渐突出，为世所重。从先秦时期的"厥土惟涂泥，厥田惟下下"，到两汉时期"地广人稀，火耕水耨"，又经过南北朝的发展，到唐代便发展为"赋出天下，而江南居十九"，两宋时期更有"苏湖熟，天下足"的美誉。特别是到了明清时期，由于商业的迅速发展，三吴之地后来居上，富甲天下，并成为国家的经济命脉。

据记载，汉高祖刘邦建立汉王朝的第五年（前202），无锡正式设县，隶属会稽郡。当初，刘邦和他的大臣们之所以将这里命名为无锡县，是因此地的西山从前曾以产锡而闻名天下，但到了当时则已无锡可觅了，故名之曰"无锡"。虽然如此，但无锡后来却以经济发达、人才辈出而名动九州，深为天下所重。

地处江南泽国的无锡，既是吴文化的发祥地，也是三吴的中心，经过一代又一代人的辛勤开发，这里逐渐变成了富饶的鱼米之乡。特别是经过南北朝时期，随着朝廷政权的南移，无锡逐渐又成了历朝历代的财赋重地。到了唐朝末年，黄巢领导的农民起义敲响了唐王朝灭亡的丧钟，各路军阀开始拥兵自重，相互混战，而出身于浙江临安的钱镠也乘势而起，率军征战南北，遂占有东、西两浙十四州而据地称王，是为越王。朱温叛唐自立后，为了笼络人心，就封钱镠为吴越王，又因此地处吴越地区，故史书上也称钱镠为"吴越王"。

吴越国钱氏溯源

关于吴越钱氏之源，钱茂康先生在《吴地幸逢钱节度 人间无事看花嬉——从武肃遗训看吴越钱氏的历史贡献》一文中写道：

钱姓乃中华民族最古老的姓氏之一，但从其人口总数而言，尚不算大姓，钱姓人口……共约270万，占全国总人口的0.2%，位居第89位。然而在众所周知的《百家姓》中,钱氏却排行第二,仅次于宋代国姓"赵"姓。究其原因当与以武肃王钱镠为始祖的后唐,五代至两宋时期的钱氏"吴越世家"的极其荣盛有关。……因此,当时所撰之《百家姓》中钱姓能荣居第二,自在情理之中。①

据记载,神农之时,有熊国之诸侯少典氏,即钱氏家族之始祖。另据无锡"锦树堂"《钱氏宗谱》记载,少典氏为钱氏之始祖,亦即钱氏之第一世,二世轩辕黄帝,三世昌意,四世颛顼,五世偁,六世老童,七世重黎,八世吴回,九世陆终,十世樊、惠连、篯铿、求言、安、季连,十一世孚……

钱氏第十世后裔篯铿,因受封于彭城而被称为彭祖,寿八百余岁,历仕夏、商、周三朝,因功封为彭城伯,为钱氏始封之祖。该谱中又载,篯铿有子五十四人,其中第二十八子钱孚,在周文王时官拜泉府上士②,因官为姓,更"篯"为钱,遂以为姓,此乃钱氏定姓之祖,亦即钱氏家族的受姓之祖。传至东汉第五十九世孙钱让,功封富春侯,为江东支祖。再传至第七十四世孙钱世憬,始迁于浙江临安;再传至第八十世孙钱宽,生有五子,其长子即为钱镠,后为吴越王,谥武肃王,乃吴越钱氏之祖。

宋代郑樵《通志》载云:"颛顼帝曾孙陆终生彭祖,裔孙孚,周钱府上士,因官命氏焉。"③钱府上士是专管钱赋的重要职官,由于彭孚曾担任国家财政的要职,故人称其为钱孚,而其子孙后裔也就以钱为姓,并以彭城为郡望。

1932年梅坞重修《钱氏宗谱·序》中云:"钱氏系出少典,至彭祖受封孚公受姓。京公保元帝渡江为江东祖,履祯公居葛浦,为临安祖,迨武肃王奄有吴越,化家为国。五世王子孙繁盛而族乃大。"

据史记载,彭祖是古代传说中人世间最长的寿星,许多书中都载有他善于养生治气的事迹,称得上是中国古代半人半仙式的人物。春秋时期

---

① 李最欣主编:《吴越钱氏家族文化研究》,齐鲁书社,2010年版,第58—59页。
② 古代钱、泉通用,其职能是管理钱财货物。
③ 据无锡"锦树堂"《钱氏宗谱》记载,钱氏奉少典为始祖,可知终(陆终)系颛顼之元孙,而非曾孙。上古传说中的帝王世系,前史记载多有混乱,姑以《钱氏宗谱》为准。

的孔子对彭祖就十分推崇,《论语》中即称:"子曰:述而不作,信而好古,窃比之我老彭。"彭祖是中国历史上一个极具传奇色彩的似神类仙的人物,史载他是黄帝的后裔。对此,《山海经·海内经》中说:黄帝与嫘祖生昌意,昌意因过错而被贬至下方若水,生子韩流。韩流娶淖子氏又生颛顼。颛顼有贤德,故黄帝传位给他。但颛顼是一位"绝地天通"的大神,就是他将上天与大地的道路隔断了,所以后来才有上天和凡间的区别,上天的神仙可以下凡到人间,而人间的凡人则不能上达天庭。《世本·氏姓篇》中又说,彭祖的父亲是陆终,其母则是鬼方氏之女。鬼方氏与陆终生有六子,分别是樊、惠连、篯铿、求言、安、季连,而从鬼方氏之女的腋下诞生的彭祖便是其中之一,排行第三。篯铿即后来的彭祖。《神仙传》卷一中称:商朝末年,彭祖已七百六十七岁,但其容貌还显得很年轻。商王对他的长寿颇为羡慕,特派采女乘车前往,向他请教长寿之道。但彭祖却对采女和来人说:我经历的人生忧患很多,精神上也大受影响,加之小时候身体很弱,后来又未得到很好的调养,你看我这干瘦的身体,恐怕不久于人世了。言毕便飘然而去。他这一去又是七八十年,人们看到他还骑着骆驼慢悠悠地行走在流沙国的沙漠之中。《列仙传》一书中还有关于彭祖常服一种名叫桂芝的草药才致长寿的记载,又称他擅长做一种深呼吸运动才长寿的;而《楚辞·天问》中则称他擅长烹调一种美味的野鸡汤,并将这种美味献给了天帝,帝感其忠,乃赐予他八百岁的寿命。民间也有关于他采用"炼身、驱邪、食补"三个法宝才得以长寿的传说,还称他有"寒温风湿不以伤,鬼神众精不能犯,五兵百毒不能中,忧喜毁誉不能累"之能,又有打败小鬼、戏弄判官和气倒阎王的本事,使小鬼、判官和阎王都拿他没有办法,勾不到他的魂去,所以他才能得以长寿。

《钱氏宗谱·序》中云:"百家著姓赵宋而外,推为第二望族,自少典、老彭以来,历历昭穆,斑斑可考,无有传疑,实为信史。"《中华姓氏寻根》中云:"钱源出于彭姓。西周时,彭祖的后人彭孚任钱府上士,因此称为钱氏。"《临安县志·寓贤栏》中也云:"篯铿尝为商大夫,不愿仕,遂隐居于邑之百岗岭,寿八百,因号山为八百山,里名八百里……封于彭,因名彭祖。后人去竹为钱氏,故铿为钱氏之始祖,武肃王其后裔也。"

钱镠《八训》中称："吾祖自晋朝过江,已经二十七代。"又据史载,东汉中郎将钱敞,为钱氏之第五十四世孙,迁长兴,殁葬雉山,至五十九世孙形成"江南"钱氏世系,并因第五十九世孙钱让(110—172)曾任江东都督,故名"江东支系"。

唐中宗嗣圣元年(684),钱氏第七十四世孙钱孝憬任富春尉,经临安,爱其土地肥沃,山清水秀,乃携家移居临安县东南境茅山(今安国山,也名太庙山)之下,故称"茅山祖"。其长子钱师宝,世称豚朴先生,始迁至石镜乡大钱村(今钱坞垅一带)。至第八十世孙钱宽,生子钱镠,从而形成了吴越钱氏"庆系",以钱镠为第一世。

钱氏家族在漫长的繁衍发展过程中,其世系又区分为远系、近系两个时期:自少典氏发祥而传至第八十世孙钱宽,是为钱氏家族之远世系,前后共八十世,亦曰远世,少典氏为钱氏家族之远祖;自钱宽之子钱镠至今,是为钱氏家族之近世系,亦曰近世,到目前已发展到四十世,钱镠则为钱氏家族之近祖。也就是说,钱氏家族自少典氏始,单按"大宗谱"所载,远世八十代,近世四十代,前后已历一百二十余世。

在钱氏家族漫长的繁衍史中,各种家谱也有分别,并有不同的"祖号"或"祖徽"。但综合各种史料及谱录等,钱氏家族在发展史上的主要人物及其脉络大致如下:

钱氏始祖——少典氏,第一世,谱中亦称为发祥之祖;

钱氏彭城郡望之祖——钱铿,第十世;

钱氏受姓之祖——钱孚,第十一世,谱中亦称为定姓之祖;

钱氏江南之祖——钱敞,第五十四世,汉末迁徙江南定居;

钱氏江东之祖——钱让,第五十九世,谱中亦称江东支祖,或江东一世祖;

钱氏茅山之祖——钱孝憬,第七十四世,谱中亦称临安茅山始祖;

钱氏吴越之祖——钱镠,第八十一世,谱中亦称吴越始祖,即吴越钱氏第一世。

钱氏家族传至吴越王钱镠时,已传至第八十一世,又因他颇有贤名,且又是吴越国的创立者,贵为一方之主,故吴越钱氏家族在修谱时又将他恭列为吴越钱家近世之第一世。

自钱镠为吴越钱氏家族之第一世后,其裔孙人才蔚起,簪缨累世不绝。其子钱元瓘为二世祖,其孙钱弘佐①、钱弘倧、钱弘俶为三世祖。赵宋肇兴,吴越国主钱弘俶遵循"善事中国"之祖训,于宋太平兴国三年(978)"纳土归宋",四世祖钱惟演封彭城郡公,谥文僖;五世祖钱暄封冀国公;六世祖钱景臻封会稽郡王;七世祖钱忱封豫国公;八世祖钱端仁封少师开国公;九世祖钱符官浙西抚使;十世祖钱昌祖官广昌主簿……此后,钱氏家族便分迁他乡,远播各地,枝叶纷呈,硕果累累。

吴越国国王钱镠

无锡鸿声里《钱氏宗谱·家乘本传》载,吴越王钱镠(852—932),字具美,亦作巨美,唐宣宗大中六年(852)二月十六日生于临安锦城镇钱坞堡。他的曾祖钱沛,曾任宣州旌德县令,后追封为洪胜王;祖父钱宙,生前未有功名,后追封为建初王②;父亲钱宽,后追封为英显王。钱镠的母亲水邱氏,后追封为赵国太元君太夫人。

钱镠虽是唐末五代吴越国之创始人,但其祖父辈却都是以农为业的布衣。据载,钱镠出生时,因"红光满室,后庭一片兵甲声",且相貌奇丑,哭声粗钝,其父钱宽以为不吉,认为儿子是个怪物,欲将其弃置井中,幸赖祖母阿婆③抢回收留,代为抚养,因取"婆留"乳名,即"阿婆留命"之意。如今,杭州临安依然保存着这口婆留井。钱镠后取名为"镠",意为成色上等的金子,与"留"谐音。

钱镠在少年时代,其母水邱氏因病早亡,家中十分贫困。他七岁入塾

---

① 钱弘佐,又名钱宏佐,因"弘"字犯宋太祖赵匡胤之父赵弘殷之名讳,故去弘字。钱弘佐兄弟中的"宏"字,均与"弘"通。
② 有的史料称建始王,但《钱氏宗谱·家乘本传》中称"建初王",姑以此说。
③ 关于收养钱镠的阿婆,亦称钱婆,有称是钱镠的祖母、外祖母和保姆,说法不一。

读书，仅读了七年就走上了谋生之路。稍长，钱镠即随人贩卖私盐，借此为生。此时，正值唐末天下大乱、英雄蜂起，临安石镜镇董昌也在唐乾符二年（875）招募兵马，组织地方武装，钱镠以勇力投往董昌军中，并建议董昌将临安石镜镇周围各镇乡勇编成一支队伍——八都兵。钱镠颇有勇力，随董昌转战南北，因作战勇敢，且又有谋略，故被董昌任为偏将。不久，钱镠又得淮南节度使高骈的赏识，被提拔为石镜镇衙内知兵马使等职。唐僖宗广明元年（880），钱镠与董昌等策划杭州所属八县"各聚众数千，以卫乡里"。杭州八都兵成立后，钱镠升为都知兵马使，统领八都兵马。唐光启二年（886），钱镠率八都兵马一举击破浙东观察使刘汉宏，为董昌夺得越州（今绍兴）。翌年，董昌晋为越州观察使，钱镠也被升为杭越管内都指挥使、上武卫大将军兼充杭州刺史。唐景福元年（892）九月，钱镠又被授予镇海军节度使、润州刺史等。

唐乾宁二年（895），董昌在越州割据自立，僭称皇帝，钱镠以为不可，私下还劝谏他："与其闭门做天子，不若开门做节度使。"董昌不听，钱镠乃假借朝廷之命率军讨之，旋于翌年五月攻占越州，擒斩董昌。由此，朝廷对钱镠大加褒奖，特赐其瓦形"铁券"一枚①，上嵌金字三百二十三个，券文中称："免钱镠九次死罪，子孙三次死罪；一般罪过，有司不得加责。……"

此后，钱镠相继率军又消灭了婺州、睦州、衢州、温州和处州等浙江境内的各路军阀，平定了东、西两浙和苏南地区，逐渐成为威镇吴越的一方诸侯。唐天复元年（901），唐昭宗晋钱镠为彭城王，同时还将临安升为衣锦军，并封钱镠少时玩耍的石镜山为衣锦山，又封大官山为功臣山。翌年，再晋钱镠为越王。后梁开平元年（907）五月，梁太祖朱温又封钱镠为吴越王。

古人常说"乱世出英雄"，钱镠就是典型的一例。他出身寒门，读书不多，早年又重武轻文，但当上吴越国王后，他逐渐认识到人才的重要性，于是开始留意招贤纳士，罗隐、皮日休、胡岳等著名文士先后来投，并受到

---

① 是券现藏于中国国家博物馆。

了他的高规格礼遇。名僧贯休在《献钱尚父》诗中还写下了"满堂花醉三千客,一剑霜寒十四州"的名句。由于钱镠文武兼治,吴越国呈现出相对安定而且繁荣的局面,而他本人在繁忙的军旅闲暇,对吟诗作赋也产生了浓厚兴趣,他写的诗词文章还广为传诵。

吴越国武肃王钱镠像

钱镠建立吴越国之初,广泛招揽儒士,并在杭州设立"通儒馆"。他还效仿周公吐哺握发迎接人才之举,将自己的居室取名为"握发殿"①,很快汇集了一批文武人才,为吴越国的稳定与发展奠定了坚实的基础。为了保持清醒的头脑,他还制作了一个特别的枕头"警枕",警示自己居安思危。综观五代十国格局,吴越国在南方十国中地狭人少,综合国力并不太强,却从唐末到北宋统一,与五代相始终,长达八十余年,是五代十国中时间最久长、人民最安定、经济最繁荣的一国,于此不能不说钱镠经营有方。钱镠建国后,政治上采取远交近攻的方略,经济上积极发展生产,注重农业,搞活商业,文化上博采众长,广罗人才,使吴越国在战乱频仍的五代十国中呈现出相对稳定的繁荣局面。故欧阳修在《有美堂记》中就称赞道:"知尊中国,效臣顺;及其亡也,顿首请命,不烦干戈。"②

钱镠在治理吴越的四十余年中,社会安定,经济繁荣,文化发达,艺术

---

① 亦名"握发室"。
② 详见欧阳修《欧阳文忠公集》卷四十。

昌盛，人民得以休养生息，安居乐业。而吴越国的都城杭州，在钱镠的治理之下，通过扩建城池、构筑园林、兴修水利、通海经商等举措，为杭州赢得了"人间天堂"的美名，为杭州富甲天下奠定了坚实的基石，并呈现出"邑屋之繁会，江山之雕丽，实江南之胜概也"①的繁荣局面，马可·波罗后来到杭州游历后也称赞这里是"世界上最美丽华贵之城"。可以说，钱镠统治下的吴越国，相对全国连年混战来说倒不失为一片乐土，而杭州则称得上是这片乐土中的天堂。鉴于钱镠对杭州的繁荣发展所起的巨大作用，后人不但将他誉为"杭州之父"，还称他是"长三角"繁荣的奠基人。唐明宗长兴三年（932）三月二十六日，钱镠因病去世，虚龄八十一岁，谥武肃，后称武肃王。有人还在钱王祠门口写下了这样一副对联，以称颂他一生的功绩：

力能分土，提乡兵杀宏诛昌，一十四州鸡犬桑麻，撑住东南半壁；
志在顺天，扶幼主迎周归宋，九十八年象犀筐篚，混同吴越一家。

另据史载，钱镠育子三十三人，养子十人，子孙皆分布于吴越各地，身居要职。《钱氏宗谱·家乘本传·武肃王传》中又称："王（钱镠）自筮仕以来，为刺史，迁都节度者十有五年，为彭城郡王者八年，为越王者二年，为吴王者三年，为吴越王者二十六年。王内敦恭俭，外正刑赏，安民和众，保定功勋。"钱镠去世后，其第七子钱瓘继位，改名元瓘。十年后的公元941年，钱元瓘亦逝，谥文穆王，其第六子钱弘佐嗣位，时年仅十三岁。

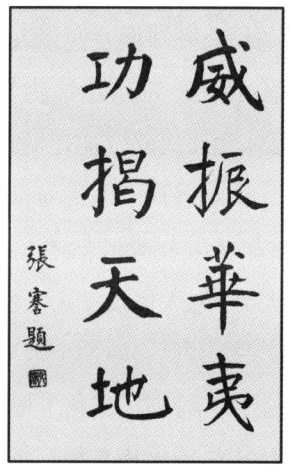

清末状元张謇为吴越王钱镠的题词

---

① 薛居正等：《旧五代史》，中华书局，1976年版，第1771页。

七年之后，钱弘佐亦病故，谥忠献王，其弟弘倧①继位。不久，朝中权臣胡进思等废弘倧，谥忠逊王，改立其弟钱弘俶为继。钱弘俶便是钱俶，即钱元瓘之九子，殁后谥忠懿王。

由于钱氏脉系分支繁多，不及备载，钱镠名声显赫，吴越钱氏家族便尊钱镠为"吴越钱氏一世祖"。钱镠殁后，葬于临安②。钱元瓘为二世祖。钱弘佐、弘倧、弘俶均为三世祖。

吴越国三世五王

自钱镠创建吴越国，到吴越国最后国王钱弘俶，历"三世五王"，共八十六年，其间采取"保境安民"政策，大力兴修水利，发展农桑，建设杭州，使"吴越之富，甲于天下"。史中所称"三世五王"即武肃王钱镠、文穆王钱元瓘、忠献王钱弘佐、忠逊王钱弘倧和忠懿王钱弘俶。

钱镠（852—932），在位四十一年，前已有所述，兹不赘言。

钱元瓘（887—941），字明宝，初名传瓘，后易名元瓘，武肃王钱镠之第七子，历任盐铁发运巡官、尚书金部郎中、检校尚书左仆射、内牙将指挥使、东南兵马元帅、镇海和镇东军节度使、杭州越州大都督、检校司徒、检校太傅、同平章事、中书令等职。早年战功赫赫，协同其父；继立为王以后，励精图治，在位十年，享年五十五岁，谥文穆王，葬于杭州玉龙山。

钱弘佐（928—947），字玄佑③，文穆王之第六子，许氏所生。历任镇海和镇东军节度使、吴越国王，曾遣将攻克福州，大败淮师，李弘义归附。享年二十岁，在位七年，谥忠献王，葬于杭州玉龙山。

钱弘倧（929—975），字隆道，文穆王之第七子。曾任内衙指挥使、东府安抚使等职。继吴越王后，被内衙统军胡进思幽废，传位于其弟弘俶，迁居越州衣锦军，殁葬于会稽秦望山。在位仅六个月，享年四十六岁，谥

---

① 钱弘倧在其兄弟中排行第七。
② 钱镠墓址在今浙江省临安市锦城镇北太庙山，称钱王陵。
③ 钱弘佐，字元佑，又字佑佑，亦作玄佑。

忠逊王。

钱弘俶(929—988),初名钱俶,小字虎子,易字文德,文穆王之第九子。历任东南兵马元帅、镇海和镇东军节度使、杭州越州大都督、吴越国王。在位三十一年,谥忠懿王,葬于洛阳邙山①。

钱弘俶娶孙太真、俞氏和黄氏等,育有惟治②、惟浚、惟漼、惟演、惟灏、惟泩、惟潛、惟渲、惟济等九子。

钱弘俶任吴越国王期间,对内发展生产,振兴经济;对外奉赵宋之请,遣师助克金陵;终又遵循"善事中国,勿废臣礼"之祖训,请封疆国归有司,将"吴越所部十三州、八十六县、五十五万七百户、十一万五千兵卒,暨民籍仓库,尽献于朝,纳土归宋"。宋人魏泰的《东轩笔记》卷一中记载,宋开宝九年(976)③,钱弘俶偕王妃孙氏、子惟浚等奉命入汴梁朝贺,太祖赵匡胤眷礼甚厚,但自宰相以下官员均竭力主张对其软禁进而吞并吴越。太祖不从,仍优礼有加,并赐还本国。临行之前,太祖赐一黄包袱于他,并告诫他到途中再行展读。钱弘俶看完之后,方才知道这些都是宋太祖的群臣请求处置钱弘俶的奏折。钱弘俶十分感动,由是更加坚定了归顺宋朝的决心。归顺宋朝后,钱弘俶甚得朝野称评。对此,明人虞淳熙在《智觉塔树亭崇报志》中云:

按《宋史》:太平兴国戊寅,吴越王俶纳所莅一军十三州八十六县之土于宋,宋帝喜谕曰:"卿能保全一方归我,不致血刃,深可嘉也。"……盖俶借三世四王之余烈,毗陵一战,目摄曹、潘,气陵昶、煜,睥睨赵氏,仅埒柴、郭,复何意衔璧事哉!……兹为之建塔树亭,视表忠观,崇德报功于是。④

钱弘俶为吴越国后主,也称"末帝"。国人对某朝最后一位帝王即末

---

① 一说葬于浙江温州苍南。
② 惟治,即钱惟治(949—1014),系钱弘俶之养子。
③ 是年十月二十日,宋太祖赵匡胤在汴京万岁殿驾崩,享年五十岁。翌日,其弟赵匡义(赵光义)嗣位,是为宋太宗。
④ [清]释际祥:《净慈寺志》,《西湖文献集成》,杭州出版社,2004年版,第605-606页。

帝都评价不高,独对钱弘俶是个例外。究其原因,乃是钱弘俶秉承乃祖乃父之志,顺应历史潮流,主动纳土归宋,既使吴越百姓免遭战乱之苦,也保全了钱氏王族旺势不衰,故钱氏王族在两宋期间"皆名位高崇,备受荣宠","善始令终,穷极富贵,福履之盛,近代无比"。

赵宋王朝颁给钱氏家族的"丹书铁券"

北宋熙宁十年(1077),资政殿大学士、殿中侍御史赵抃知杭州府。他赴杭州上任伊始,即揣摩民意,体察民情,认为前吴越国钱氏三世五王,"带甲十万,铸山煮海,象犀珠玉之富甲天下","吴越不待告命,封府库,籍郡县,请吏于朝,视去其国,如去传舍,其有功于朝廷甚大"。有感于斯,赵抃遂于元丰元年(1078),在杭州辟建纪念钱氏功绩的"表忠观",并约请翰林学士苏轼代撰文并书《表忠观碑》。是年八月,苏轼的《表忠观碑》四石镌成,置杭州龙山"表忠观"内。后来,表忠观易名为钱王祠。

宋代文豪苏轼在《表忠观碑》中,盛赞吴越国国王钱弘俶之"纳土归宋"举措,谓"视去其国,如去传舍"。

七房桥五世同堂

据《钱氏宗谱》记载,江南望族的钱氏家族,皆吴越王钱镠之后裔,钱氏后裔也均尊吴越王钱镠为始祖,并称钱镠为吴越钱氏第一世。

无锡钱氏家族皆系吴越王钱镠的后裔,却是分两支从浙江迁来的,分别为湖头支、堠山支。湖头支钱氏家族是忠献王钱弘佐这支的直系后裔,是吴越王钱镠之第六世孙钱进携家迁来的,钱穆、钱俊瑞、钱令希等属于这一支,钱进便为湖头支钱氏家族的迁锡始祖;堠山支钱氏家族则是忠懿王钱弘俶这支的直系后裔,乃是吴越王钱镠之第十一世钱迪携家迁来的,钱基博、钱锺书等属于这一支,而钱迪则是堠山支钱氏家族的迁锡始祖。无锡的两支钱氏家族的迁徙情况如下所示:

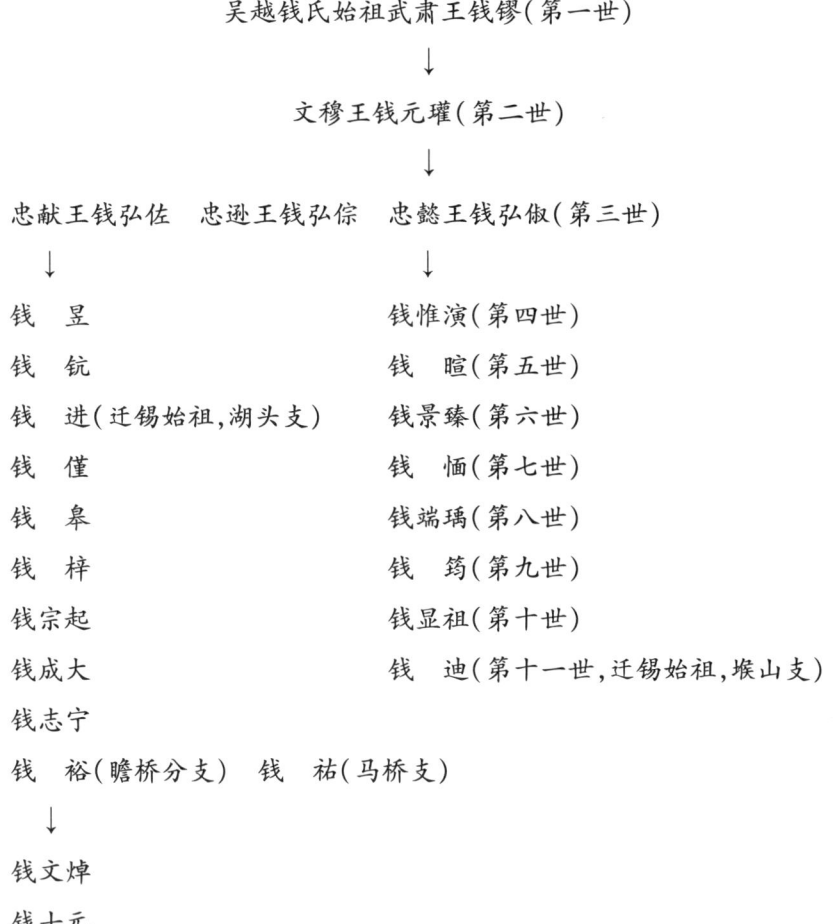

《钱氏宗谱》又载,北宋真宗大中祥符年间(1008—1016),钱镠第六世孙、忠献王钱弘佐的重孙、时任承奉郎的钱进,字进宗,号忍斋,因无意

于仕途,遂率家人"由秀州崇德县①州贱市于祥符年间赘于无锡沙头村王氏,遂隐居焉"。又曰:"其先居临安,自忠懿归宋,冠盖满朝,后子孙散处四方,有曰进者,由嘉禾徙无锡开化,又由开化徙新安溪上,因爱湖山明秀,遂辟田开产而占籍焉,是无锡钱氏之始祖也。"钱进因率先从浙江迁至江苏无锡,故他被称为无锡钱氏家族的始迁之祖,或称迁锡始祖,这支钱氏后裔也被称为无锡湖头支钱氏家族。

钱镠第十一世孙钱迪,为忠懿王钱弘俶的后裔,也率子孙从浙江迁到无锡,这支钱氏后裔被称为无锡堠山支钱氏家族。

湖头支钱氏家族的著名后裔有鸿声里六院士(学部委员)等人,而堠山支钱氏家族的著名后裔则有钱基博、钱基厚、钱锺书等人。

元末明初之际,钱进的后裔分别从沙头村又分迁到湖头、新安、砖桥等地落户定居,其中一支辗转至垂庆瞻桥②,称瞻桥钱氏,此后陆续又分枝散叶,从而分布于啸傲泾周围的多个村落。

《钱氏宗谱·明故义官钱惟孝墓志铭》中又载:"义官,姓钱,讳顺德,字惟孝,别号宜晚,吴越肃王钱镠之十八世孙。"又曰:"宜晚昆仲生焉,兄惟常、弟惟义三人者,自幼岐嶷端重,俱从湖广等处提刑按察司副使、吴郡刘绍游,读书明大义,务实行,不事饰章绘句之学……"是文所说的钱惟常,名种德,系钱镠第十七世孙钱发之长子,称惟常公;钱惟孝,名顺德,系钱发之次子,称惟孝公;钱惟义,名正德,系钱发之少子,称惟义公。钱种德、钱顺德和钱正德,皆系钱镠第十七世孙、梅堂公钱发之子。因兄弟名字后面均为"德"字,且又分为三支,故《钱氏宗谱》中称之为"三德支",即啸傲泾鸿声里钱家、啸傲泾三房巷钱家和七房桥钱家。

---

① 今嘉兴石门县。
② 今无锡鸿山镇。

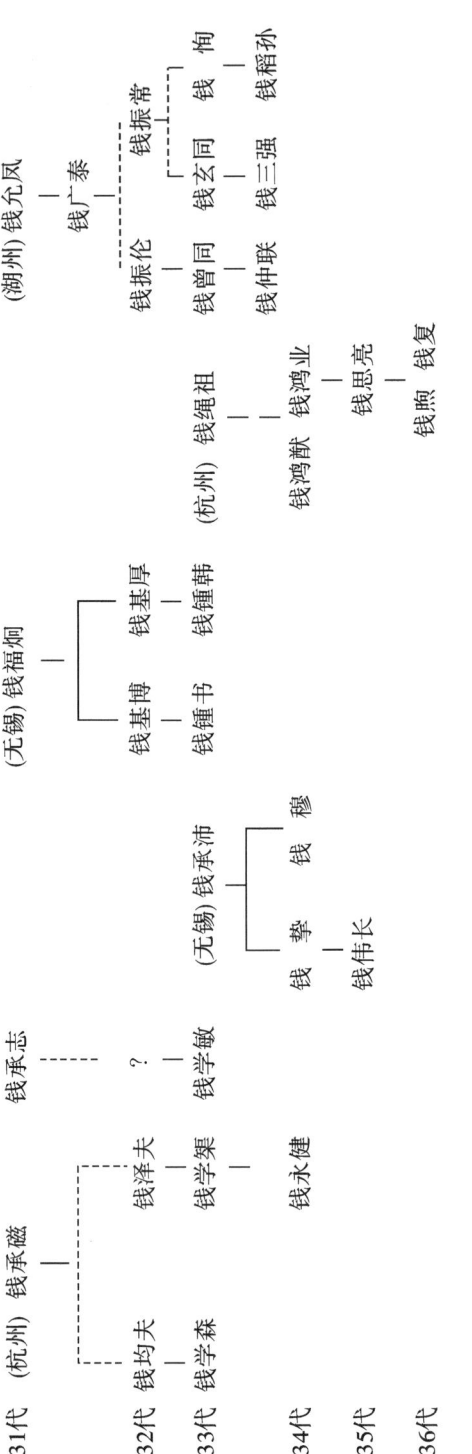

江南吴越钱氏后裔"三钱"世系简图

无锡鸿声里七房桥的五世同堂钱家,经过多年的苦心经营,逐渐成为当地拥有良田十万余亩的豪门巨户。到了钱镠的第二十八世孙钱邵霖这一辈,他在七房桥建起了一处巨宅,因他育有两子,故又将这处豪宅的内部分为东、西两大部分,亦称两房,分别由其两子钱寯、钱寭居住;每房的两侧还各建有弄堂,亦称厢房,以供出入。外表看来,钱邵霖所建的七房桥豪宅虽为一处,但内部却又各自独立。从钱邵霖到钱穆的父亲钱承沛,其间经历了五代,也即五世,均同住于这幢豪宅当中,故称"五世同堂",而钱邵霖也便被其后裔称为"五世同堂堂主"。

至于钱穆文中时常提及的"心梅公",实则指吴越王钱镠的第二十二世孙钱心梅。钱心梅名来凰,其祖钱枢兄弟五人,第三子钱缨育子八人（亲生七人,另抚外姓一子）。现在,不少研究者将"心梅公"（钱来凰）与钱镠的第十七世孙梅堂公钱发和钱穆所说的"第十八世祖某公"（钱正德、惟义公）混为一人,其实决非如此,纯属谬误。

为了明确起见,兹将梅堂公、心梅公、十八世祖和五世同堂堂主再明列如下：

十七世　　　钱　发　　梅堂公（行三）

十八世　　　钱正德　　惟义公（行三）

二十二世　　钱来凰　　心梅公（行六）

二十九世　　钱邵霖　　五世同堂堂主（独子）

不可否认,钱穆虽为一代史学大师,但撰文对其家族情况所作的介绍也有一些出入,如他在《八十忆双亲》的"五世同堂"中称："余之曾祖父兄弟两人,长房七子,次房五子,又分十二房。"但根据《钱氏宗谱》和《无锡鸿声里钱氏六院士》等史料所载,钱穆的曾祖父实为兄弟四人,即钱士春、钱士晢、钱士昌、钱士曜。钱士晢行二,为钱穆的曾祖父,称绣屏公,育有七子,长子钱珏,称鞠如公,即钱穆的祖父。钱珏又育有二子,即钱承浚、钱承沛,钱承沛行二,即钱穆的生父。钱穆文中常提到的大伯父,即钱承浚。①

钱穆是吴越王钱镠的第三十四世孙。在七房桥钱氏家族中,钱穆这支属于大房,理所当然地住在七房桥东首处这房宅院。对此,钱穆在《八十忆双亲》中曾有这样的描述:"一宅前后共七进,每进七开间,中为厅堂,左右各有三间,供居住。又每进间,东、西两偏有厢房,亦供居住。宅之两侧,各有一长衖,皆称弄堂。长房七家由东弄堂出入,次房五家由西弄堂出入。中间大门非遇事不开。"此宅的第三进为"素书堂",是七房桥钱氏家族的公用场所,系供七房桥钱氏家族议事和钱家子弟读书之地。

无锡啸傲泾钱氏家族,近百年先后走出了六位院士(学部委员),这六位院士(学部委员)均系吴越王钱镠第十七世孙梅堂公钱发的直系后裔。钱发与现当代六院士(学部委员)之间的传承关系详见下图所示:

吴越钱氏始祖武肃王钱镠(第一世)

吴越文穆王钱元瓘(第二世)

吴越忠献王钱弘佐(第三世)

钱　昱(第四世)

钱　杭(第五世)

钱　进(第六世,迁锡始祖,湖头支)

钱　僅(第七世)

钱　皋(第八世)

钱　梓(第九世)

钱宗起(第十世)

钱成大(第十一世)

钱志宁(第十二世)

钱　裕(瞻桥分支)　　钱　祐(第十三世,马桥支)

↓

---

① 详见《钱氏宗谱》和《无锡鸿声里钱氏六院士》等书。

钱文焯(第十四世)

钱士元(第十五世)

钱　恒(第十六世,文林公)

钱　发(第十七世,梅堂公)

　　↓(下为第十八世)

钱种德(惟常公,长)	钱顺德(惟孝公,次)	钱正德(惟义公,三)
↓	↓	↓(此系下为三德支)
钱　清	钱　津(第十九世)	钱　洪
钱　栋	钱　相(第二十世)	钱　枢
钱　讽	钱仁熙(第二十一世)	钱　缨
钱永显	钱　壤(第二十二世)	钱来凰(心梅公)
钱曾乐	钱　鳌(第二十三世)	钱师尧
钱国耀	钱启孝(第二十四世)	钱辅家
钱尚文	钱　球(第二十五世)	钱有恒
钱成礼	钱　烁(第二十六世)	钱如璋
钱有信	钱遵道(第二十七世)	钱世德
钱维镛(洪声公)	钱永元(第二十八世)	钱　溥
钱瀛士	钱　法(第二十九世)	钱邵霖(五世同堂堂主)
钱廷枚	钱楚玉(第三十世)	钱　寓
钱　惶(洪声八房)	钱咸临(第三十一世)	钱士皙
钱　琏	钱朝荣(第三十二世)	钱　钰
钱　铦	钱文毓(第三十三世)	钱承沛
钱宗濂	钱锦斋(第三十四世)	钱挚、钱穆
钱秉瓉	钱俊瑞(第三十五世)	钱伟长、钱易
钱临照、钱令希	钱凌白(第三十六世)	钱婉约
↑	↑	↑
(啸傲泾鸿声里)	(啸傲泾三房巷)	(啸傲泾七房桥)①

---

① 此图系据无锡市历史学会《无锡鸿声里钱氏六院士》等资料改编。

第二章
史学巨擘,国学大师
——钱穆

◎

无锡七房桥钱氏家族,学人众多,人才辈出,一百多年来先后走出了三位院士。在这三位院士中,钱穆辈分最高,年龄最长,成名也最早,且在国内外的声名也最著,故有人又称七房桥钱氏家族为无锡七房桥钱穆家族。

钱穆精擅文史,一生著述近百部,1700余万字,于1968年被台湾"中央研究院"评为人文组院士,是公认的国学大师和史学巨擘。年龄居次的为钱伟长,系钱挚之长子,钱穆之长侄,他因在物理学领域的杰出贡献,于1955年中国科学院学部成立时被选为数理化组及技术学部委员,并被任命为院部学术秘书。七房桥钱氏家族的另一位院士是钱易,系钱穆之长女,由于她在水污染防治技术及处理方面做出的突出贡献及成就,于1994年被评选为中国工程院院士。

读书时代

一、少年时代

清光绪二十一年六月初九日（1895年7月30日），正是江南的酷暑季节，一个新生男婴的哭声从江苏无锡延祥乡七房桥村的钱承沛家中传出，这个男婴便是后来被学术界誉为"一代儒宗""当代朱子""中国现代最后一位国学大师"的钱穆。

钱穆出生后，秀才出身的父亲钱承沛对他寄予了很高的期望。对于自己刚出生时的情形，钱穆晚年在《八十忆双亲》中写道："余之生，哭三日夜不休。先父抱之绕室，噢咻连声。语先母曰：'此儿当是命贵，误生吾家耳。'"钱穆此言乃是稍长时听母亲及其家族老辈人之所言，但此举也仿佛向世界宣告他的与众不同，同时也给日渐破落的钱家带来了希望和安慰。

钱穆出生后，钱承沛据《尚书·舜典》中的"宾于四门，四门穆穆"之意，为爱子起名思锳，字宾四。钱穆虽是钱承沛的次子，但他在七房桥钱氏家族的同辈排行中是第四。"钱穆"一名，是他十八岁时其长兄钱挚所起，他后来就以此名行世。

七房桥钱氏家族原是无锡一个大户人家，五世同堂，但到了钱穆的祖父这一辈时便衰落下来。钱穆的祖、父均为乡村塾师，平时以课徒为业，借以养家糊口。七房桥钱家原都居住在一座豪华的大院中。大院原有七进，每进中为厅堂，左右各三间供居住。大门前门额上题"五世同堂"，第二进为鸿议堂，第三进为素书堂……

钱穆出生时，七房桥钱家虽然已日趋败落，但仍不失书香门风，大院的子孙从小即受家风熏陶，酷爱读书，因此在当地声望颇好，乡议甚佳。

钱镠的第二十九世孙钱邵霖，无亲兄弟，他育有钱寓、钱惠二子，钱寓便是钱穆的高祖。钱邵霖的长子钱寓育有四子，次子钱士暨，字绣屏，系钱穆之曾祖。钱士暨生于清嘉庆十五年（1810），国学生，他又育有七子，长子钱珏便是钱穆的祖父。钱邵霖、钱寓父子后来在无锡啸傲泾的东面盖起了一处豪宅,钱寓的七个儿子成家后仍居住于此,这里后来被称为"七房桥"。

钱珏,字鞠如,生于清道光十二年(1832),逝于清同治七年(1868),邑庠生出身。钱珏与乃父一样,自幼饱读诗书,但成年后却体弱多病,三十六岁那年便一病不起,去世时仅留下手抄的一套"五经",书上题有"手泽尚存"四字。此外,他还留给七房桥钱家一本大字木刻《史记》。这部《史记》,钱挚、钱穆兄弟从小都很爱读,钱挚去世后,钱穆一直将这本书带在自己身边。钱穆虽然并未亲受过乃祖的耳提面命,但也算得了祖父的恩泽,并为祖父的苦学精神所感染。

钱珏与夫人育有二子四女,小女成年后嫁在上海,她便是钱穆的四姑;二子分别为钱承浚、钱承沛,次子钱承沛便是钱挚、钱穆兄弟的父亲。

钱承沛,字汉章,号季臣,生于清同治五年(1866),逝于清光绪三十二年(1906)。十六岁那年,钱承沛以案首资格高中秀才,故在乡人口碑中有"神童"之誉。父亲去世时,钱承沛只有三岁,他成年后也与乃父一样体弱多病,后来赴江宁(今南京)参加乡试时,连续三次竟都病倒于科场当中。由于健康原因,钱承沛只好绝意仕途,自断功名之路,从此在乡里设馆课徒。儿子们相继出生后,他便把希望寄托在儿子们身上,特别是对聪颖过人且又酷爱读书的次子钱穆,钱承沛更是视若玉阶宝树、室中芝兰。钱穆出生后,他大喜过望,颇为自负地对人称:"我得一子,如人增田二百亩。"钱穆识字后,钱承沛对儿子又时常勉励有加,望子成龙之心于此可见。

钱穆出生时,他上面已有一兄两姊。其兄长原名钱恩弟,后易名挚,生于清光绪十五年(1889),乃钱承沛之长子,据"一鸣惊人"之典取字"声一"。钱挚成年后,他又根据家中素书楼之名而取笔名"素书";钱穆的长姐成年后嫁给在汉口经商的曾家,次姐未成年即不幸夭亡。

后来,钱穆的母亲又生有三子,除一子早夭外,余两子分别取名钱艺、钱文。钱穆的大弟钱艺,据"六艺漱石"之意取字"漱六",以诗词和书法见长,闻名乡里,成年后以教书为生。钱穆的小弟钱文,据"文起八代之衰"之意而取字"起八",擅长小品文和笔记杂文诸体,成年后常以"别手"笔名发表文章。钱文成年后也以执教为业。

清光绪三十二年(1906)初,钱承沛不幸染上重病,卧床不起,遂于是年四月二十四日(5月17日)不治辞世,年仅四十岁。这一年,钱挚十七岁,钱穆只有十二岁,钱艺、钱文分别是六岁、三岁。钱承沛去世前,还谆谆告诫钱穆兄弟说:"汝当好好读书,勿负我望!"

钱承沛过世后,妻子蔡氏独自承担起养家糊口和抚养子女的双重责任。蔡氏与钱承沛同庚,也是书香门第出身,哥哥是个秀才,娘家住在距七房桥西北三华里的蔡师塘头村,十六岁时与钱承沛结婚,婚后生有五男四女,成人则只剩四男二女。

蔡氏嫁到钱家后,孝敬公婆,教子有方,善持家务,因而颇得族人的褒议,被称为贤妻良母。有一年钱穆患病,蔡氏衣不解带地守在儿子床前两月有余。对此,钱穆后来在回忆中说:"先母护视余病,晨晚不离床侧,夜则和衣睡余身旁,溽暑不扇,目不交睫。"又说:"余之再生,皆先母悉心护养之赐。"钱穆患病时,他家尚住在七房桥老宅中素书堂的东偏房,后来他将台北外双溪的住所也命名为"素书楼",即是表达对母亲的怀念之情。

蔡氏不但知书达理,同时还是个刚强的女性。丈夫去世后,虽然家庭生活日见窘迫,但她却不愿接受别人的施舍,总是想通过自己的努力使生活得以改善。她时常告诫年幼的儿女们:"人穷志不短,一切都要靠自己!"钱承沛的早逝,使钱家失去了经济支柱,家中生活日渐拮据,族人们都劝蔡氏让长子钱挚休学养家,蔡氏则果决地回答说:"先夫教读两儿,用心甚至。今长儿学业未成,我当遵先夫遗志,为钱氏家族保留几颗读书种子,不忍令其遽尔弃学!"蔡氏有这番远见卓识,才使得钱挚、钱穆兄弟得以继续学业,不致中途弃学。

当然,蔡氏在许多方面都对钱穆兄弟的成长影响至深,这使钱穆多年后仍然记忆犹新。对于母亲的影响,钱穆晚年回忆道:

及岁除,镇上各店铺派人四出收账,例先赴四乡,镇上又分区分家,认为最可靠者最后至。余家必在午夜后,亦有黎明始到者。例须手提灯笼,示除夕未过。先母必令先兄及余坐守,不愿闭门有拖欠。余兄及余往往竟夕不寐。但亦有竟不来者。先母曰:"家中有钱,可勿记账在心,家中无钱,岂不令我心上老记一账。"①

1912年,钱穆开始了一生中的从教生涯,与母亲一起生活的时间愈来愈少。但他只要有机会,总是想方设法尽力侍奉母亲。1931年,钱穆应聘到北京大学时,将母亲接到那里与自己同住,躬身奉养。翌年,其母担心自己会因年老给儿子一家生活带来不便,于是决定南下回到无锡。1935年,钱穆为庆祝母亲七十寿诞回乡,在老家又侍奉母亲三个月之久。

1939年,钱穆担心母亲和一家人的安危,从后方大西南绕道香港东归后,在朋友的介绍下安居于苏州新桥巷附近的耦园,在此侍奉母亲年余。1940年秋,钱穆又应顾颉刚之邀赴成都的齐鲁大学国学研究所,母亲蔡氏于1941年1月因病辞世。时抗战方殷,途行不便,钱穆未能回乡料理丧事,心中总觉对母亲愧甚。"生我者父母,教我者先生,欲报之德,昊天罔极!"对于母亲"生不能养,死不能葬,葬不能守"这桩人生憾事,他时常愧疚于心,后来回忆道:

先母外和而内刚,其与人相处,施于人者必多,受于人者必少。即对其亲生子女,亦各皆然。常念古人以慈恩喻春晖,每于先母身边,获得切之体会。即家中养一猫,养一鸡,先母对之,亦皆有一番恩意。自先母之卒,至今又逾三十二年以上。余之不肖,歉疚丛集。惟每一念及先母,其慈祥之气色,其周到之恩情,使余能歉疚渐消而重获新生。②

钱穆是位治学严谨的史学大师,平生对魏晋时代的文章备为服膺,这倒不是他欣赏那个时代文人偏有的狂放风度,而是为那个时代的深情所吸引。他对三国、西晋之交的李密所写的"乌鸟私情"推崇备至,其原因也在于此。其母去世多年后,他在《八十忆双亲》中还动情地写道:"八十

---

① 钱穆:《八十忆双亲 师友杂忆》,生活·读书·新知三联书店,2005年版,第30页。
② 钱穆:《八十忆双亲 师友杂忆》,生活·读书·新知三联书店,2005年版,第37页。

年来，非先母之精神护恃，又乌得有今日，及今追述，固不能当先母平日为人之万一，然亦何以竭此心所存之万一乎？亦窃愿掬此心以告余世之同为孤儿者，庶能获此心之不孤，然亦何以报先父母于地下。悠悠苍天，我悲何极！"又曰：

余乃一孤儿，年十二，先父辞世，余尚童骏无知。越三十六年，先母又弃养，余时年四十八，只身在成都，未能回籍亲视殓葬。国难方殷，亦未讣告交游，缺吊祭礼，仅闭门嗓泣深夜嚎啕而止。年七十一，值双亲百龄冥寿，余是年已辞新亚校务，患目疾，住院施手术。不久，即赴吉隆坡马来亚大学任教，时思撰文，略述梗概，竟未果。今岁余年八十，明年，又值双亲一百十龄之冥寿。因乘余之诞辰，觅机赴梨山，沿横贯公路，自花莲返台北，途中滞留八日，住宿四处，草写此文。哀哀父母，生我劬劳。回念前尘，感怆万端。自念我之生命，身体发肤皆传自父母。而今忽已耄老，精神衰退，志业无成。愧对当年双亲顾复教诲之恩，亦何以赎不肖之罪于万一。①

1941年1月31日（旧历正月初五），钱穆的母亲蔡氏在苏州耦园不幸病故，享年七十六岁。噩耗传来，时在成都的钱穆悲痛万分，但千里之外，国难当头，回乡奔丧也颇为不易。哀痛之余，为纪念母亲，钱穆便将自己在赖家花园内所居的"未学斋"易名为"思亲强学室"，以示不忘母亲生养之大恩。对此，钱穆在《怀念我的母亲》一文中写道："我既不能回家奔丧，若要讣告亲友以及学生们公开行礼吊祭，我又不能单人独力举办此丧事，须好多朋友帮忙，我也不愿如此来麻烦人。遂衔哀在心，默默不作声，只自己单独一人在研究所外的田野中散步，自晨到夕。深夜在卧室独自痛苦，稍申自己内心的悲痛。如是者盈月，别人尽疑我生活现象怪特，又不敢率直致问。"在致弟子杨联陞的信中，钱穆又特有言曰："穆幼年，先慈携余居无锡老宅素书堂之东边。前在成都，闻先慈噩耗，悬吾室曰'思

---

① 钱穆：《八十忆双亲　师友杂忆》，生活·读书·新知三联书店，2005年版，第5页。

亲强学室',今又逾廿七年矣。思亲之情,先后犹一,然精力已退,不敢再以'强学'自居,名此楼曰'素书',亦聊志余思亲之意而已。"

二、读书果育

钱穆七岁那年,父亲从荡口镇请来一华姓塾师督教钱挚、钱穆两子。

钱穆入塾后,即在塾师教授下读《三字经》《百家姓》及"五经四书"等书,每天读生字七八十个并能大体记住,以不凡的智慧受到了塾师的夸奖。钱穆不但读书认真,且博闻强记,过目不忘。在塾中读书时,钱穆与乃兄钱挚和另外两个同学共四人,钱穆是最受塾师喜爱的一个。钱承沛得悉后,也颇为自慰,并自得地对塾师说:"此儿或前生曾读书来。"

八岁那年,华姓塾师因病不能再来传教,钱承沛便学昔日孟母三迁之故事,携家迁到距七房桥不远的荡口镇安居下来,并又请来一个华姓塾师督导两子。

少年时代的钱穆不但聪慧,而且酷爱读书,因此甚得乡人的称评。华姓塾师在课上教授钱挚、钱穆兄弟《史概节要》《地球韵言》两书,钱穆尤喜《地球韵言》;课余之时,他更是喜欢阅读《三国演义》《水浒传》等书,有时读书入了迷,竟连吃饭都忘了,他甚至能背出书中的不少章节。虽然如此,父亲对他们兄弟的要求依然很严。对于父亲,钱穆在《怀念我的父亲》一文中写道:

窃谓《论语》有所谓"文质彬彬"之君子,即如先父,庶堪当之。故谓先父乃一君子士绅则可,谓之乃一土劣则千万不相涉。谓先父乃一中国传统士人最后具体之一例则可,谓先父乃开前古未有之局,为适应时代当时一创造人物,则又大不可。……但先父可谓乃中国两千五百年来士传统之最后一代,继此后乃不见有所谓"士"。

……先父之得人尊敬,则日进而益深,愈远而弥殷,环居数十里间,士大夫读书人中,实无有更出其右者。益其得人尊敬,尤有超乎读书为学之上。

钱承沛在家教上对儿子们的循循善诱，以及他对子女因势利导的教诲，使早慧的钱穆在九岁时就领略到了。多年以后，钱穆还回忆道：

先父每晚必到街口一鸦片馆，镇中有事，多在鸦片馆解决。一夕，杨四宝挈余同去，先父亦不禁。馆中鸦片铺三面环设，约可十许铺。一客忽言："闻汝能背诵三国演义，信否？"余点首。又一客言："今夕可一试否？"余又点首。又一客言："当由我命题。"因令背诵诸葛亮舌战群儒。是夕，余以背诵兼表演，为诸葛亮，立一处；为张昭诸人，另立他处。背诵既毕，诸客竞向先父赞余，先父唯唯不答一辞。翌日之夕，杨四宝又挈余去，先父亦不禁。路过一桥，先父问："识桥字否？"余点头曰："识。"问："桥字何旁？"答曰："木字旁。"问："以木字易马字为旁，识否？"余答曰："识，乃骄字。"先父又问："骄字何义，知否？"余又点首曰："知。"先父因挽余臂，轻声问曰："汝昨夜有近此骄字否？"余闻言如闻震雷，俯首默不语。至馆中，诸客见余，言今夜当易新题。一客言："今夕由我命题，试背诵诸葛亮骂死王朗。"诸客见余态忸怩不安，大异前夕，遂不相强。此后杨四宝遂亦不再邀余去鸦片馆，盖先父已预戒之矣。时余年方九岁。①

对于父亲这番真切的教诲，钱穆后来又写道："先父对我此一番教训，直至如今，已过了六十年，快近七十年，而当时情景，牢记在我心头，常忆不忘，恍如目前。"

由于身体等方面的原因，钱承沛早年就绝意仕途，将希望寄托在儿子们身上，所以平时对儿子们督导甚严。但他在对子女的教育上并非疾言厉色，而是循循善诱，因势利导。十数年后，钱穆兄弟均执教于杏坛，也都甚得乃父之真传。对此，钱穆还说，"先父母对子女，从无疾言厉色。子女偶有过失，转益温婉，冀自悔悟"，"似从不作正面教诲语，多作侧面启发语"。

父亲对钱穆的影响是多方面的，这不仅表现在钱穆人格成长的轨迹

---

① 钱穆：《八十忆双亲 师友杂忆》，生活·读书·新知三联书店，2005年版，第21页。

上,而且还表现在钱穆读书方法等方面。八岁那年的一个晚上,早已躺在床上的钱穆,有幸聆听了父亲对长兄的一番谆谆诱导。对于此次夜教,钱穆终身不忘,多年后他回忆说:

某一时期,先父令先兄读国朝先正事略诸书,讲湘军平洪杨事。某夜,值曾国荃军队攻破金陵,李成典、萧孚泗等先入城有功。先父因言,此处语中有隐讳。即为先兄讲述,因曰:"读书当知言外意。写一字,或有三字未写。写一句,或有三句未写。遇此等处,当运用自己聪明,始解读书。"余枕上窃听,喜而不寐。此后乃以枕上窃听为常。①

父亲钱承沛可以说是钱穆最早的启蒙老师。正是由于乃父的亲切督教,钱穆才走上了一生治学的道路。

清光绪三十年(1904)冬,钱穆的大姐经居家上海的四姑、四姑父介绍,嫁给往来于沪汉之间经商的广东番禺人曾氏,钱穆全家送大姐到上海完婚,在上海住了一月有余。旧历年过后,全家回到了无锡,钱穆便与长兄钱挚一道秉父亲之命,到七房桥东北荡口镇的果育小学读书。

果育小学是一所新式私立小学,在原华氏果育书院的基础上改制而成,分高、初两级,故名果育两等新式学堂。钱穆的父亲钱承沛意识到新式教育的重要性,于是就让钱挚、钱穆前往就读。钱家兄弟入学后,钱挚入高级小学一年级,钱穆则入初级小学一年级。

无锡地处富庶的江南,且与开放大埠上海相距不远,素有"小上海"之称。受其影响,无锡在清末创办新式学校的浪潮中首得风气之先,因此成为开办新式教育最兴盛的地方之一,并以创办侯实小学、东林小学和竞志女中而闻名全国,与江北的南通并称为我国开办新式教育最著名的两个"模范教育县"。位于荡口镇的私立果育小学,便是在此形势下由该镇乡贤华鸿模等人创办,也是无锡最早开办的新式学堂之一。

华鸿模,字子随,又字子才,生于清道光二十年(1840),无锡荡口镇

---

① 钱穆:《八十忆双亲 师友杂忆》,生活·读书·新知三联书店,2005年版,第21—22页。

人,世家出身,在当地声望卓著。清同治十二年(1873),三十三岁的华鸿模乡试中举,但此后却并未再热衷科举仕途,而是在荡口镇以经营酿造业为生,事业扩大后又到无锡城开办粮栈。晚年,华鸿模在华氏老义庄的基础上创办华氏新义庄,并在华氏私塾的基础上开办果育书院,教授华氏子弟,造福乡梓。1904年4月18日,他又将果育书院改为果育两等新式学堂,又名私立果育学堂。五十年后的1956年4月,钱穆在香港撰写《华君绎之家传》时,对这位乡贤曾有高度的评价,盛赞华鸿模"雄于财,而乐善好施,得一乡爱戴"。

1904年,钱穆的父亲钱承沛在荡口镇教书。适在此时,华鸿模拟将华氏祠堂里的华氏果育书院改为新式学堂,于是便征求钱承沛等人的意见。钱承沛得知华鸿模决意开办新式学堂,大为赞赏,于是也就决定让钱挚、钱穆兄弟到果育学校读书。

在果育学校读书期间,钱穆不但学到了新知识,而且在思想上也深受几位新潮教师的影响,特别是具有民主新思想的钱伯圭先生,对其影响尤大。

钱伯圭,名秉瓒,以字行世,是七房桥钱家的同族近支,生于清光绪九年(1883),七房桥村西鸿声镇人,果育学校创办人华鸿模的外甥。钱伯圭思想激进,同情革命,是个向往新潮的革命党人。光绪二十八年(1902)十一月,钱伯圭在上海南洋公学读书时深受该校教师蔡元培的影响,曾与黄炎培等同学因参加学潮而被学校当局开除。从上海退学后,钱伯圭娶荡口镇秀才华晓兰之女华开森为妻,一度赴长沙在私立影珠学堂教授西算。光绪三十年(1904)二月,他与黄兴、陈天华、宋教仁等在长沙组织华兴会,密谋在是年农历十月十日举行反清武装起义,后因计划泄露未果,钱伯圭被迫回到无锡鸿声镇老家,适逢舅舅华鸿模创办果育小学,便到该校教授体育等课。钱穆到果育小学不久,便喜欢上了这位具有新思想的年轻老师。

有一天,钱伯圭听说钱穆小小年龄就爱读《三国演义》等书,于是就拉着他的手说:"《三国演义》开篇便讲'天下合久必分,分久必合'和'一治一乱',这就导致中国走上了错路,但欧洲的英、法诸国合了便不再分,治了便不再乱。所以中国应该学习它们。"

伯圭师还问钱穆:"你知道我们的皇帝不是汉人吗?"钱穆虽然回答"不知",但回家后却询问父亲,父亲正色说:"我们的皇帝不是汉人,而是满人。"

伯圭师的话给年少的钱穆留下了极深的印象,使他如受雷电,多年后他还特别忆及道:

余此后读书,伯圭师此数言常在心中。东西文化孰得孰失,孰优孰劣,此一问题围困住近一百年来之全中国人,余之一生亦被困在此一问题内。而年方十龄,伯圭师即耳提面命,揭示此一问题,如巨雷轰顶,使余全心震撼。从此七十四年来,脑中所疑,心中所计,全属此一问题。余之用心,亦全在此一问题上。余之毕生从事学问,实皆伯圭师此一番话有以启之。①

钱伯圭的中西文化优劣论和民族革命思想论对少年时代的钱穆是一次极重要的启蒙,并深深地影响了钱穆一生的思想走向和治学之路。这两个话题一直萦绕在他的心头,促使他不断思考问题的答案,他在晚年所提出的民族文化生命史观这一命题,就是力图给这两个话题做出合理的阐释。更有趣的是,钱穆与乃兄钱挚曾受教于钱伯圭,钱伯圭的长子钱临照②、次子钱令希后来又都受教于钱穆,多年以后也都成了中科院院士。

钱伯圭有子五人,除第三子钱临烈、第四子钱临煦均因肺病早亡外,其他三子均学有所成。其长子钱临照,生于清光绪三十二年(1906),毕业于上海大同大学物理系,后赴英国伦敦大学留学,是著名的金属物理学家、教育家,中国科学院院士;次子钱令希,原名钱临熹,生于1916年,毕业于上海中法国立工学院土木工程系,后留学比利时,长期从事结构力学研究,也是有名的工程力学家、教育家,中国科学院院士;五子钱临燕,生于1927年,毕业于国立同济大学医学院,为著名医学专家,惜于三十五岁

---

① 钱穆:《八十忆双亲 师友杂忆》,生活·读书·新知三联书店,2005年版,第46页。
② 钱临照,即钱伟长文中常提到的钱令昭。

英年早逝。

无锡有古迹泰伯庙和鸿隐堂,还有泰伯墓和梁鸿墓等,是当地人为纪念勾吴国开国者泰伯、仲雍兄弟和东汉名士梁鸿、孟光夫妇所建。泰伯庙位于梅村,而鸿隐堂则在鸿声里。

距鸿声里不远的溪河,发源于鸿山之麓,流经五里湖而注入太湖。这条河因东汉名士梁鸿、孟光夫妇曾在此隐居而又名"梁溪",梁溪后来还成了无锡城的别名。钱挚、钱穆兄弟早年都喜欢来此,他们的子侄辈后来还曾多次到泰伯庙、鸿隐堂游览。

关于钱穆民族思想的形成,他在《八十忆双亲》中就说:"犹忆两题,一曰《春山如笑赋》,乃短篇。余特爱其景色描写。由七房桥南望,仅见秦望山一抹。余长而喜诵魏晋以下及于清人之小品骈文,又爱自然山水,殆最先影响于此。又一题曰《岳武穆班师赋》,以十年之功废于一旦为韵,全篇共分八节,每节末一句,各以此八字押韵。乃集中最长一篇,余尤爱诵。余自幼即知民族观念,又特重忠义,盖渊源于此。"

钱穆在果育小学读书期间,除钱伯圭先生对他有重大影响外,另外还有几位老师对他影响也很大,他们是华倩朔、华紫翔、顾子重、瞿师、华山等。

华倩朔名振,字树田,家住荡口镇黄石㘭,后因私慕汉朝文人东方曼倩(即东方朔)而易号倩朔。他是果育小学创办人华鸿模的同族,早年曾游学日本,就读于日本的庆应大学,在果育小学教授音乐、国文等课。华倩朔丰姿美仪,平易近人,多才多艺,精擅书法、绘画、诗文、音律,颇有江南名士之风,且因语言风趣幽默,并以知识渊博而深得师生的尊重和称赞,钱穆读初小一、二年级时的国文便是他教授的。他所编唱的音乐教科书曾由上海的商务印书馆出版,畅销全国二十余年,最有名的是《西湖十景歌》,一度风靡全国,影响甚大。华倩朔对小钱穆十分看重,还在全校表扬过他写的《鹬蚌相争》不仅"妙得题旨",且"结语老吏断案",结果使钱穆得以升到高一年级就读,学校还奖给他一部由春冰室主人撰写的《太平天国野史》。少年时代的钱穆酷爱文史,他得到这本书后爱不释手,一口气就通读了全篇。钱穆后来曾说,《太平天国野史》是他通篇读完的第一部史书,对其后来的治史影响甚大。

华倩朔的弟弟华紫翔,族名华龙,时在苏州中学教授英文,一度创办国文讲习班,同时还在果育小学兼教古文。紫翔先生虽教外文,但其国文基础却非常扎实,所授古文一课,上自《尚书》,下迄清朝"中兴名臣"曾国藩,经、史、子、集无所不包,但他对每书每人均只选一篇,绝不滥收,并摒弃了旧时古文选学中的门户之见,对学生启迪尤大。钱穆后来能成为一代史学大师,自然也包含这位老师的影响。华先生在暑假期间,一度回乡开办"暑假讲习班",钱穆也前往听讲并多受教益。"暑假讲习班"结束后,钱穆因受华师授课之影响,还模仿华师选文之法,拟编撰一部《中国历代古今文钞》,并将书的结构、体例编出篇目寄予华师,敬请华师指教。华紫翔在回信中大加鼓励,而钱穆所编之书也终于在七十年后得以出版。华师对他治学方面的影响于此可见一斑。对此,钱穆还特别说明:"其后所学有进,乃逐渐领悟到当年紫翔师所授,虽若仅选几篇文章而止,而即就其所选,亦可进窥其所学所志之所在矣。"此外,钱穆晚年在研究风俗文化时所持的风俗观,也是得自于华紫翔此时所授曾国藩《原才篇》的"风俗之厚薄奚自乎,自乎一二人之心之所向而已"。对此,钱穆又说:"余至晚年始深知人才原于风俗,而风俗可以起于一心之心向,则亦皆是紫翔师在余童年之启迪,有以发之也。"

钱穆在果育小学读书时,国文教师顾子重可以说是真正引导钱穆走上治学道路的人。顾子重来自无锡县城,精通新旧之学,尤擅舆地和历史,钱穆中年后精研史地之学,也是深受顾师的影响。而更重要的是,顾师让钱穆真正地领悟到了治学的道理和学问的真谛。有一次,顾子重先生听说钱穆能读《水浒传》,就向他提问书中数事,钱穆一一作答。顾师听后,就对他说:"汝读《水浒》,只看大字,不看小字,故所知仅如此。"之后又谆谆告诫钱穆:"不读小字,等于未读,回去后你再读读看。"顾师的话引起了钱穆的思索,后来钱穆在读古文时便开始认真阅读注释的小字。钱穆回到家中再读《水浒传》时,从头到尾便不敢遗漏一字,方知书中小字乃金圣叹之批语。此后他一连读了几遍,对顾师的话更是服膺备至。后来,钱穆还在《中国文化与文艺天地——评施耐庵〈水浒传〉及金圣叹批注》一文中说：

> 自余细读圣叹批，乃知顾先生言不虚，余以前实如未曾读《水浒》，乃知读书不易，读得此书滚瓜烂熟，还如未尝读。但读圣叹批后，却不喜再读余外之闲书小说，以为皆莫如《水浒》佳，皆不当我意，于是乃进而有意读《庄子》、《离骚》、《史记》、杜诗诸才子书。于是又进而读贯华堂所批唐诗与古文。其时余年已近廿岁，却觉得圣叹所批古文亦不佳，亦无当我意。其批唐诗，对我有启发，然亦不如读其批《水浒》，使我神情兴奋。于是乃益珍重其所批之《水浒》，试再翻读，一如童年时，每为之踊跃鼓舞。

顾子重先生对钱穆的作文也十分看好。有一次班上有同学问顾先生道："为什么钱穆写的作文的首句总冠以'呜呼'二字？"顾师答曰："你们没有看到宋朝的古文大家欧阳修撰写的《新五代史》的序和论不都是以'呜呼'作开首的吗？"但有的同学仍取笑钱穆的作文是学欧阳修的。顾师知道后，又郑重地告诫学生们说："你们切莫要轻作此等戏语，此生他日有进，当更能学韩愈。"钱穆听后，心若电击，于是从此便又开始攻读韩愈之文。对于从顾师那里所得到的启发，钱穆后来又这样写道："自此遂心存韩愈其人。入中学后，一心诵韩集。余之正式知有学问，自顾师此一语始。"

此外，果育小学的瞿师也对钱穆后来的治学产生了很大影响，特别是瞿师在讲授《左传》时，对历史人物的叙述往往如数家珍，风趣生动，给少年时代的钱穆留下了深刻的印象。

果育学校是无锡在辛亥革命前后开风气之先的一所新式学校。在果育小学的两年，可以说是钱穆人生成长的一大阶梯，直到许多年后，钱穆在《师友杂忆》中对自己的小学生活还作如是之评：

> 回忆在七十年前，离县城四十里外小市镇上之一小学校中，能网罗如许良师，皆于旧学有深厚基础，于新学能接受融会。此诚一历史文化行将转变之大时代，惜乎后起者未能趁此机运，善为倡导，虽亦掀翻天地，震动

一时,而卒未得大道之所当归。祸乱相寻,人才日趋凋零,今欲在一乡村再求如此一学校,恐渺茫不可复得矣。①

钱穆入果育小学后,曾因成绩优秀而得以两次跳级,所以在这所学校只读了两年便提前毕业。其间,华山先生特别欣赏钱穆所作的文章,还奖励了他一部军事家、知名学者蒋方震(即蒋百里)翻译的日本人撰写的《修学篇》。这本课外读物主要介绍了数十位欧美诸国自学成才的名人事迹,后来成了钱穆自学成才的精神力量。对此,钱穆写道:"余自中学毕业后,未入大学,而有志苦学不倦,则受此书之影响为大。"后来,钱伟长也从钱穆的手中读过此书,并得益良多。

三、中学时代

清光绪三十三年(1907),钱挚、钱穆兄弟与果育小学的八名同学报考了创办伊始的常州府中学堂,全都考中。这一年,钱穆十三岁。

在参加常州府中学堂考试时,有个恂恂长者来到考场巡视,当他行至钱穆桌前时,认真地看了钱穆所作的国文答卷,之后便拍着小钱穆的肩膀,鼓励他道:"你会考上的!"后来钱穆才知道,这位长者便是常州府中学堂的监督屠孝宽,即屠元博先生。

钱挚、钱穆兄弟等到常州府中学堂报到时,果育小学特派总管华叔勤带他们一同乘船前往。当船行于运河之时,钱穆还拿着书,看得十分入神。在船上读书的间隙,钱穆与同学们讨论起了西方的名学,他引用西方一位圣哲所说的"凡人皆有死"这句名言,并指着身边的同学说:"汝曹皆是人,皆当有死。此乃西洋名学家言,汝曹何辞以答?"

众人听了,皆无一言以对。带队的华叔勤先生时也在旁,听后大为赞赏,说道:"此生年幼,已能谈西洋思想,他年必可有大前途,慎之勉之!"

常州府中学堂创办于1907年秋,由时任常州知府的许星璧和当地士绅恽祖祁等人所创,聘当地著名学者屠寄的长子屠孝宽为监督。钱家兄

---

① 钱穆:《八十忆双亲 师友杂忆》,生活·读书·新知三联书店,2005年版,第53页。

弟进入常州府中学堂时，十八岁的钱挚急于缓解家中生活困窘，心存早日择业之念，于是选择了师范班。尽管钱挚在师范班中年龄最小，但还是被校监督任命为师范班班长，而当时虚龄只有十三岁的钱穆则进入中学班就读。

钱家兄弟到常州府中学堂后，校监督屠元博见钱挚相貌俊朗，心中颇为喜欢，问他何以读师范班。钱挚答曰："父亲新丧，上有慈母，下有诸弟，家中贫穷，无以为养，就连我们兄弟前来读书的床褥等物，也皆是小学老师代为置办，所以盼望能在毕业后早日择业工作，自立养家。"屠监督听后，颇为感动。此后，屠监督对懂事明理的钱挚另眼相看，还特地让他兼任学校理化实验室的管理员一职，这样就可以按月领取奖金一份。一年过后，钱挚从常州府中学堂师范班以第一名的优秀成绩毕业，他谢绝了诸师让他继续升学的好意，情愿早日回乡择业并侍养慈母和家人。回到七房桥后，钱挚动员钱氏族人抽出二百亩耕田作为"学田"，并用钱家祠堂作为教舍，办起了七房桥第一所私立小学——又新小学，让钱氏家族的孩子们到这里读书。

常州府中学堂给钱穆留下的印象无疑是深刻的。教师中印象最深的是该校史地教师吕思勉和校监督屠元博等人，同学中则是刘半农、张寿昆、瞿秋白等人。

常州府中学堂给钱穆留下印象最好的老师，是后来成为史学大家的吕思勉先生。钱穆进入该校时，吕思勉年方二十五岁，是仅比钱穆大十二岁的青年教师，在学校教授史、地等课，所授之课甚得学生好评。吕思勉字诚之，乳名芸儿，笔名六庸、野猫、庸、驽牛、企、程芸等。其先祖吕宫是清军入关后第一个状元，世居常州府武进县青果巷。吕思勉于清光绪十年（1884）生于常州府武进县十字街，是当地学界名宿屠敬山的高徒，二十三岁即读完二十四史。在到常州府中学堂任教以前，他曾在苏州的东吴大学教授国文、历史等课，后因对教会大学的规章制度心存不满愤而辞职，回乡后受聘入常州府中学堂任教。在常州府中学堂，吕思勉不仅颇受学生欢迎，且以宽厚仁慈而甚得学生爱戴，钱穆对此深有体会。在一次考试地理时，钱穆因对东北地区长白山地的军情特别感兴趣，于是有意多加发挥，以致下笔不能自休，到考试结束时仅写完一道题，其他三道题均未动笔作答。按照当时的校规，此次考试的四道地理试题中，每道题均为二十五分，钱穆此一道题回答得再好也只能得二十五分。但吕先生在批改钱穆的试卷时，发现答卷特别优秀，于是破例给了他七十五分，并在试卷上另行注了几页批语。此事让钱穆感动万分，激励着他后来走上严谨的治学之路，而他与吕师之间的良好情谊也从此延续了几十年。

钱穆走上治学道路以后，为了讨论古文经学诸问题，还时常写信给吕先生，前后通信有数十封之多，达数万字。1939年夏天，钱穆撰写的《国史大纲》初稿草就，拟交商务印书馆的上海印刷厂付印，他将书稿的最后校样送给当时在上海光华大学任教的吕先生校订。吕先生认真看后，在欣赏弟子才华之余，对书中论及的关于南北朝经济一节特别感兴趣，并盛赞："书中叙魏晋屯田以下，迄唐之租庸调，其间演变，古今治史者，无一人详道其所以然。此书所论诚千载只眼也。"是时，钱穆正奉母隐居于苏州耦园，此后每隔一段日子，总要到上海看望恩师一次。抗日战争胜利后，钱穆重返苏州并就任无锡江南大学文学院院长一职，仍常去看望吕师。

1949年初，钱穆决意南下广州任教，途经上海时还特意去看望恩师。未曾想到的是，他们师生此次竟成了诀别。当时，吕思勉还将钱穆比作朱熹，而将自己比作陆象山，意在求同存异。此后，两人虽然未再谋面，却给中国现代史学界留下了一段佳话。

时任常州府中学堂监督的屠元博，字孝宽，清光绪六年（1880）生于常州武进，是位学问扎实的新式教育家，乃蒙元史名家屠寄之长子。屠寄原名屠庚，字敬山，号无闷居士，又号结一宧主人，生于清咸丰六年（1856），清光绪十八年（1892）进士及第，一度入湖广总督张之洞幕僚，后历官广东舆图局总纂、京师大学堂正教习、奉天大学堂总教习和南通国文专修馆馆长等职，辛亥革命后任北京大学国史馆总纂。屠寄自幼饱读史书，学问渊博，尤擅治蒙史、元史，用纪传体撰《蒙兀儿史记》一百六十卷，并以此知名学界，此外尚撰有《结一宧骈体文》《结一宧诗略》等著述。屠寄以学问道德闻名遐迩，育有三子，屠元博居长。

早在钱穆入校之前，屠元博就听说过钱穆父亲的名号，对无锡钱氏家族这样的书香世家持有好感,故对钱穆也非常器重,爱护有加。有一次,钱穆在绘画课上画鸟的两眼时,由于用浓墨点得大而又圆,有同学讥笑说像教绘画课的杨老师的眼。杨师听后十分气愤,于是只给钱穆的绘画课打了两分。按常州府中学堂当时的校规,学生每门课的成绩须满六十分方能得以正常升级,任何课不足四十分都要留级。几天过后,校监督屠元博先生将钱穆叫到自己办公室,告诫他各科的成绩要均衡发展,并要他向杨老师请罪,这样就可将他的语文、史地等课的成绩平均到绘画课上。但钱穆认为责任不在自己,是一些同学胡说八道牵连自己,执拗着不肯向杨老师"请罪"。屠监督虽然嗔怪钱穆"不太懂事",但还是对他多有照顾,学校成绩单发下来后,钱穆看到自己的国文、史地成绩并未做任何改动,而且得以正常升级。经此一事,钱穆充分地体会到了屠师的一片苦心,对屠元博的印象更深了。

又有一次,钱穆与几个同学结伴到屠师家中,看到了正伏在书桌前读书的师祖屠敬山。屠师的桌上放着一册《李义山诗集》,字里行间写满了小楷批注,精美庄严,另有碎纸夹于书页中间,像是临时增入的,桌子上还放着注解用的五色笔等。钱穆不禁看呆了。后来,他回忆说:

> 因念敬山太老师乃一史学巨宿,不知其尚精研文学,又不知其已值晚年,而用力精勤不息有如此。此真一老成人之具体典型,活现在余之目前,鼓动余此后向学之心,可谓无法计量。较之余在小学时,获亲睹顾子重、华紫翔诸师之日常生活者,又另是一境界。①

钱穆对屠师的印象很深,终生未忘。宣统二年(1910)冬,钱穆四年级临近年末考试。这时,四年级不少学生要求进行课程改革,并提出了减去修身课、增添希腊文等建议,但被校方拒绝。于是,学生们推举钱穆、刘寿彭、张寿昆、屠孝寔、张××等五位学生为代表,再次向校方交涉,还是未被校方采纳。后来,同学们只得以退学相要挟。当时,屠监督曾善意地训

---

① 钱穆:《八十忆双亲 师友杂忆》,生活·读书·新知三联书店,2005年版,第58页。

诚学生不要轻言退学,但站在最后一排的钱穆却大声说道:"监督训辞已听过,请发退学书由各生填写!"

学生代表之一的刘寿彭,即后来的刘半农,江苏江阴人,此时与乃弟刘天华都在常州府中学堂读书。刘寿彭是钱穆四年级的同班同学,刘天华比他们低两个年级。刘寿彭与瞿秋白一样,学习成绩十分优秀,常常考第一,平时却最厌恶校舍监兼国文教师陈士辛。有一次,他在如厕时曾大声对同学们说:"不杀陈士辛,不为我刘寿彭!"不意此言正为也将入厕的陈士辛听到,刘寿彭由此与乃弟刘天华同遭黜学。刘寿彭退学后,与乃弟刘天华同赴上海,并易名半农,撰写各种新潮文章,在此期间又结识了陈独秀等人。陈独秀受蔡元培之邀赴北京大学任教后,即聘刘半农为北京大学文学院教授,并因同编《新青年》杂志和倡导白话文而名扬天下,成为五四新文化运动中的一员大将。钱穆后来也到北京大学任教,与刘氏兄弟还有过重晤之缘,尽管相互之间接触不少,但友谊却未得更进一步的发展。在此前的1930年,当钱穆应邀赴北平的燕京大学任教时,还与刘半农有过短暂的会晤,但双方话不投机,并未有进一步的结交。对于此次晤面,钱穆曾回忆说:"1930年,余去北平,重相晤,则已相隔二十年矣。余登其门访之,留中膳,相晤可两小时。半农绝不提常州府中学堂事,亦不问余二十年经过,亦不谈提倡新文学事。不客气乃旧相识,无深语似新见面。盖其时半农大名满天下,故不愿谈往事。又知余与彼意气不相投,不堪相语,故亦不提新思想。此后遂不相往来。"钱穆晚年还在回忆录中写道:"后暑假半农去内蒙古,受疟蚊咬中毒,归不治,余挽以一联曰:人皆人之为半农;余独识之是寿彭。"

五个代表中有一张姓同学,是钱穆班中年岁最长者,平时喜爱体育,同学皆以兄事之,退学后一度赴日留学。而五代表中的屠平叔,名孝寔,为校监督屠元博的同胞三弟,虽然也参加了申请课程改革活动,但卒因校监督乃其兄长之故而未退学。后来,屠平叔赴日留学,归国后曾在北京某大学教宗教哲学,并甚得梁漱溟之好评,惜乎英年早逝。

在此次学潮当中,钱穆因提出"请发退学书"并签了姓名,故一直拒绝参加学校的年终考试。在学校的最后几天中,他与另一位患病的于姓同学共住在校疗养室,还从于姓同学那里读到了谭嗣同的《仁学》,深为谭嗣同的民族思想所感染,遂毅然剪去脑后长辫。

瞿秋白是常州本地人,当时名叫瞿双,后成为中国共产党的早期重要领导人之一。瞿秋白在常州府中学堂期间,对"刻削律切,兀岸自守,多封闭,少开展,终日不见笑容,亦少言辞"的新任校舍监陈士辛不满多多,颇有怨言。而钱穆笔下的瞿秋白更有意思,他在《师友杂忆》一书中曾作如是回忆:"时低余两级有一同学名瞿双,因其发顶有两结故名。后易名霜,遂字秋白。其人矮小文弱,而以聪慧得群誉。周末晚餐后,瞿双独自一人直入舍监室,室内壁有一木板,悬家在城中诸生之名牌。瞿双一人肩之出室,大声言,今晚全体告假。户外数十人呼哗为助。士辛师一人在室,竟无奈何。遂大群出至门房,放下此木板,扬长离校。瞿双星期一返校,是否特有训诫,则未之知。瞿双以家贫之故,未在府中学堂毕业。民国后进北平俄文专修馆,可免费,乃留学俄国。后为共产党党魁。"

钱穆从常州府中学堂退学前,长兄钱挚即与邻村的王秀珍姑娘结婚。此时,钱挚见弟弟日渐长大,眼下又辍学在家,遂与母亲相商,为弟弟定下了一门婚事。女方沈姓,娘家住在后宅镇,其父是个乡村医生,兄长承接父亲衣钵,当时正在上海的同济大学攻读西医。

钱穆与另外三名同学从常州府中学堂退学后,作为一校监督的屠元博非但没有责备这些学生,还对他们的失学遭遇寄予了同情。事过不久,正值辛亥之年的旧历新年到来之际,屠元博私下还让钱挚向学校申请让钱穆继续留校,但遭到了舍监陈士辛等人的坚决反对。屠元博无奈,只得动用自己的私人关系,向江宁(今南京)的钟英中学做了推荐,让钱穆、张寿昆转到该校续读。

在屠师的热情帮助下,钱穆于1911年春顺利转入江宁城的钟英中学五年级就读。钱穆进入钟英中学未及一年,就因辛亥革命爆发而被迫休学,从此结束了中学读书生活。数年过后,张寿昆易名张煊,考入了北京大学国学科,师从黄季刚、刘文典诸国故派名儒,又得北京大学校长蔡元培先生之"月三百元资助",与学生们创办了《国故》杂志,"专与当时北大学生罗家伦、傅斯年诸人所办《新潮》作抗衡"。可惜的是,素有才子之誉的张寿昆不久即英年早逝,未能在中国学术史上留下大名。

位于江宁城南的钟英中学是一所私立中学,也是南京地区教育史上的第一所新式中学,最早由当地回族富商蒋长洛(号森书)与士绅曹秉仁(号家麟)、顾琪(号花岩)、伍崇学(号仲文)和辛汉五等共同创办,筹备于清光绪三十年(1904)腊月,翌年正月十六日(1905年2月19日)正式开学,办学宗旨为"纠合同志,提倡风气,以教育普及,人才日多"和"所授普通各学,力求精深完备,以毕业后可直入各高等专门学堂及养成完全之教员为度"。钟英中学的校名是由江宁城回族领袖蒋长洛提名的,取自《北山移文》中的"钟山之英,草堂之灵"之句。蒋长洛任董事长,曹秉仁任校长,顾琪任学监。钟英中学建校之初,设中学预科和中学本科两级。中学预科设有两班,自初小毕业入,学制三年;中学本科设有三班,自高小毕业入,学制五年。全校计有学生一百二十余人,主要招收回族子弟,兼顾汉、满等族;校设回、汉两个食堂,服装统一,住宿生和走读生兼收;本科开设有修身、读经、中文、英文、日文、历史、地理、数学、物理、化学、图画、音乐、体操等课,每周三十四节;预科则开设有修身、读经、中文、英文、数学、历史、地理、理科、图画、音乐和体操等课,每周课时二十八节。著名学者诸如西学教师张洁民、经师兼国文教师端木楷、数学教师张紫和、物理教师张可治和朱培善、图画教师萧俊贤、西文教师毕范宇、体育教师李怀诚、国文教师张通之和王东培等人。时任两江总督的端方,曾游历西洋诸国考察宪政,思想颇为开明,在到校视察时对办学成绩大为赞赏,并责成江苏省咨议局和都督府划拨经费。此后,钟英中学又在江宁城的南捕厅(内桥南侧的西街小学内)营建新校。

钟英中学的师生队伍中,走出了很多颇负声望的名人,除了早期在此读书的钱穆、张寿昆外,后来还有朱瑞、刘西尧、胡畏、李国鼎、胡叔度、黄玉珊、吴良镛、赵继昌、管伟悚、陈鸣钟等,可谓俊彦辈出,呈一时之秀。

钟英中学初址在夫子庙西北户部街(今南京新街口东南)的蒋氏别墅,后迁至中正街(今白下路)的孟渊旅馆,最后迁至新校区南捕厅。钱穆在钟英中学读书期间,校址在中正街,此地距两江总督署辖新军第九镇第三十四标军营驻地不远,常能听到从军营传来的号声、马嘶声和胡筛声。

钱穆与张寿昆在钟英中学读书时,时常耳闻附近驻军的号声。他们在读书的间隙,还时常结伴到学校附近的军营学骑马和练军操等。此时,钱穆与张寿昆对军营生活很是向往,从军愿望十分迫切,希望有朝一日能出山海关同日、俄两国军队对垒作战,实现自己的报国宏愿。

在钟英中学读书的第一个学期结束后,钱穆回七房桥老家过暑假。意外的是,他此次回家数日后便患了热病,前后近三个月之久。钱穆重病卧床期间,已与他定了亲的沈姑娘的父亲不时前来探望,并为他精心诊治。在母亲蔡氏的精心护理下,终于恢复了健康。

1911年10月11日,刚刚病愈的钱穆急于赶回钟英中学。这时,钟英中学已开学近一个月了。钱穆自鸿声里乘船,再由望亭车站改乘火车前往江宁。途中钱穆从报纸上看到了武昌新军起义的消息。到校以后,学校师生因武昌起义爆发而议论纷纷,群情激昂。两天过后,新军占领湖广总督府的消息再度传来。遽生此变,天下震动,钟英中学更是人心浮动,江宁城的气氛也变得日渐紧张起来。

武昌起义爆发后,钱穆与同乡兼同学张寿昆相约,等革命军进城后便一起去投军。就在此时,张寿昆却意外地收到了"父病速归"的家信,催其从速返乡。临行之前,张寿昆又与钱穆相约,嘱其万勿离校,待他重回学校后一同投军。张寿昆回到家中以后,方知家中诈称父病乃是劝其返乡避乱,之后便再也不让他重回江宁城了。为了响应武昌的新军起义,驻守于江宁城南数十里外秣陵镇的新军第九镇官兵,在统制徐绍桢的率领下进攻两江督署,失败后被迫退往镇江。

1911年12月初,浙江联军会攻江宁,两江总督张人骏、江宁布政使樊增祥等官员慑于联军声势,吓得从城墙上夜缒逃走,江浙联军遂得占领江城。恰在此时,钟英中学董事长蒋长洛忧病交加去世。学校一下子失去了主心骨,再加上动乱在即,被迫宣布暂时歇课停办。而此时的钱穆,在等不到张寿昆的情况下只得离开了钟英中学。

回到七房桥老家后,钱穆的从军愿望化作泡影,同时也无奈地结束了学生生活。

钱穆回到无锡七房桥时,其兄钱挚正与族人筹办自立武装,钱挚担任队长,与邻村的自立武装联防共卫,防止清朝溃军前来骚扰,保卫家园。自卫队成立后,钱氏家族还集资从上海购来了数十条步枪,并聘请一位会武术的拳师训练拳术,钱穆因在钟英中学学过军操而担任教官,负责训练兵操。钱家兄弟将七房桥的自卫队办得有声有色,受到了族人的褒奖。

初教廿年

一、乡教十年

1912年春,中华民国临时政府在南京宣告成立,推举孙中山先生为临时大总统。但时过不久,袁世凯便代替孙中山做起了临时总统。此时,内忧外患,民不聊生,很多读书人的心情都为之苦闷不已。

当时,钱穆因无事可干,只得依长兄钱挚之命,在鸿声里的远房族侄钱冰贤的介绍下到秦家水渠的三兼小学教书。从此,虚龄十八岁的钱穆开始了十年的乡教生活,同时也开始了他长达七十五年的执教生涯。钱穆之所以要应聘到小学任教,一是为了缓解家庭生活的困窘,二是因为升大学无望而决心走自学之路。

虽然升大学无望,但钱穆仍对升大学抱有幻想。他在乡间各小学执教期间,认真研读了章学诚的《文史通义》和夏曾佑的《中国历史教科书》(后易名为《中国古代史》)等书,渴望能进入正规的大学深造。

三兼小学是乡人秦仲立为培养秦家宗族子弟创立的一所私立小学,学校分初、高两个班级,理、化等课由秦仲立兄弟三人分别担任,钱穆则担任高级班的国文、英文、数学、史地、体操和音乐等课,同时还兼初级班的课,每周三十六课时,月薪十四块大洋。

钱穆在三兼小学教书仅一年时间,颇得校长秦仲立的青睐,两人结为忘年之交。不幸的是,秦仲立于是年冬天病故,钱穆便于1913年春应荡口镇鸿模私立学校校长华巽之邀到该校任教。

青年时期的钱穆

鸿模学校即钱挚、钱穆兄弟原先就读过的果育学校。老校长华鸿模因在前一年患病辞世,校长一职便由其长孙华巽继任。为了纪念祖父,华巽将果育学校易名为鸿模学校。

华巽又名华士巽,字绎之,年长钱穆四岁。六岁那年,其父华相卿病逝,由乃祖华鸿模抚养成人。他是钱穆在果育学校和常州府中学堂的两度同学,素与钱穆相善。1911年华鸿模病逝,不到二十岁的华绎之接掌果育学校并将该校易名为鸿模学校,时钱穆正在江宁的钟英中学就读。1912年,钱穆到三兼小学任教。华绎之深知钱穆勤奋好学,学问扎实,所以他在执掌鸿模学校之后便热情邀请钱穆回校任教。

鸿模学校时设初、高共八个班级,钱穆入校后担任国文、历史和地理等课,每周二十四课时,月薪二十大洋。无论从时间上还是收入上来讲,钱穆在鸿模学校的待遇都明显优于三兼小学。

钱穆任教鸿模学校之后,华绎之对他颇为倚重和照顾。当时,华家藏书甚多,在校内专置书楼一座,外人平时未得华绎之允许不得上楼一观,但华绎之对钱穆却非常信任,并将藏书楼钥匙交给他,听凭钱穆自由出入。于是,钱穆在教课之余,便一头扎进书楼,埋头苦读。

有一天,华绎之将后来成为著名音乐家的刘天华邀请到校,让他演奏琵琶名曲《十面埋伏》。因钱穆与刘天华也颇为熟稔,故将钱穆邀来一同欣赏。对于此事,钱穆在《现代中国学术论衡》中有过这样的回忆:"冬,听刘天华弹琵琶,同学二三人,围炉听其弹琵琶《十面埋伏》,传情传势;

手法之妙,常在耳边,积年不忘。"又说,"余听天华弹琵琶《十面埋伏》,深夜惟三人,静听如在世外"。

在鸿模学校任教期间,由于课余时间较为充裕,钱穆遂于1914年上半年应梅村镇泰伯庙的无锡县立第四高等小学校长华澄波之邀到该校兼教,每周乘船往来于荡口和梅村两镇之间,乐而不疲,前后达六年之久。对于当时往复两地水上之行的情形,钱穆在回忆录中写道:"余坐船头上,读《史记·李斯列传》,上下千古,恍如目前。余之读书,又获深入新境,当自读此篇始。"

华澄波是钱挚在常州府中学堂师范班的同学,年长钱穆数岁。由于钱挚这层关系,华澄波对钱穆一向也颇有好感。1914年下半年,钱穆正式到无锡县立第四高等小学任教,每周授课十八课时,所以有大量时间在三兼小学、鸿模学校兼课。在此期间,钱穆一边教书,一边自学,为日后走上学术之路奠定了坚实的基础。对于此时的自学情况,钱穆后来在《师友杂忆》中写道:"余又效古人刚日诵经、柔日读史之例,定于每清晨必读经子艰读之书。夜晚后,中间上下午则读闲杂书。"

1914年,华绎之决定一面办学,一面经营实业,在征求了钱穆等人的意见后,专程东赴扶桑,考察养蜂和经营农场等事,归国后即潜心于办学和农事活动,终有大成,被当地人誉为"养蜂大王"。钱临照在《为纪念华绎之表叔百岁诞辰而作》一文中曾写道:"绎之叔办学于前,治养蜂农场于后,为乡里造福,时人称其贤。"

1928年,钱穆的妻子与新生婴儿先后去世,长兄又亡,家庭生活再度陷入困境,华家又一次向钱家伸出援手,派人将钱伟长一家六口也接到了华家,直到抗日战争全面爆发。此后,华家还不时对钱家予以生活上的接济,钱伟长也得以免费入鸿模学校读书。

在此后的日子里,钱穆与华绎之一直保持着亲近的关系,往来甚密。1956年,华绎之在台北不幸病逝,时在香港的钱穆闻知,对这位同乡兼同学的不幸早逝深表悲痛,并特意撰文以悼。

钱穆在梅村四小任教期间,除与华绎之、华澄波等人过从甚密外,还结交了他人生中另一个重要的朋友——朱怀天。朱怀天是上海松江人,上海第一师范毕业,小钱穆一岁。朱怀天幼年丧父,后来母亲又病故,与新婚妻子和弱弟相依为命。母亲去世后,朱怀天倍觉孤独,将钱挚、钱穆兄弟视作兄长,在与钱穆相识后又同居一室,时常与钱穆交流教学和读书心得。不幸的是,后来朱怀天在赴南洋前夕患病遽然辞世,钱穆痛惜知己的英年早逝,故将亡友的著述予以整理,并将他们的唱和之作汇成《二人酬唱录》印制刊行,而朱怀天的日记也由于他的妥善保管得以留存下来。在《松江朱怀天先生遗稿序》中,钱穆不无深情地写道:"余与怀天三年之生活如水乳之交融,于怀天之中有我,于我之中有怀天。盖此二人者,几乎相渗透,而为一人矣。怀天死,我之一部之渗透于怀天之人中者,亦从而死;我犹生,则凡怀天之一部之渗透于我之人之中者,亦犹生也。"

1917年,在乡间担任小学教师的钱穆,结合教授的论语一课,仿效马相伯兄弟所著的《马氏文通》的字法和句法,写出了他平生的第一本专著——《论语文解》,此书翌年由上海的商务印书馆出版。是年秋,时年二十二岁的钱穆,在老家与邹氏完婚。这一年对钱穆来说,可以称得上是事业和人生的"双丰收"。

1919年秋,钱穆毛遂自荐担任了后宅镇泰伯市立第一初级小学校长。后宅小学初名养正小学,创办于清宣统元年(1909),民国后易名为泰伯市立第一初级小学。钱穆担任校长不久,又与泰伯市市长邹茂如等当地乡绅创设了泰伯市立图书馆,他还被推为馆长。就任后宅小学校长一职,是钱穆独立担任教育行政工作的开始。

在前后十年乡村小学的执教生涯中,钱穆出任后宅小学校长之经历最使他难以忘怀。作为校长,钱穆一直致力于推行学校改革和课程自行安排。当时正值美国实证主义教育家和哲学家约翰·杜威(John Dewry)到中国做巡回演讲,他的教育思想被许多中国的高级知识分子奉为圭臬,各大报刊也纷纷披露杜威到中国演讲的新闻,传播他的教育思想。他所提倡的"教育即生活""学校即社会"等教育理念,要求发现儿童身上具有意义的东西,通过富有生活情趣的教育方式对学生加以引导,反对"填鸭式"的传统教育,在中国引起了很大的轰动。钱穆从报上得到这些信息后,觉得杜威的观点很合自己的口味,于是就在后宅小学进行教育改革试验。

钱穆在后宅小学还大力探索和推行国文写作教学新模式，他时常告诉学生们，"出口成章，下笔成文；作文如同说话，心中怎么想，口中就怎么说，下笔就怎么写"。目的就是让学生注意观察生活细节，在作文中自由写出生活的真实感受，正如同清末诗人黄遵宪等所倡导的"我手写我口"。在每次上作文课时，他都要先对学生们写的作文进行点评，让学生学会体验生活，懂得观察生活，诱导学生认真观察各种生活情景和生活细节，然后再加以讨论和评点，最后再进行写作练习。

对于钱穆在后宅小学的这段经历，他的亲戚邹祖翼在《钱宾四在后宅》一文中有如下的回忆：

有一学生名为杨锡麟者，有自卑感，宾四先生特就其所长之唱歌而表彰之，于是渐移其习，使诸生不再歧视杨生。其后，杨生进步较快，毕业后曾任职于中国石油公司。此事足见宾四先生教育方式之佳。宾四先生不仅是知名的国学大师、文史学家，而且也是一位教育专家。早在其执教初小之时，已崭露头角了。①

钱穆在后宅小学担任校长期间，学界名人李石岑在上海主编《时事新报》之《学灯》副刊，钱穆颇喜该报，于是就将自己写的《爱与欲》寄往投出。李石岑看后颇为喜欢，就以大一号字刊于副刊的首篇。得此鼓励，钱穆又连续向该报投稿数次，竟然连投连中，受到了亲朋好友的称许。当时，钱穆还为后宅小学撰写了校歌，其词略曰：

> 梁溪之畔，泰伯之乡，
> 我们聚集在一堂。
> 求学须通彻，意志要坚强，
> 随着时代向前进。
> 预备作国家的栋梁！

---

① 中国人民政治协商会议江苏省无锡县委员会编：《钱穆纪念文集》，上海人民出版社，1992年版，第92页。

> 诚毅勤俭，拿出力量，
> 把我们的精神发扬。

钱穆执掌后宅小学期间，虽然雄心勃勃，但学校所进行的教育改革试验却并未如他所愿收到良好的效果，故于1922年秋便辞去该校校长及泰伯市立图书馆馆长两职，前往无锡县立第一高等小学任教。

1912年至1922年，钱穆经过了长达十年的乡村执教生活。他一生未进过大学读书，只不过是个中学还没毕业的学生，却始终有一个大学梦萦绕在内心深处。1913年，他从报纸上看到北京大学的招生广告，上写着报考者须先读章学诚的《文史通义》，便找到此书认真阅读，但残酷的现实却将他美好的大学梦击得粉碎。

钱穆虽然没有实现自己的大学梦，但他在十年的乡教生活中，总是锲而不舍，一面教书，一面自学，常常是一卷在手，夜以继日。早在三兼小学任教时，他曾与校长秦仲立讨论过治学问题。当时，秦仲立与他讨论清代史学家浦起龙所编的《古文眉诠》与桐城派古文大师姚鼐所编的《古文辞类纂》的高下得失，并问他为何同为古文选编，姚氏所编独受后人推崇，而浦氏所编却不得后人青睐。此时，钱穆感到茫然不得其解。浦起龙，又名浦二田，其家在无锡西仓，此地介于七房桥与秦家水渠之间。浦氏是钱穆家乡的前辈学人，又与钱、秦两家皆有亲戚之谊，钱穆对这位乡贤自然心生好感。后来，随着时间的推移，钱穆又遍读了姚选以外的诸家文编，当他读到唐宋八大家文集中的王安石文集时，发现自己所喜爱的文章，姚选却多未予选，他终于悟出姚氏选文"重文不重学"，而自己的性情却是"重学不重文"。此悟一开，他眼前展现的一片崭新的学术天地便豁然打开。在《学钥》一文中，他这样写道："自念少孤失学，年十八，即抗颜为人师，蛰居穷乡，日夜与学校诸童同其起居食息。常以晨昏，私窥古人陈编。既无师友指点，亦不知所谓为学之门径与方法。冥索逾十载，始稍稍知古人学术源流，并其浅深高下，是非得失。"多年以后，钱穆又写道："我没有机会进大学，从十八岁起，即已抗颜为人师，更无人来做我师，在我旁指点领导。正如一叶舟，浮沉茫茫学海中，四无边际，亦无方针。何处可以进港，何处可以到岸,何处是我归宿,我实茫然不知。但既无人为我作指导,亦无人对我有拘束。我只是一路摸黑,在摸黑中渐逢光明。所谓光明,只是我心自感到一点喜悦处。因有喜悦,自易迈进。因有迈进,更感喜悦。如此循环不已,我不敢认为自己对学问上有成就,我只感得在此茫茫学海中,觅得了我自己,回归了我自己,而使我有一安身立命之处。"

1922年夏,钱穆在无锡县立第一高等小学任教仅有月余,就接到了厦门集美学校电请他到校任教的聘书。钱穆即辞去乡教之职,遂赴厦门。

二、执教集美

钱穆为什么会得到集美学校的聘书呢?内中还有个小小的插曲。

1922年暑假期间,钱穆与无锡县立第一高等小学的同事安若泰、蔡英章等同赴上海,与常州府中学堂的老同学施之勉晤于沪上。施之勉是无锡县玉祁镇施家宕人,生于清光绪十七年(1891),大钱穆四岁,是钱穆在常州府中学堂时低一年级的学友。他后来考入南京高等师范学校,成为著名国学大师柳诒征的高足。施之勉一生从事教育,兼擅文史,是著名教育家和文史专家,后赴台湾任成功大学首任中文系主任,享年百龄,并有多种著述传世。当时,施之勉担任厦门集美中学教务长,此时正巧也在上海。他素知钱穆才华出众,且又刚读到他发表于《学灯》副刊的几篇文章,于是在回厦门集美学校后,即向校长叶采真(即叶渊)建言,聘请钱穆来校任教。

1922年中秋节过后,二十七岁的钱穆告别慈母和家人,束装前往福建厦门的集美学校。

钱穆与施之勉一直过从甚密,融洽默契。他曾对人声称,施先生是自己"卅载老友,其人湛深经籍,并精两汉,行谊卓绝,不愧古之明德",还为这位学友题赠了一首小诗:"把臂重瀛外,十年话旧情。赤心邀餐饭,亲手治苏羹。连夜烧明烛,烹茶剖橘橙。潇潇风雨下,不禁我心醒。"

集美学校位于厦门集美村。集美村是著名爱国侨领陈嘉庚先生的故乡,这所学校由陈嘉庚、陈敬贤兄弟出资创办。集美学校原是一所私立小学,第一任校长是无锡籍教育家侯保三。陈氏兄弟于1913年初创集美学校时,旨在造福桑梓,当时仅有小学部,后来又扩充了中学、师范、商船、水产、农业和女子中学等六部,名义上是一所私立中学,实际上却是一所颇具规模的职业专科学校。但陈先生对此仍不满足,将学校逐步扩大,之后又另择新校址并将新校命名为厦门大学。厦门大学后来成为一所闻名中外的大学。

集美学校环境优美,四周既未设围墙,更无校门,是一所开放式校园。校舍恢宏,高楼林立,但校长办公室只是一所简易平房。

钱穆到集美后,被任命为高中部、师范部三年级的国文老师,每周授课十八课时,月薪八十元。钱穆第一次登上集美学校的讲台时,校长叶采真担心他不能胜任,就立在窗外听了好一阵。一堂课罢,叶采真大喜过望,暗自佩服钱穆果有真才实学。当晚,叶采真专门宴请钱穆,并请施之勉等前来作陪,算是聊表敬意。

在集美授课时,钱穆善于将自己平时读书的心得与授课实践结合起来,深入浅出,使学生容易领会,故颇受欢迎。如他在讲授魏晋南北朝文学时,讲述了汉末建安时期曹操、曹植、曹丕父子对当时文学发展所产生的重大影响,并说此时期不但是我国文学中五言诗的肇始,也是文章摆脱赋的形式向着散文体方向发展的重要阶段,称此时期的文章是"极高境之散文小品"。钱穆还认为,建安时期是中国纯文学的肇始阶段,并以曹操的《让县自明本志令》(又名《述志令》等)为例做了详细的讲解。他对学生们说:"中国文学的建立,应自三国时代曹氏父子起。"钱穆此说,使学生们大受启发,同时也得到前来听课的校长等人的好评。

钱穆进入集美学校时,学校的教师多为南、北京高等师范学校毕业的学生。其间,钱穆与许多后来成为学界名流的教师都建立了良好的人际关系,其中既有他的同学施之勉,也有毕业于南京高等师范学校的蒋锡昌,还有李叔同的入室弟子刘质平等。但好景不长,在钱穆到集美学校任教的第二年(1923)5月学校爆发了学生风潮,校长叶采真不顾全校师生的反对先后开除了十余名学生。是时,钱穆站在学生一边,反对校长叶采真开除学生的做法。因与校方政见相悖,钱穆主动辞职离校。

钱穆在集美学校任教约一年,时间虽然较短,却是他人生经历中一个较大的转折点。

从厦门集美学校返回无锡老家后,不意被他的同族前辈钱基博所知。一向待人厚道的钱基博,向位于无锡的江苏省立第三师范学校推荐了钱穆,钱穆遂被该校聘为国文教师。

三、受聘三师

1923年秋,钱穆来到位于无锡的江苏省立第三师范学校,担任高中一、二年级的国文教师。

钱穆初到时,学校共有国文教师三人,年岁较长的钱基博任高中四年级国文教师,吴江人沈颖若任高中三年级国文教师,新到校的钱穆则担任高中一、二年级的国文教师。不久,学校又新来一位国文老师,分任高中二年级的国文课,钱穆就专任一年级的国文教师,并担任该班班主任。

在无锡三师任教期间,钱穆结识了一些富有声望的教师并与他们成为朋友,其中最有名的便是钱基博先生。

钱基博,谱名基来,字子泉,复字亚泉,别号潜庐,钱穆的同族,生于清光绪十四年(1888)。钱基博幼承家教,性嗜读书,见多识广,更兼以为人正直而在乡间多有声名。他曾对人说:"读书尤当知如何读。读书不可不知文,治事不可不读书。且治事,且读书,则体验益切,而见理益明。"钱基博的国学根基非常扎实,经、史、子、集均有涉猎,著述宏富,尤以《现代中国文学史》最为有名。对这个同宗不同支的前辈,钱穆非常敬佩,同时也十分看重他的学识。他曾评价说:"实际上,这书也很像《明儒学案》《宋元学案》之类,他把清末民初许多文学家,每人一传,综合叙述。他书体裁或许和我的《近三百年学术史》比较接近,当然还是有不同。他书里都是诸如康有为、章太炎、梁启超、胡适之、王国维等近代有名学者……都是很详细地一篇一篇为他们作传。"钱穆佩服钱基博,也可能是因为钱穆本人的《近三百年学术史》只写到康有为而止,而钱基博则多写近代人物,或因其中难度更大的缘故。

1919年,钱基博应无锡三师校长顾述之之邀,到该校担任国文教师。该校是顾述之于1911年9月创立的,校址在无锡学前街,学校体制仿照日本式教育,学训"弘毅"。民国元年以后,学校先后易名为江苏省立第三师范学校和江苏省无锡中学,仍由顾述之任校长。

钱穆到无锡三师时,钱基博已到上海光华大学、圣约翰大学等校任教,但仍在三师兼授高中四年级的国文课。钱基博精擅文史,学问扎实,钱穆平时以父辈视之。而钱基博的独子钱锺书,当时还是个少年,但他聪明异常,且又勤奋好学,给钱穆留下了很深的印象。更有趣的是,对于同族长辈的钱基博先生,钱穆称其为叔;而钱基博的儿子钱锺书,则又称钱穆为叔。对此,钱穆在回忆录中曾经写道:"江浙钱氏同以五代吴越武肃王为始祖,皆通谱。无锡钱氏在惠山有同一宗祠,然予与子泉(基博)不同支。年长则称叔,遇年高则称老前辈。故余称子泉为叔,锺书亦称余为叔。"

对于中学任教的这段经历,钱穆后来还特别回忆说:"然余在中学任教,集美、无锡、苏州三处,积八年之久,同事逾百人,最敬事者,首推子泉。生平相交,治学之勤,待人之厚,亦首推子泉。余离大陆不久,即闻其卒于湖北。惜哉!"而在《钱基博》一文中,钱穆又满怀深情地写道:"余与子泉为同族,早年纳交,相从讲论有日……又念人之云亡,而典型固在,犹是为国人所矜式。爰重翻此书,粗述梗概,以志追思。"

钱穆在三师任教时,不但得以与钱基博相交,还有幸认识了清末民初的大儒唐文治先生,以及后来曾担任清华大学中文系主任的孟宪承。

唐文治是江苏苏州太仓人,字颖侯,号蔚芝,晚号茹经,生于清同治四年(1865)。早年在江阴南菁书院求学,师从国学大师黄元同、王先谦诸名儒。二十八岁中进士,官至农工商部尚书,后致力教育事业并一度担任上海南洋大学校长,孟宪承、邹韬奋、朱东润皆是他在这一时期的学生。

1920年冬,无锡士绅贤达陆起、施省之等出资创办无锡国学专修馆,礼聘在无锡养病的唐文治为该馆馆长。时钱穆在三师任教,三师对面之孔庙旧址就是无锡国学专修馆,勤奋好学的钱穆此时也有幸得晤唐先生。钱穆对这位前辈大师十分佩服,对于唐先生的著述多有习读,还专门到水西门一带唐先生的家中拜访请益。唐先生对年轻的钱穆也颇多礼遇,在第一次晤面时即将自己治学的许多感想体会告诉了他。钱穆到了晚年,仍对唐先生念念不忘,并称自己与唐先生的交往是"忘年之交"。但钱穆在三师任教期间,一代耆儒唐文治早已双目失明,故授课时只能依靠记诵,旁边则由一名助教在讲台上做提示和笔录。唐先生告诉钱穆,自己之所以失明,是康梁变法时哭袁爽秋之故。钱穆将要离开三师时,再次专程到唐先生家中拜别,唐先生此次将自己全部的著述共二十余本赠予他,殷殷期望钱穆好学上进,勤学不辍。对此,钱穆后来在回忆时说:"抗日战争后,蔚老病卒于沪。其气度风范则常留余心目中。所谓虽无老成人,犹有典型。若蔚老真为余生平所遇一近代中国之典型人物也。"

孟宪承是唐文治任教上海南洋公学时的学生,后赴美留学,归国后历任上海圣约翰大学、光华大学等校教授,是钱基博几经共教的老同事和老朋友。钱穆与孟宪承相识,还是通过钱基博介绍的。初见孟宪承时,孟氏便告诉钱穆:"应当细读《十三经注疏》,方可为学习国学打下根基。"孟宪承的话对钱穆的启发很大,此后他便常将《十三经注疏》置于案头,研读不辍。

在钱穆的印象中,无锡三师学风纯良,师生犹如家人,所以他到校后颇感满足,任教该校四年中从未有过任何风波。

钱穆在无锡三师时,由于钱基博这层关系,还得与钱基厚、钱锺书相识。钱基厚是钱基博的胞弟,同样以学识称名,而钱锺书则是钱基博的儿子,当时正在无锡的辅仁学校读书。1928年,钱穆的《国学概论》完竣,他请钱基博撰写序言。这篇序言实由钱锺书代笔,但钱穆生前并不知晓。1929年,钱锺书考入清华大学外文系,1933年毕业,人称他"兼通中西文学,博爱群书,宋以后集部殆无不过目"。同年,钱锺书与比他晚两届的清华同学杨绛在苏州订婚,钱穆应邀参加了他们的订婚仪式。钱锺书于1935年赴欧留学,1938年在巴黎时得清华大学文学院院长冯友兰之邀,归国后任清华大学外文系副教授。此时的清华大学业已迁至昆明,与北京大学和南开大学组建为西南联合大学。

钱穆在无锡三师期间,除与钱基博、孟宪承等交往频繁外,也与后来回无锡任教的施之勉、蒋锡昌、诸祖耿等旧友相聚。此一时期,他们时常诗文唱和,交流心得。当时,三师师生成立了一个"国服同志会",旨在反对崇洋媚外,号召穿着国服,钱穆还被推为同志会的宣传部部长。1926年是旧历丙寅年,钱穆与朋友们发起并成立"丙寅读书会",在地方轰动一时,吸引了不少学人。

钱穆在无锡三师任教前后共四年。其时的三师名师荟萃,钱穆也开始崭露头角,并得到师生们的好评。关于钱穆在三师授课时的情形,曾在该校读书、后来成为著名报人兼作家的徐铸成在《难忘的老师——追念钱宾四先生》一文中写道:"三师重视文言文,国文课特别重要,一周五天有国文课,还有几小时读经课。我就听了钱先生一年课。这一年,他教《论语》《孟子》。他教的与别人不同。钱先生在学问上,喜创新,喜突破别人做过的结论,总是要自己想,执着自己的见解。学生们对他很钦服。"

钱穆在无锡三师任教期间,第一学年讲授"文字学""六书大义"两门课,第二、三、四学年分别讲授"论语要略""孟子要略"和"国学概论",后三门课均由钱穆自己编撰教材。其中,《论语要略》于1925年由商务印书馆出版,《孟子要略》于1926年由上海大华书局出版(1948年由上海开明书店再版时易名为《孟子研究》)。《国学概论》是比较全面地反映钱穆早期学术思想的一本专著,是钱穆在给无锡三师学生授课的基础上增删而成的,当时仅写有孔子与六经、先秦诸子等七章,而宋明理学、清代考证学、最近期之学术思想三章,是他在苏州中学任教期间续写而成的。

钱穆在无锡三师期间,广泛阅读各种书籍,对当时学界动态也极为关注。当时,北方学术界正掀起"科学与玄学论战",清华大学教授张君劢发表对人生观的演讲,他认为人生观是"主观的""直觉的""自由意志的",是"出于良知之自动",而科学无论怎样发达也终究解决不了人生观及人的情感和道德诸问题。张氏的这些观点如一石激起千层浪,先在北平引起轩然大波,而后又漫向全国学界。对于张氏这些观点,地质学家丁文江则不以为然,以他为首的一班学者将张氏的观点斥为"玄学",称其为科学的"对头"。不久,政、学两界的"大佬"梁启超出来为张君劢助阵,而学界的另一位大名人胡适则撰文声援丁文江。此后,更有张东荪、吴稚晖、林宰平、王星拱、任鸿隽等几十人加入团战,一时之间,学术界闹得沸沸扬扬,无人不知。此时,尚是学界新秀的钱穆,对这场论战也极为关注,他以一个旁观者的身份写了一篇文章,发表于张君劢、张东荪等主编的《时事新报》上,此文后来还被收入上海亚东书馆编印的《科学与人生观》一书。

在无锡三师任教期间,钱穆在学术上的最大收获便是开始撰写《先秦诸子系年》和《国学概论》,这两部书稿经完善也都先后出版。

四、转教苏中

1927年秋,虚龄三十三岁的钱穆由无锡三师的旧同事胡达人推荐,从无锡三师转入苏州的省立中学,担任该校最高班级的国文教师和班主任,兼任全校国文课主任教席。与钱穆前后到苏州中学的还有原在三师任教的沈颖若、胡达人等旧同事。

苏州中学位于苏州城南三元坊的苏州府学和前清紫阳书院旧址。苏州府学是苏州城最有名的一家书院,创始人为北宋名臣范仲淹,著名学者胡瑗曾在此担任过主讲,后来又有不少著名学者在此讲学。至清朝康熙年间,苏州府学内增设紫阳书院,出身于钱氏家族的一代文宗钱大昕曾任书院山长并担任主讲达十六年之久,影响之巨,泽惠后世,"吴中士习,为之一变"。清光绪三十年(1904),清廷废科举而兴新学,著名学者罗振玉又在此创办江苏师范学堂,聘国学大师王国维等来此执教,培养了不少知名学者。

苏州是座美丽的古城,山林之胜甲于国内,园林古刹誉满中外,更兼以小桥流水,美不胜收,故享有"东方威尼斯"之誉。苏州中学是江苏省直属的一所公立中学,坐落于美丽的古城之中,自然也称得上是一所美丽的校园,这里与苏州城中心的三元坊、孔庙均相距不远。

苏州中学时设初中、高中两部,高中部前身乃江苏省立第一师范学校,为苏州籍学人汪懋祖等所创。汪氏字典存,是中国现代著名教育家,生于清光绪十七年(1891),1916年赴美入哥伦比亚大学教育学院专攻教育,是著名教育家、哲学家杜威的高徒,1919年又入哈佛大学做研究员,归国后任北平师范大学教授并一度担任校长,后来还在北京女子师范大学和南京的东南大学担任教授兼教育系主任。1927年,汪氏回乡重组苏州中学。他在该校担任校长的四年中,广延人才到校任教,诸如曲学大师吴梅、国学大师章太炎、著名学者兼南社领袖陈去病、语言学家吕叔湘、音乐家杨荫浏,以及知名学者胡哲敷、陆侃舆、杨人楩、吴元迪等,并时常邀请胡适、顾颉刚、张君劢、张其昀、欧阳予倩等各界名流到校演讲,受到师生们的广泛好评,学校风气为之一变,生色许多。1931年后,汪氏相继被任命为国民党中央政治学校教育系主任、大理分校校长等职。

钱穆在苏州中学任教期间,与校长汪典存颇为投契。钱穆的妻子邹氏病故后,汪典存通过其夫人的关系,为钱穆介绍了一位江苏省某中学的女校长。这位女校长与汪典存的夫人是原北京女子师范大学的同学,此事虽未得谐,却使他们之间的友情增进了不少。

钱穆在苏州中学任教时,结识了许多学界名流,诸如苏州名耆张一麐、吴江人金天翮等,还有在东吴大学兼教的陈天一、吴梅及来苏州讲学的胡适、顾颉刚等,此后都保持着良好的关系。特别是毕业于北京大学且以古史辨而爆得大名的顾颉刚先生,自与钱穆相识后,更是对他刮目相看,帮助甚多。

进入苏州中学的翌年,钱穆的人生发生了许多变故。是年夏秋之交,钱穆的原配邹氏因产褥热不幸去世;未几,新生婴儿又夭亡。时在无锡荣巷中学执教的钱挚闻讯,赶回家中帮弟弟处理丧事,却因积劳成疾而遽然离世。在不到两个月的时间里,钱家连遭三丧,这对钱家特别是钱穆的打击是十分沉重的。钱穆曾悲情难抑地写道:"百日之内,哭骨肉之痛者三焉。锥心碎骨,几无人趣。"但是,素来坚强的钱穆终于挺了过来。1929年,钱穆经人介绍,在苏州与张一贯女士完婚,开始了新的生活。

张一贯系北洋政府教育总长张一麐的堂妹,苏州人,生于清光绪二十七年(1901),与钱穆结婚时二十八岁。姊妹五人,分别是张一贯、张一鸿、张一飞、张千里、张旭人,都以执教为业。

长兄钱挚去世后,钱穆义不容辞地担起了照料钱挚一家的重担。钱挚的长子钱伟长,年仅十六岁,时随钱穆就读于苏州中学,其读书、生活均由钱穆照料,两人还一同拜访过唐文治先生。

1930年,可以说是钱穆人生中最为难忘的一年。这一年,他有幸结识了胡适、顾颉刚和蒙文通等著名学者,为他后来走上大学讲坛和顺利地步入学术之路做了充分的铺垫。

这一年,钱穆与学术界鼎鼎大名的胡适初次晤面。当时,胡适应苏州女子师范学校张校长之邀来校讲演。在苏州女子师范学校讲学结束后,苏州中学的汪校长也邀其到校讲学。此时,胡适正担任上海公学校长,在他来苏州之前,就有友人对他说"莫忘一见苏州中学之钱某"。

胡适在苏州中学演讲结束时,汪校长请钱穆作陪,一同就餐。席间,钱穆以《史记·六国年表》中的一些问题向胡适求教。胡适无话可答,钱穆见此,心中有些后悔,事后在回忆录中写道:"初见面不当以僻书相询,事近刁难。然积疑积闷已久,骤见天下之名学人,不禁出口,亦书生不习世故。"此次晤面,钱、胡二人表面上看似"颇不投缘",但胡适还是将自己在上海的住址及联系方式留给了钱穆,希望以后能经常保持联系。

中年时期的钱穆

与胡适在苏州中学的这次初晤,钱穆不但在他的《国学概论》初版中有所记述,多年后在《师友杂忆》中又有专门的忆叙。

对于在学术界享有大名的胡适,钱穆自然是心仪已久,而且还曾留心过他发表的很多文章,钱穆事后也坦然承认,他自己写的白话文或多或少地受了胡适的影响。尽管钱穆与胡适在学问等方面不很接近,但钱穆对胡适的学术成就颇为肯定,他曾写道:"最先为余杭章炳麟,以佛理及西学阐发诸子,于墨、庄、荀、韩诸家皆有创见。绩溪胡适、新会梁启超继之,而子学遂风靡一时。"实际上,尽管钱穆与胡适在政治态度和学术研究上分歧不小,但当时的胡适也并不排斥钱穆,钱穆后来能顺利地步入北京大学的讲台,胡适多少也是尽了力的。

在苏州中学任教期间,钱穆还通过厦门集美学校旧同事蒋锡昌之介,与蜀中名宿廖平的入室弟子蒙文通建立了友好的关系。蒙文通是四川盐亭人,名尔达,字文通,生于清光绪二十年(1894),大钱穆一岁,自幼饱读诗书,学问扎实,十七岁入四川存古学堂,得拜清末今文经学大师廖平门下。蒙文通性喜佛学,故后来前往南京的支那内学院听欧阳竟无大师讲授佛学达数年之久,其间又读到了钱穆撰写的《先秦诸家论礼与法》讲义,颇有好感,乃致信钱穆,互为商讨。1928年冬季的一天,蒙文通风尘仆仆地从南京到苏州与钱穆相会,两人同游了苏州的太湖、灵岩山、邓尉山等数处名胜,谈学论道,言谈甚欢。此次晤面,蒙文通还看到了钱穆撰写的《先秦诸子系年》草稿,观后倍加称赞,并对钱穆说:"君书体大思精,惟当于三百年前顾亭林诸老辈中求其伦比。乾嘉以来,少其匹矣!"蒙文通回到南京不久,即将其中关于墨家学说等部分向一杂志推荐,此后还得以发表。

钱穆在苏州中学任教期间还得与吴梅先生相识相交。吴梅本籍苏州吴县,出身于书香门第、官宦世家,是民国年间著名的曲学大师,时在南京的中央大学国文系担任教授。他在回乡探亲之余常应汪典存之邀到苏州中学讲学。吴梅为人清脱,当时家住苏州,平时邀人到家中做客就餐,把酒论学,钱穆也是其中之一。有时,吴梅单独邀钱穆来家,饭后总是天南海北、古今中外地聚谈,有时还和家人一起同唱昆曲。1939年春,吴梅病逝于云南大姚乡间弟子李一平的家中。钱穆惊悉,十分伤感,数十年后在《师友杂忆》一书中写道:"瞿安乃一代昆曲巨匠,著作斐然,有盛誉。但以避轰炸离重庆,溘然长逝于云南一僻县中,可惜也。时加忆念,怆然在怀。"

1928年初秋,钱穆的妻子邹氏和新生儿不幸相继亡故,长兄钱挚不久也因病辞世,这使钱穆痛不欲生。当钱穆重回苏州中学时,一些好朋友为了安慰他,便争着为他当红娘,其中有苏州中学校长汪懋祖、东吴大学教授陈天一,还有与陈天一交谊颇深的苏州名士金松岑。

金松岑,原名懋基,亦名天羽,后易名天翮,字松岑,号壮游,祖籍苏州吴江,寓居苏州濂溪坊。金松岑生于清同治十三年(1874),早年就读于江阴南菁书院,后赴上海参加爱国学社,因出资印行邹容的《革命军》而名声大噪,并用笔名"爱自由者金一"撰写《孽海花》,是姑苏城中人尽皆知的名士,时在苏州慈善团体创办的义学青树中学任教,兼教于苏州中学。钱穆与金松岑相识后,对这位亦师亦友的前辈十分尊重,金松岑也十分推重钱穆的学问,两人交往频繁。金松岑一向善解人意,得知钱穆家中的变故后,便主动为钱穆当起了红娘,先后三次为钱穆牵线,虽然均未成功,但金松岑仍乐而不疲。后来,钱穆得与张一贯相识并结婚,为感谢金松岑此前的一番厚爱,他还特意请金先生作为介绍人出席结婚典礼。

钱穆的另一位好友陈天一是江苏常熟人,毕业于南京的中央大学,与钱穆相识较早,钱穆的妻子邹氏亡故后,也曾为钱穆做过媒,此事虽未成功,却使钱穆认识了顾颉刚这位鼎鼎有名的学者。对于顾颉刚,钱穆也是早有耳闻,他比钱穆大两岁,此时已是学界名人。故钱穆在与顾颉刚略作寒暄之后,便将自己写的《先秦诸子系年》草稿递给他,并礼貌地恳请顾先生多加指教。

顾颉刚,字铭坚,苏州名门世家出身,与傅斯年、罗家伦等同为北京大学的同学。当时,顾颉刚从广东的中山大学到北平的燕京大学任教,顺道回老家探亲。在钱穆的简陋宿舍里,顾颉刚看到《先秦诸子系年》后,大为惊异,他未曾料到,眼前这位普通的中学教师会对先秦诸子研究有如此的兴趣且早已成书。顾先生对钱穆扎实的考据功夫和史学才华大为惊叹。书稿内容较多,故在征得钱穆同意之后,顾颉刚决定将书稿带回家细观。

当时的学术界,对先秦诸子研究早已蔚然成风,较有声望的前辈大家有章太炎、梁启超和胡适诸人,而顾颉刚是胡适在北京大学的得意门徒之一。顾颉刚对钱穆的推重,这一层意思无疑也在其中。

数日过后,陈天一得知顾颉刚急着要赶赴北平,便陪着钱穆到顾先生家中回拜。钱穆、陈天一刚一落座,顾先生便直言不讳地对钱穆说:"你的《先秦诸子系年》我已匆匆翻阅,觉得写得很好。在我看来,你已不适合在中学教书,应当到大学去讲学。"稍后,顾先生告诉钱穆,广东的中山大学眼下正在招揽人才,他此次离开中山大学之前,该校副校长朱家骅曾要他代为学校物色人才。基于此,顾先生便直言建议钱穆先到中山大学任教。另外,顾颉刚还告诉钱穆,他此行到燕京大学任教,同时还将兼任《燕京学报》主编一职，希望钱穆到时多将自己的文章寄给刊物。

顾颉刚在北上燕京大学前，专门给中山大学发了封电报，郑重推荐钱穆。不久，中山大学即电邀钱穆南下到该校任教。当钱穆拿着电报去找苏州中学校长汪典存时，汪校长真诚地对他说："我也深知，依你之才，到大学任教那是迟早的事。但是，我明年也准备离开苏州中学，希望你能再留校一年，与我共进退。"钱穆素与汪校长相善，见汪校长有此一说，也就不好再说什么，仍留在苏州中学教书。

钱穆将却聘中山大学一事告知顾颉刚，顾先生颇觉钱穆此举甚当，于是改向时任燕京大学校长的吴雷川和校监督司徒雷登推介钱穆，并建议校方在下学年聘请钱穆到燕京大学任教。与此同时，钱穆将自己撰写的《刘向歆父子年谱》寄给了顾颉刚。尽管顾先生与钱穆的学术观点不同，但他还是将钱穆的文章发表在了自己主编的《燕京学报》上。

《刘向歆父子年谱》一文的发表，奠定了钱穆在学术界的地位。而钱穆与顾颉刚的相识，为钱穆后来走上大学讲坛和学术之路打下了良好的基础。钱穆认为顾颉刚对自己远远超出了知遇之恩。

在苏州中学执教时，钱穆还完成了《国学概论》一书，这是他将在无锡三师和苏州中学教授的"国学概论"教案整理而成的。1926年秋，钱穆在无锡三师为四年级毕业班讲授国学概论时，将讲义随讲随录，居然写到第七章。到了苏州中学以后，又在此基础上续讲此课，并继续撰写以后的内容。至1928年春，后续三章均已完成。书稿草成后，钱穆将书稿寄与钱基博，请其指正，后又得吕思勉之荐，于1931年5月由上海商务印书馆出版。这部书是学习中国学术思想史的入门书，上采自春秋战国，下迄于民国初年，对每一时代学术思想的主潮均做分期之述，"其用意在使学者得识两千年来本国学术思想界流转变迁之大势，以培养其适应启新的机运之能力"。此书与著名国学大师章太炎先生在1924年11月出版的《国学概论》一书同名，可谓春兰秋菊，各有千秋。

1930年6月，在顾颉刚先生的大力举荐下，北平的燕京大学决定聘请钱穆到校任教。是年初秋，时年三十五岁的钱穆与潘佑荪结伴前往北平，潘佑荪此行也是应邀到燕京大学任教的。从此，钱穆结束了近二十年的中小学执教生涯,开始步入高等学府的讲坛,同时也开始了他学术人生的崭新旅程。

钱穆在苏州中学任教的三年当中,不但将《国学概论》和《先秦诸子系年》加以完善,而且通过商务印书馆出版了《墨子》和《王守仁》。此外,钱穆结识了学界享有大名的顾颉刚,得其鼎力推荐,终于使他这匹千里马在20世纪中国学界脱颖而出,并将迈向百年学术的最高平台,谱写他人生的辉煌篇章。

执教高校

一、燕大开坛

钱穆治学,向来不惧权威,不傍陈说,常"发人之所未发",抒殚精竭虑之所得。他研究先秦诸子,以史为证,将上起春秋末期孔子出生,下至战国末期李斯去世,中间二百余年诸子学说源流予以系统梳理,并订正了章太炎、梁启超等人的不少错讹。他治史学,又一反钱玄同、顾颉刚、胡适等人的疑古思想,鲜明地亮出信古的旗号,在研究近三百年学术史时,完全将梁启超等人的观点撇至一边,从而独创一格,自成体系。钱穆所写的《刘向歆父子年谱》一书,即打破了康有为《新学伪经考》对学术界的支配,古今文之争为此偃旗息鼓。

到燕京大学任教,是钱穆学术人生中的最大转折点,这个转折主要是由于顾颉刚的举荐才得以实现的。在钱穆未到燕京大学之前,他的《刘向歆父子年谱》便经顾颉刚编入《燕京学报》第七期发表,引起了学界的重视。这部引起学界轰动的《刘向歆父子年谱》,原名《刘向刘歆王莽年谱》,发表时由顾颉刚改为现名。这部书被学界看作钱穆的成名之作。钱穆模仿王国维所著《太史公行年考》的体例,以年谱的著作形式具体排列刘向、刘歆父子的生卒、任事年月及新莽朝政等事,并用具体的史实进行明证,揭橥康有为的《新学伪经考》不可通者二十八处,凡康有为在《新学伪经考》一书中的曲解之处,以及抹杀证据之处,钱穆一一予以更正。

钱穆的《刘向歆父子年谱》发表后,素对先秦诸子研究颇深的胡适,读后也大受震撼,他在1930年10月28日的日记中记道:

昨今两日读钱穆(宾四)先生的《刘向歆父子年谱》(《燕京学报》七)及顾颉刚的《五德终始说下的政治和历史》(《清华学报》六,一)。

钱谱为一大著作,见解与体例都好。他不信《新学伪经考》,立二十八事不可通以驳之。

顾说一部分作于曾见《钱谱》之后,而墨守康有为、崔适之说,殊不可晓。

1930年8月底,踌躇满志的钱穆来到北平,宏大古老的故都横入他的眼帘。他觉得这里的一切都充满着新鲜的诗意,所以心情也格外愉快。

到燕京大学之初,钱穆与一起来北平的潘佑荪同住在圆明园左侧朗润园的燕大单身教授宿舍。潘佑荪是苏州人,前清进士出身,早年曾在日本留学,专攻法政,民国初年一度在北洋政府任过高等法官等职,后来退休回苏州老家颐养天年,再后来才进入学界。钱穆与潘佑荪一见如故,颇为融洽,遂成忘年之交。闲暇之时,两人除讨论学问外,还时常结伴到故都的各处名胜观光游览。

钱穆到燕京大学时,因是初登高等学府讲坛,学校给他定的是讲师一职,在国文系讲授大一、大二两级的国文,这是他最后一次在学校教授国文,此后便一直在大学教授历史。钱穆在顾颉刚的引荐下,结识了北平学界的各路名流,诸如燕京大学校长吴雷川、国文系教授郭绍虞等人。

吴雷川,河北保定人,清同治八年(1869)出生,基督教研究专家,1926年任燕京大学副校长,1929年国民政府将燕京大学收为国有后,他以声誉而荣膺首任校长。钱穆到燕京大学后,顾颉刚带他拜访了吴雷川。吴校长见钱穆外表儒雅,文质彬彬,且又举止大方,谈吐不俗,心中颇为喜欢;而钱穆早就听说过吴校长的人品学问,故对吴校长也是十分尊敬。

郭绍虞是顾颉刚的苏州小同乡,钱穆能到燕京大学任教,就是他们这两位苏州同乡联名举荐的。郭绍虞是1927年被聘入燕京大学任国文系教授的,主要讲授训诂学、修辞学、文学史和文学批评史等课。郭氏治学严谨,学问扎实,幽默风趣,他的书斋"照隅斋"中时常鸿儒满堂,宾客如云,大家把酒言欢,谈学问道,颇为相得。顾颉刚与钱穆、潘佑荪等也时常在此相聚。

当时,燕大聚集了许多知名学者,除上介绍外,还有郑振铎、沈士远、谢冰心、司徒雷登、马一浮、张尔田、顾随、容庚等人。

燕京大学与清华大学毗邻,位于北平西北郊,始创于1916年,初名北平大学,是美国教会在中国创办的一所私立大学,1919年正式命名为燕京大学,校务向由美国教会派人主持。国民政府奠都南京并提出"大学国有"政策后,改由中国人吴雷川出掌校长,原校长司徒雷登则改为监督之职。实际上,吴雷川虽身为燕京大学校长,但重大校务仍由美国人司徒雷登操持。

燕京大学规模宏大,校园芳草如茵,鲜花盛开,像是一座大花园,当时已有二十多个系,在民国年间的十三所教会大学中规模最大,也最为知名,最受美国人所重,同时也是中国现代最著名的一所教会大学。

钱穆初入燕京大学时,学校的建筑基本上皆以外国人的名字命名,这些都是捐资人、设计人或美国有声望的人,诸如"M"楼、"S"楼和"贝公"楼等,比比皆是。中国人向持有事不关己的态度,虽然看在眼中,但基本上都是睁一只眼、闭一只眼。

有一天,司徒雷登邀请新教员到他家中聚餐。席间,司徒先生遍询新教员对学校的初次观感。钱穆本是个笃诚君子,且办事认真,他在近二十年从事中小学教育中皆"视校事如家事,有问辄直吐胸臆,不稍隐避",所以就站了起来,直言不讳地说:"初闻燕大是中国教会大学中最中国化的,所以心中甚是私慕。可等到来燕大校园走访数次之后,却发现并非如此。譬比刚一入校即见有'M'楼、'S'楼等,此是何义,与心中先前所谓的'中国化'相距甚远。故以在下之见,理应当将现在的大楼之名改为中国名字,这才符合中国人的习惯。"

钱穆说完就坐下了,但席间新教员却是相顾默然,不作一语。出乎钱穆和新教员意料的是,司徒先生将钱穆所提的建议提交到校务会上并做了认真研究,校董事会根据钱穆的建议,将原来的"M"楼改名为"穆"楼,将原来的"S"楼易名为"适"楼,原来的"贝公"楼则易名为"办公"楼,其他建筑也一律改为中国名称。当时燕京校园里还有一湖,尽管风景绝佳,却未命名,师生们竞相提名,但总觉不宜。于是,钱穆便又发话:"众人提议皆不适,也无以为名,不妨就直命名为'未名'湖。"众人听后,皆以为甚佳,于是燕大校内这一尚未有名的小湖从此便被称作"未名湖"。直到今天,这个小湖仍称为"未名湖"。1952年,燕京大学被撤销,北京大学迁至燕京大学旧址,未名湖也便成了北大校园的一部分。

经此一事,燕大师生对钱穆不免另眼相看,觉得他是一个很有主见的人,还有人跟他开玩笑说:"经此一议,你得了一幢楼名,可与胡适之先生之名平分秋色。这是你的荣幸啊!"钱穆最初提议时,本不存任何私心,想的只是中国现行的新教育精神理应为中国人服务,得一"楼名"则是他万万未曾想到的,所以对同事的这番戏谑也便一笑作罢。

在燕大任教期间,钱穆因平时授课不是太多,所以有大量的闲暇可用于读书、著述。钱穆将先前写的《先秦诸子系年》一书做了进一步的完善,并对《刘向歆父子年谱》一书做了修改,另外撰写的《周官著作时代考》《周初地理考》两文,先后发表于顾颉刚主编的《燕京学报》上。在教书、读书和著书之余,钱穆还时常游览北京的名胜古迹,并接触了许多有名的学者,著名哲学家冯友兰、中西交通史专家张星烺等,便是他在燕大期间认识的。

钱穆在燕大任教时间只有一年,他的几个学生后来也成了学界的名流,其中如女学生李素英等。钱穆任教燕大这一年,李素英是刚进燕大校门的一年级新生,她是国民政府要员、桂系领袖李济深的千金,才貌俱佳,有"才女"之誉。她曾以钱穆所拟的"燕京大学赋"为题作文,因十分出色而得到钱穆的称许,并经他的大力宣传而在燕京、清华两校广为流传。后来,钱穆到清华大学兼教,李素英时常前往旁听。多年以后,钱穆在香港创办新亚书院,李素英任职于书院图书馆,不过,她那时早已易名为李素了。此后,李素还以《燕京旧梦》等著述为人称道。关于钱穆在燕大讲课

时的风采,李素在她的《燕京旧梦》中有这样的描述:

宾四老师精研国学,又是一位渊博多才、著作等身的好老师,采用旧式教授法,最高兴讲书,往往庄谐并作,精彩百出,时有妙语,融会百家之说,化为一家之言,课堂上时有妙语,逗得同学们哄堂大笑。

宾师是恂恂儒者,走起路来,步履安详,四平八稳,从容自在,跟他终年穿着的宽袍博袖出奇地相称。他脸色红润,精神奕奕,在课堂里讲起书来,总是兴致勃勃的,声调柔和,态度闲适,左手执书本,右手握粉笔,一边讲,一边从讲台的这端踱到那端,周而复始。他讲到得意处突然止步,含笑面对众徒,眼光四射,仿佛有飞星闪烁,音符跳跃。那神情似乎显示他期待诸生加入他所了解的境界,分享他的悦乐。他并不太严肃,更不是孔家店里的偶像那样道貌岸然,而是和蔼可亲,谈吐风趣,颇富幽默感,常有轻松的妙语、警语,使听众不禁失声大笑。所以宾师上课时总是气氛热烈,兴味盎然,没有人会打瞌睡的。而且他确是一位擅长诱导和鼓励学生的好老师。

李素于1954年8月在香港的《人生》杂志上发表了《由祝寿想起》的文章,文中写道:"提起钱宾四先生,我首先会想到他蔼然的目光,经常透露着深邃的智慧与热诚;他讲书讲得起劲时,那张涨得通红的'日'字脸,焕发着'自得其乐'的光辉;就是这一副无言的外表,他已经启示我以治学、做人、处事的大道理了。"

钱穆能得到学生的普遍认可与称赞,这在名家如云的燕大殊非容易之事。由于燕大是所教会大学,虽然当时大学已收归国有,但校监司徒雷登仍把持着校务,燕大的许多规章制度仍沿袭所谓的西方"规矩"。对于这种教学环境,钱穆心中感到格格不入,所以在一学年还未及结束之时,他便早萌倦意,决计辞职求去。

幸好,当钱穆向顾颉刚提出辞职时,一向对他有所偏爱的顾先生凭着自己的资历和声望,又暗中为他向两所赫赫有名的大学做了举荐,这两所大学便是北京大学、清华大学。

钱穆在燕京大学执教虽然仅有一年,但他还是有很多感触的,他后来在《师友杂忆》中,对这段生活曾有如下的描述:"余在小学任教十载又半,初到集美,为余职业上一大转进。然余未先有他处接洽,一年即匆匆离去。在中学任教整整八年。初到燕大,又为余职业上另一大转进。又仅及一年,即匆匆离去,亦未先有他处接洽。余性顽固,不能适应新环境,此固余之所短。然余每告人,教大学有时感到不如教中学,教中学又有时感到不如教小学。此非矫情,乃实感,必稍久乃心安,然亦终于离小学入中学,离中学入大学。此亦可谓又一无可奈何之事矣。惟今落笔,以此告人,恐仍有人认余为乃一时故作矫情之辞者。人生自有多方面,实难一语道尽矣。"

二、北大讲堂

1931年暑假,钱穆从燕京大学回到了七房桥老家,不久移居苏州市西花桥巷二十八号。在此期间,钱穆接到了北京大学的聘书。他在接到聘书时,即认为"此必颉刚在北平先与两方接洽"之结果。

1931年初,胡适被北大校长蒋梦麟聘为北大文学院院长兼教育系主任,胡适便将钱穆也聘到北大任教。与顾颉刚一样,钱穆对有知遇之恩的胡适念叨终生。钱穆当年能到北大讲学,除顾颉刚的鼎力举荐外,实与胡适、傅斯年关系甚大。当时,胡适、傅斯年在北大声望卓著,又是校长蒋梦麟最信任的干将,他们两人不但学问好,且人望高。胡适在新文化运动中倡导白话文,其影响自不用说。傅斯年是五四运动的领袖,后来又留学德国,因服膺德国史学家兰克的实证主义史学方法而在归国后创办历史语言研究所并兼所长。此后主持殷墟发掘,作为史料学派的主将,又兼任北大历史系教授。当时的北京大学文学院和历史系,主要由这两人所操持。如若没有胡适、傅斯年的赏识与首肯,钱穆能否进入北京大学讲学当另作他论了。即使能实现,也会遇到不少的麻烦。所以,从这一点来看,胡适、傅斯年对钱穆到北京大学任教是起了决定性作用的。至于后来胡适、傅斯年因学术观点不同而与钱穆日渐疏远,那是另外一回事了。

钱穆在进入燕京大学之初,人地两生,顾颉刚时常介绍他与各路名流相交,使他能有机会与学术"圈子里"的人物亲近,及早在北平的学界站稳脚跟。1931年3月17日,胡适曾致长信给钱穆,探讨《老子》的成书年代。当钱穆将此事告知顾颉刚后,善于体贴人意的顾颉刚,假借稍后的3月22日星期日这一天,与钱穆、郭绍虞一同前往胡适家中造访,一周之后的3月29日又是星期天,顾颉刚又热情邀胡适夫妇和钱穆、郭绍虞、冰心、吴文藻等人一同到家中聚餐,借以使钱穆、胡适互增观感,加深印象。1931年6月,当钱穆决意辞去燕大教职将要离开北平之时,在顾颉刚的劝说下还前往胡适的家中拜访,却因胡适夫妇外出而未得晤面,故钱穆在南下之前只得留书信与胡适。他在信中写道:

适之先生大鉴:

昨日来城拜谒,未得晤教,深以为怅,即日匆匆南旋,不克走辞。《周官》一稿尚一二处拟改。

在君(丁文江)先生亦平素仰望之一人,不谓遽以芜文见赏,弥增惭恧。其令弟丁文治已以平日积分酌定等第,可免补考,便幸转及。拙著《诸子系年》于诸子生卒出处及晚周先秦史事,自谓颇有董理,有清一代考《史记》,订《纪年》,辨诸子,不下数十百家,自谓此书颇堪以判群纷而定一是……幸先生终赐卒读,并世治诸子,精考核,非先生无以定吾书,倘蒙赐以一序,并为介绍于北平学术机关为之刊印,当不仅为穆一人之私幸也。

草此布臆,谅勿为怪。专上即颂。

撰安!

           钱穆拜上 十七日

由此信可见钱穆对胡适的推崇和胡适对钱穆的欣赏。虽然,胡适终究并未给钱穆的书作序,但当时已有请钱穆进北大之念。而作为北大历史系实际主持者的傅斯年,也因欣赏钱穆的《刘向歆父子年谱》一书而有意聘用他。适在其时,钱穆辞去燕大教职且又离北平南下回乡,顾颉刚从中极力推荐。由此种种缘由,钱穆进入北大自然也是水到渠成的事了。

1931年暑假期间，钱穆收到了北大历史系的聘书。暑期过后，钱穆打点行装，赶到北京大学，名正言顺地当起北京大学历史系副教授，堂堂正正地登上了北京大学的讲坛。

在北京大学历史系，钱穆主讲中国上古史、秦汉史、近三百年学术史等课。其中，前两门是北大历史系指定的必修课，后一门则是教授的自定课。这也是钱穆在大学教授历史课之肇始。

当时，北京大学历史系俊彦荟萃，名家众多，教授阵容是国内历史系中最强的，这些教授多是国内第一流的历史专才，所开课程也都颇能吸引学生，诸如马衡的金石学、陈受颐的西洋史、傅斯年的中国古代史研究、董作宾的甲骨文、顾颉刚的《尚书》研究、唐兰的中国古文字学、吴承仕的三礼名物、范文澜的古历学等。而钱穆作为一名新任教授，能入阈这样一个学术氛围之中，自然也是大受感染。他也以自己的学识和授课特点赢得了师生的一致好评。

到北京大学任教后，钱穆又接到了清华大学的聘书，他此时虽然已身在北大，但清华校方仍执意坚请，钱穆只得兼教清华大学。

1931年"九一八"事变后，民族危机空前加剧，北平各大高校的教授和学者无不慷慨激愤，纷纷走上街头，游行示威，要求政府及早做出对策，抵抗日本侵略者。北大教授、昔日的五四运动领袖傅斯年更是义愤填膺，在北大图书馆的集会上慷慨陈词，提出了"书生何以报国"的问题。在此形势下，国民政府为加强对高校学生的爱国教育，遂下令在各大高校中开设中国通史课，并作为一门重要的必修之课。当时，北大历史系预定的教课方案是拟请北平史学界十五位研究断代史和专门史的专家共同讲授，但钱穆却对此大表反对。

钱穆主张，北大历史系开设中国通史课，理应让一位教授主讲。此前，北京大学历史系只偏重于古代史的教学，教出来的学生也只是偏重于先秦史的研究。钱穆认为这样对学生并无好处，他还在课堂上对学生说："我们的通史一课实大不通。我今天在此讲，不知前一堂何人在此讲些什么，又不知下一堂来何人，又在此讲些什么。不论所讲谁是谁非，但彼此实无一条线通贯而下。诸位听此一年课，将会感到头绪纷繁，摸不到要领。故中国通史一课,实增诸位之不通,恐无其他可得。"学生们认为钱穆说得有理,都深表赞同。

于是,又有人提出来说,中国通史让一位教授讲下来殊非易事,不如上半部分让钱穆讲授,下半部分让清华大学的史学大家陈寅恪先生来讲。但钱穆却自信地说:"余自问一人可独任其全部,不待与别人分任。"在钱穆的坚持下,北大历史系也就听从他的意见,从1933年秋开始让他独讲中国通史课,并首先从本科一年级新生讲起。

在北京大学开讲中国通史,钱穆可以说既是倡导者,又是实践者。此课在北大历史系开课后,按校方规定,一年要将通史授罄,每周安排四个课时,分作两次授课。

自蔡元培执掌北大之后,提倡学术自由成了北大的优良传统,选修课可以先自由听讲,一个月后才定选,如感到不满意,可随时调换。钱穆为北大本科新生讲授中国通史,本来只是文学院的课,但许多师生都称赞钱穆讲得好,所以吸引了不少高年级学生和研究生前来听讲,甚至清华大学、燕京大学的一些学生也来听讲,如时在清华大学就读的杨联陞等。钱穆自从开讲中国通史这门课后,除正常听课新生外,加上众多前来听讲的旁听生及高年级学生,还有一些外校生等,课堂时常多达二三百人,有时不得不临时调换到更大的教室,最后竟换到了学校的大礼堂授课。对此,时为北大学生的朱海涛后来回忆道:"宾四先生,也是北大最叫座的教授之一。这并不需要什么事先的宣传,你只要去听一堂课就明白了。"听过钱穆中国通史课的金宝祥也说:"我到北大后,给我感受最深的……我初听钱宾四先生讲中国通史,特别是先秦两汉之部,总觉得他把中国古史的精神似乎都讲出来了,听了有新颖之感。"

在教学相长中,钱穆萌生了一个新的念头,将来自己要独立撰写一部"中国通史"。抗日战争期间,他的《国史大纲》出版,就是源于此时的一念。

1932年,即钱穆到北大的第二年,北大将他的待遇定为教授。也是这一年,钱穆在独立开讲中国通史后,受到了广大师生的热情称赞,声誉日隆。此后,他又决定开设中国政治制度史这门课。

蒋梦麟刚就任北京大学校长时，文学院院长是胡适之，历史系因前主任朱祖谋辞职而由傅斯年暂代，后由史学家陈受颐接任。陈受颐善治西洋历史，是个恂恂儒者，历史系系务实由傅斯年主持，系务大事也皆唯傅之命是从。钱穆在北大历史系任教第一年结束时，他所讲授的选修课近三百年学术史也已讲毕，故又准备另行开设一门新的选修课——中国政治制度史，但此举却遭到了陈受颐、傅斯年等人的坚决反对。陈、傅等人主张"中国秦以下政治，只是君主专制。今改民国，以前政治制度可勿再究"。但钱穆仍坚持认为："言实际政治以前制度可不再问。今治历史，以前究属如何专制，亦当略知，乌可尽置不问？"

钱穆又到历史系面争数次，陈受颐、傅斯年就是不表同意，钱穆却执拗地认为，自己受聘到北大历史系授课，中国上古史和秦汉史两门必修课是校方所规定，而自己拟新开设的"中国政治制度史"是教授自主的选修课，校方似不应坚拒。陈、傅等人无奈，只得同意。

中国政治制度史课刚一开讲，即被时任北大法学院院长的周炳霖闻知，他对法学院的教授们说："学生到校后只知西洋政治，却不知中国政治，今文学院新开设了此课，应当让同学们也前去旁听。"由于周院长的鼓动，法学院的学生都去聆听。平时，钱穆的课就颇受历史系学生的欢迎，学生也多不缺席，此番加上许多法学院的学生，钱穆不得不多次临时改换到大教室上课。

钱穆在北大授课特别受学生欢迎，除了他有渊博的知识外，还与他十余年的乡村执教经验密切相关。汪学群、武才娃在《大家精要：钱穆》一书中，曾称钱穆在北大历史系所授中国通史有五个特点："第一，事实性强，不发空论。第二，有考有识，简要精到。第三，凭各代当时人的意见，陈述得失。第四，满腔热情，激荡全室。第五，深入浅出，能近取譬。"钱穆的学生李埏曾做如是之忆："（整个学期）从未请过一次假，也没有过迟到、早退。每上课，铃声犹未落，便开始讲，没有一句题外话。给学生们感受最深的是，他一登讲坛，便全神贯注，滔滔不断地讲下去，以炽热的情感和令人心折的评议，把听讲者带到所讲述的历史环境中，如见其人，如闻其语。"早年钱穆在北大任教时的学生何兹全在《八十五自述》中生动地写道:"钱先生讲课,很有声势,也很有特点,虽然一口无锡方言,不怎么好懂,但仍然吸引人。我听过他的先秦史、秦汉史。他讲先秦史,倒着讲,先讲战国,再往上讲春秋西周。我听他一年课,战国讲完,也就到学年结束了。他讲课讲到得意处,像和人争论一样,高声辩论,面红耳赤,在讲台上龙行虎步走来走去,这头走到那头,那头走到这头。"

钱穆从江南来到北平后,先是在燕大教书,后又到北大当教授,在北大时还在清华大学、北京师范大学和燕京大学兼课,置身于高校这个庞大的学术圈中,除了教书、读书和著书,他最大的爱好就是到旧书市场去购书,间或游览故都的名胜古迹。此外,他还与时在北平的学界名流汤用彤、蒙文通、冯友兰、潘佑荪、孟森、郭绍虞、梁漱溟、张孟劬、张东荪等人有不同程度的交往,并与汤用彤、蒙文通、孟森、熊十力等人建立了良好的人际关系。

壮年时期的钱穆

20世纪30年代的北京大学,人文荟萃,大师如云,学者们的治学与政治取向也不尽相同。当时有"北大三友",或曰"岁寒三友",即指钱穆、汤用彤和蒙文通。"三友"当中,又有"钱穆的高明,汤用彤的沉潜,蒙文通的汪洋恣肆"之论。汤用彤早年在南京的中央大学任教时,曾在佛学名家欧阳竟无开办的支那内学院听佛学讲义,遂与欧阳竟无的弟子熊十力、蒙文通相识并成为好友。钱穆后来称自己与汤用彤交往最久,在治学上还受益于汤氏的西方哲学、佛学等。在与汤用彤、蒙文通的交往中,"三友"时常饮茶聊天,谈论学问,有时熊十力也加入其中。

汤用彤,字锡予,湖北省黄梅县人,清宣统三年(1911)考入清华学堂,与同班同学、陕西泾阳人吴宓等成立"天人学会",主张"融合新旧,撷精立极",曾担任《清华周刊》总编,并以学生身份担任学校国文课的教师。1918年赴美留学,在哈佛大学专攻哲学和外语,与吴宓、陈寅恪并称为中国留学生中的"哈佛三杰",归国后历任东南大学、中央大学教职,又与钱穆同年进入北京大学任教。1933年秋,钱穆在北大开设中国通史课,此后他便借宿于距太庙不远的南池子的汤用彤家中,那时他几乎每天都要到太庙,一边品茗,一边思考中国通史课的纲要,经过一年多的覃思精研,自成体系地完成了上自太古、下至清末的中国通史的讲稿。

蒙文通是1932年经汤用彤介绍进入北大历史系的,钱穆与汤用彤、蒙文通常在一起聊天谈学,乐而不疲。后来,因汤用彤的关系,钱穆又与熊十力、陈寅恪、吴宓、林宰平等人相识并论学。陈寅恪对钱穆所撰的《先秦诸子系年》一书评价甚高,并认为钱的考证精当,颇见功底。又由于吴宓这层关系,钱穆还与吴的高徒贺麟、张荫麟等人相识交游。

早在燕大任教时,钱穆就与在该校任教的张孟劬、张东荪兄弟相识。钱穆到北大任教后,仍与张氏兄弟保持着亲近的关系。

当时,著名清史专家孟森也在北大任教,他因专治清史而被学界誉为我国近现代研究清史的"开山祖师"。孟森是常州武进人,字莼孙,别号心史,早年曾主编《东方杂志》,与钱穆、汤用彤等同一年被聘入北大历史系。对于这位相距不远的前辈同乡,钱穆由衷地服膺和尊重,并常常带着《周官著作年代考》等书稿专程到孟森家中求教。孟森也十分佩服钱穆这位后学晚辈,两人因此还成了忘年之交。抗日战争全面爆发后,年近七十岁的孟森病卧医院,不克南行,钱穆在离开北平南下之前,专门到医院探望话别。钱穆南下不久,孟森就病逝了。钱穆得知消息后叹息良久。

自1930年秋钱穆到北平,到抗日战争全面爆发这七年,正是北平人文荟萃的时期,钱穆此时与陈垣、马衡、张其昀、缪凤林、赵万里、贺昌群、容肇祖、杨树达、闻一多、朱自清、余嘉锡、容庚、向达、吴承仕等著名学者相识并论学。这些学者学有专攻,均为各学科教授中的一时之选,钱穆在与他们相处期间,也以自己的学问、人品而受到他们的尊重。钱穆在与这些学人的交往中,形成了自己的活动圈子,大家时常聚在一起,"有所捧手,言欢相接,研讨商榷,过从较密"。钱穆后来在《师友杂忆》中写道:"要之,皆学有专长,意有专情。世局虽艰,而安知黾勉,各自埋首,著述有成,趣味无倦。果使战祸不起,积之岁月,中国学术界终必有一新风貌出现。天下佑我中华,虽他日疆土统一,而学术界则神耗气竭,光彩无存。言念及之,真使人有不堪回首之感。"

在北大师生眼中,钱穆平时除了给学生讲课外,便一头埋进自己的书斋,不是看书就是著述,对政治似乎并不太关注。但自"九一八"事变之后,钱穆的思想转变很大,他在授课、研究和著书之余,对政治异乎寻常地关心起来。也许,在这民族危亡的关头,正是蔡元培先生提出的"读书不忘救国,救国不忘读书"的信念在激励着他。特别是1935年10月,钱穆还与顾颉刚、钱玄同、姚从吾、孟森、徐炳昶等一百余名教授联名上书国民政府,促请政府早定抗日大计。

早在十六岁那年,钱穆在读了梁启超的《中国前途之希望和国民责任》一文后,心灵受到了极大的震动,这可以说是他民族思想萌发之始。后来,他读了谭嗣同的《仁学》,谭氏的民族思想对他又产生了重大影响。钱穆之子钱行在《思亲补读录——走近父亲钱穆》中曾说:"他不是走政治救国的道路,而是转入了历史研究,并希望更深入地在中国历史上寻找中国不亡的根据。这个思想一直贯穿在他之后八十年的历史研究中。如他在抗日战争最艰苦阶段出版的重庆版《国史大纲》的扉页上写道:'本书将奉献于前线抗日战争为国牺牲的百万将士。'"

从1930年到1937年,钱穆在北平的高等学府任教达七年之久。对于这一时期的生活,他本人曾称是"人生的一件快事","北平如一书海,游其中,诚亦人生一乐事"。七年之中,他先后买了五万册二十余万卷的各种书籍,除却生活必需外,教书薪水基本都用于此。每当师友来到住处,看到一屋子琳琅满目的藏书时,都不免大为惊诧,叹为观止。尽管钱穆为人耿直,著述严谨,却并不是一个呆板之人,有时也会带着戏谑口吻对到来的客人说:"一旦学校解聘,可在市中摆一书摊,借此则足以维持生计。"朋友们见此,也都称他"开通"。

钱穆热爱自然,不仅酷爱读书著述,还喜欢游山玩水,他曾对人说:"读书游山,用功皆在一心。"在北平期间,除寒、暑两个假期回故乡外,他还有四次远游的经历。第一次是与北大师生同赴济南、曲阜、泰山等地的华北之游。第二次是与清华师生结伴赴大同、绥远、包头等地的西北之游。第三次是独自一人远游武汉三镇,登黄鹤楼,参观珞珈山上的武汉大学,并在此与别有经年的胞姐重会晤面。而后,他乘船东下至江西庐山,与汤用彤共游,之后折回老家,这一次可以看作是他的沿江之游。第四次则是与清华师生漫游开封、洛阳、西安、咸阳等地的故都之游。

1936年4月,清华大学、燕京大学两校的历史系开设"古物古迹调查实习"选修课,每周六外出考察一次,由顾颉刚带队,参观北平故都城郊各处古物古迹,从实地调查、认识和了解现状开始,再参考历史文献,以做深入的研究。西安事变后,清华大学组织"古物古迹考察团",团员共三十一人,由历史系主任刘崇鋐领队,胡嘉任总干事,团员除钱穆外还有清华大学的教员张荫麟、吴晗,北京图书馆研究员贺昌群等人,以及两名外籍人(一位是美籍男生,另一位是俄籍女生曼特夫)。

钱穆一生与教书结下了不解之缘,在小学、中学和大学共执教七十五个春秋,他在购书、读书、著书和教书之余,始终不忘寄情于山水,时时徜徉于湖山胜处,每至一处,总能将治学与旅游结合起来,故多有收获。他曾对人说:"中国乃如一幅大山水,一山一水,又必有人文点染。即如余乡,数里内即有小丘,称让皇山,乃西周吴泰伯让国来居,葬于此。则已有三千年以上之历史。亦称鸿山,乃东汉梁鸿偕其妻孟光来隐,亦葬于此。则亦已有接近二千年之历史。……故游中国山水,即如读中国历史,全国历史尽融入山水中。而每一山水名胜之经营构造,亦皆有历史可稽。如西湖,自唐之白乐天,吴越之钱武肃王,北宋之苏东坡,循此以往,上下一千年,西湖非由天造地设,乃有人文灌溉。故此中国一幅大山水,不仅一自然,乃由中国人文不断绘就。"

在北大诸教授中,钱穆向以学问好、人品佳著称,在师生中有口皆碑。尽管他平时不苟言笑,埋头治学,惜时如金,但绝不是一个迂腐的酸夫子,而是一个很懂得生活情趣的人。他毕生有两大爱好:昆曲和旅游。他在常州府中学堂曾随童伯章先生学过昆曲,极好箫笛,曾自称"余自嗜昆曲,移好平剧,兼好各处地方戏,如河南梆子、苏州滩簧、绍兴戏、凤阳花鼓、大鼓书"。又曾自述:"好吹箫,遇孤寂,辄以箫自遣,其声乌乌然,如别有一境,离躯壳游霄壤间,实为生平一大乐事。"胡美琦后来还说:我最爱听他吹箫。我们住在九龙沙田的那一段日子，每逢有月亮的晚上，我喜欢关掉家中所有的灯，让月光照进我们整条的长廊，我盘膝坐在廊上，静听他在月光下吹箫，四周寂静，只听箫声在空中回荡，令人尘念顿消，满心舒畅。宾四告诉我，他年轻时学唱昆曲，所以也学吹箫笛，他曾下过很大功夫。冬天下雪在户外练，在当风口处练，还要一腿而起，做金鸡独立式慢慢蹲下又起来练，要练到那箫笛声音不断不变。

1943年2月，钱穆应浙江大学校长竺可桢之邀赴遵义讲学。关于遵义此行，钱穆后来在《师友杂忆》中写道：

余尤爱遵义之山水。李埏适自昆明转来浙大任教，每日必来余室，陪余出游。每出必半日，亦有尽日始返者。时方春季，遍山皆花，花已落地成茵，而树上群花仍蔽天日。余与李埏卧山中草地花茵之上，仰望仍在群花之下。如是每移时。余尤爱燕子，幼时读《论语》朱注学而时习之，习，鸟数飞也。每观雏燕飞庭中，以为雏燕之数飞，即可为吾师。自去北平，燕子少见。遵义近郊一山，一溪绕其下，一桥临其上。环溪多树，群燕飞翔天空可百数，盘旋不去。余尤流连不忍去。

一日，李埏语余，初在北平听师课，惊其渊博。诸同学皆谓，先生必长日埋头书斋，不然乌得有此。及在昆明，赴宜良山中，益信向所想像（象）果不虚。及今在此，先生乃长日出游。回想往年在学校读书，常恨不能勤学，诸同学皆如是。不意先生之好游，乃更为我辈所不及。今日始识先生生活之又一面。余告之曰，读书当一意在书，游山水当一意在山水。乘兴所至，心无旁及。故《论语》首云，学而时习之，不亦悦乎也。读书游山，用功皆在一心。能知读书之亦如游山，则读书自有大乐趣，亦自有大进步。否则认读书是吃苦，游山是享乐，则两失之矣。李埏又言，向不闻先生言及此。即如今日，我陪先生游，已近一月。但山中水边，亦仅先生与我两人，颇不见浙大师生亦来同游。如此好风光，先生何不为同学一言之。余曰，向来只闻劝人读书，不闻劝人游山。但书中亦已劝人游山。孔子《论语》云，仁者乐山，智者乐水。即已教人亲近山水。读朱子书，亦复劝人游山。君试以此意再读孔子、朱子书，可自得之。太史公著《史记》，岂不告人彼早年已遍游山水。从读书中懂得游山,始是真游山,乃可有真乐。《论语》曰,有朋自远方来,不亦乐乎。如君今日,能从吾读书,又能从吾游山,此真吾友矣。从师交友,亦当如读书游山般,乃真乐也。李埏又曰,生今日从师游山读书,真是生平第一大乐事。当慎记吾师今日之言。①

钱穆对于游历山水的描述,实际上与儒家对读书言谈、学习娱乐、真和美的论述一脉相承。他常对人说,"游历如读史,尤其是读一部活历史",提倡"寄情山水之游与读书相结合"。他在与师生外出同游时,也总是不忘将自己的一些心得讲给他们听,并一再告诫学生"读书游山,用功皆在一心"。这些心得使与他朝夕相处的学生无不大受教益。

后来钱穆到无锡江南大学任教时,午后闲暇,常雇一扁舟游于太湖之上,任其所往,许久方返。他在优美的湖光山色与生命之流的相融相遇中感到了宇宙人生的"大美",后来的散文小品文集《湖上闲思录》集中代表了他这种天人合一的人生境界。傍晚暑气消退、晚风吹来之际,他又时常带着弟子漫步于湖堤之间。每逢假日,便和学生一起游览惠山、梅园、蠡园等风景名胜。他的学生不无慨叹:原以为先生必终日埋首书斋,不意好游更为我辈所不及,始识先生生活之另一面。后人品评钱穆,见仁见智,或贬为"迂腐得自成一家",或赞为"真有一分为往圣继绝学的气魄",更有人称他为"可谓古今学者之健游、善生活者,亦善读书者"。他的夫人胡美琦也说:"他喜欢接近大自然,我们在香港时,先后两个家都可以望月,可以观海。得了空闲,他喜欢自香港山顶看海上落日,看夜景,或是到九龙乡村漫游。他对于一年四季阴晴冷暖的变化,都觉得意味无穷。"

通过游山玩水、探古涉奇、傍文及艺、临宫览寺等各种活动,钱穆不仅满足了好奇心,增长了知识,而且促进了身心健康,调节了心态。所以,他在《晚学盲言》中写道:"宇宙即不啻一生命,人类生命亦包含在此宇宙大自然大生命中。物理神化,皆是宇宙大生命之所表现。""方其生,即依其

---

① 钱穆:《八十忆双亲 师友杂忆》,生活·读书·新知三联书店,2005年版,第233—234页。

他生命为养。及其熟,则还以养其他之生命。故生命乃一大共体,绝无不赖他生而能成其为生者。……则不仅一家一国一民族为群生,人之与禽兽草木同此天地同此会合而相聚,亦不啻相互为群生。此生命乃为一大总体。"《湖上闲思录》一书可以说是钱穆亲近自然之情的最好表达:"人类从自然中产生文化,本来就具有和自然反抗决斗的姿态。然而文化终必亲依自然,回向自然。否则文化若与自然隔绝太甚,终必受自然的膺惩,为自然所毁灭。"

三、西南联大

1937年7月7日晚,侵华日军为了侵占整个中国,向北平宛平县驻军发动了突然袭击,全面抗日战争由此开始。

"七七事变"后,中国军民奋起反抗,北平各大高校的教授也纷纷联名通电拥护抗战。作为一个正直爱国的知识分子,钱穆平素履行"天下兴亡为己任"的经世致用精神,虽然内忧外患,频于奔波,但在教书、研究之余,却总是将史学研究、文化研究与国家命运紧密地结合在一起,借弘扬中华历史文化为全面抗战做宣传服务。

早在"九一八"事变爆发后,日本侵略军就强占我国东三省的广大地区,此后又将侵略的魔爪伸向我国的华北地区。1933年1月,侵华日军攻占山海关,旋即又占领热河,中国政府被迫与日本签订了《塘沽协定》。1935年,日本策动华北"自治",企图将华北变成第二个"满洲国"。在日本侵略军的步步进逼之下,北平知识界的教授们在中华民族生死存亡的危急关头,义不容辞地担负起抗日救国的重任,他们纷纷走上街头,发出要求抗日的怒吼。是年"一二·九"运动后,钱穆在为顾颉刚的《崔东壁遗书》写的"序"中直陈:"北平各大学青年爱国运动骤起,牢狱之呻呼,刀刃之血滴,触于目,刺于耳,而伤于心。"1936年,日本中国驻屯军不断向平津地区增兵,并挑起"丰台事件",迫使中国驻军撤兵丰台。是年1月27日,北平成立文化界救国会,庄严地发出了"华北的民众,全国的民众,起来!赶快起来!抵抗敌人的侵略,救护我们的国家,收复我们的失地,争取我们的自由"的呼吁。

但是，日本侵略者无视中国人民的愤怒与反抗，暗地里更加紧了对我国发动全面侵略的步伐。在此严峻的形势下，北平知识界再次行动起来。是年10月13日，由张荫麟起草，钱穆、顾颉刚、冯友兰、徐炳昶等教授修订，一百余名教授联合签名的《抗日救国宣言》从北平发出并传向全国，促成了国民政府早订抗日大计的决策。

1937年7月29日，宋哲元率陆军第29军撤出北平，北平沦入日寇之手。华北形势急转直下，时在北平、天津的各大高校纷纷外迁。不久，在国民政府教育部代部长杨振声的主持下，南迁长沙的北京大学与清华大学、南开大学合并为长沙临时大学。11月1日，是长沙临时大学正式开学的日子，这一天后来成为西南联合大学的校庆纪念日。当时，临时大学文学院设有中文系、外文系、哲学心理教育学系和历史社会学系等四个系，均集中在南岳衡山的圣经书院上课。

1937年"双十节"过后，钱穆到北平协和医院探望忧愤成疾的老学者孟森教授。他在回到住所后，即感到时不我待，于是开始收拾东西，准备伺机南下。

11月10日，钱穆与汤用彤、贺麟等人匆匆登车赴津，拟由海路南下长沙。临别之时，钱穆特别叮嘱夫人张一贯，托她悉心照料几个孩子，还有自己精心搜求来的五万册藏书，他只随身带了几件简单衣服和平素喜爱的书籍、笔记、日记等，包括中国通史教案、戴震的《孟子私淑录》等二十余册书。

与钱穆同行的贺麟，字自昭，四川金堂人，生于清光绪二十八年（1902），著名哲学家和翻译家，与钱穆同年进入北京大学并在哲学系任教。钱穆、汤用彤、贺麟乘火车到天津，由天津乘船到香港，再经广州从陆路转赴南岳。12月4日，钱、汤、贺在经过五十余天的长途旅行之后，终于到达临时大学文学院所在地——南岳衡山。钱穆此行到广州时，在贺麟的介绍下得与谢幼伟相识并成为密友，十余年后钱穆在香港创办新亚书院时，谢幼伟还对他有过不少的帮助。

钱穆到达衡山之后，时常到衡山图书馆，阅读馆内珍藏的商务印书馆新版《四库珍本》初集，并专借宋明各家集，记下了大量的笔记。当时，钱穆与清华大学国文系的吴宓、闻一多、沈有鼎等四位教授同住一室,尽管条件极其艰苦,但他们时常挑灯夜读,笔耕不辍。

南岳衡山横亘于三湘大地中部,绵延八百余里,方志中记载有七十二峰,尤以主峰祝融峰最高,海拔一千二百九十米,景色也最美。这里寺庙林立,古刹棋布。钱穆居此期间,授课、读书和著述之余,时常带着学生到山中游玩,在游览明末清初的大学者王夫之、王介之兄弟隐居的方广寺时,钱穆对王氏兄弟的民族气节大加称赞,鼓励学生们增强信心,奋发自强,为抗战出力。有时,性喜游山的钱穆,也会独自一人漫行于山中,踏古寻幽。

在南岳期间,时任临时大学文学院院长的冯友兰也与钱穆来往密切。一天,冯友兰来到了钱穆的住处,将自己刚成稿的《新理学》书稿送给他,并请钱穆读后提出意见。钱穆认真看后,认为《新理学》只讲理气而不讲心性,未免有点片面;他还认为中国向无自己创造的宗教,但对鬼神却有独特的观点,南宋大儒朱熹在谈论鬼神时即有许多新的见解,故而他希望冯先生在此书中也能增加鬼神一章,这样才能使新理学与旧理学一贯相承,方臻完善。冯友兰听后,认为钱穆所说不无道理,于是在正式出版前增加了这些内容。

1938年2月5日,文学院的师生们回到了长沙,得与其他三院师生会合。此时,侵华日军已将战火引向华中和华南,以长沙为中心的湖湘地区也将成为战火之地,于是临时大学奉命西迁云南昆明。临时大学文学院在南岳只有一个学期,旋即奉命迁往云南昆明。对于钱穆在这一时期的授课情形,时在文学院外文系读书的李斌宁在《怀念冯芝生先生》一文中忆道:"当时南岳山上大师云集,生活艰苦,但学术空气活跃、浓厚,授课的教师有冯友兰、金岳霖、沈有鼎、钱穆、汤用彤、朱自清、闻一多、陈梦家……当时冯先生的中国哲学史,钱穆先生的中国通史和闻一多先生的诗经这三门课的听众极为踊跃,教室窗外挤满了旁听的人。"

长沙临时大学师生此次西迁,共分三路,钱穆被指定为第一路的队长,但在出发之前,他因心慕桂林的山水之美,遂辞去第一路队长之职,改与第三路同行。第三路皆由教授组成,此行路线先是乘车到桂林,然后经柳州、南宁,再经镇南关转往越南的河内,最后改乘滇越铁路到昆明。途中,钱穆与冯友兰、朱自清、汤用彤等十余位文学院的教授一起,一路迤逦而行,于1938年4月初抵达云南的蒙自。

临时大学西迁到昆明后,正式改称为西南联合大学。由于住房紧张等原因,联大文学院最初只能设于远离昆明的蒙自。

蒙自城南有一小湖,名曰南湖,钱穆时常与联大的同事游览其中。有人将此湖比作北平的什刹海,也有人将其比作杭州的西湖,钱穆则将此湖比作故乡的太湖。在南湖四周人行道旁,植有很多树木,微风吹来,杨柳依依,与湖面上粼粼的波光相映成趣,为这里的湖水增色不少。钱穆常在课余与吴宓、沈有鼎等教授到南湖,品茶聊天,乐而不疲。

在蒙自的日子里,钱穆与在南岳时一样,在教学和研究之余,总是游兴不减,在饱览云南奇山丽水的过程中,感悟人生的哲理。到蒙自以后,钱穆先是住于校内,与清华大学历史系主任刘崇鋐同居于一室。不久,钱穆又另换他处,住进了一幢二层的简易小楼,改为单人一室,与汤用彤、吴宓、贺麟、姚从吾、容肇祖、沈有鼎等人同住在一幢楼上。这幢简易小楼与当地的一家法国医院毗邻,教授们亲切地为小楼取了个"天南精舍"的雅称。教授们在此住下后,每天还要防范日本飞机的轰炸。对于此时的生活,钱穆在《师友杂忆》中写道:"余等七人各分一室,三餐始集合,群推雨生为总指挥。三餐前,雨生挨室叩门叫唤,不得迟到。及结队避空袭,连续经旬,一切由雨生发号施令,俨如在军遇敌,众莫敢违。然亦感健身怡情,得未曾有。"

西南联大的教授们在蒙自的生活虽然艰苦,而且每天还要躲避日本飞机的空袭,但相对于北平来说,这里环境优美且异常幽静,故而成了做学问的好地方。

1938年暑假,钱穆随西南联大文学院师生从蒙自转到昆明。

在西南联大的日子里,钱穆继续讲授中国通史等课,受到学生们的欢迎。对此,时在西南联大读书、后来成为历史学家的何兆武,在回忆当时钱穆授课的情形时说:"当时教中国通史的是钱穆先生,《国史大纲》就是他的讲稿。和其他大多数老师不同,钱先生讲课时总是充满了感情,往往慷慨激越,听者为之动容。据说上个世纪(19世纪)末特赖齐克在柏林大学讲授历史,经常吸引大量的听众,对德国民族主义热情的高涨,起了很大的鼓舞作用。我的想象里,或许钱先生讲课庶几近之。据说抗战前,钱先生和胡适、陶希圣在北大讲课都是吸引了大批听众的,虽然这个盛况我因尚是个中学生,未能目睹。钱先生讲史有他自己的一套理论体系,加之以他所特有的激情,常常确实是很动人的。"

此时,除了教书之外,钱穆最重要的学术研究成果就是完成了《国史大纲》初稿。说起此书撰写的缘由,原来还与陈梦家有关。陈梦家是浙江上虞人,早年曾师承徐志摩、闻一多等,是新月派后期的一员大将。1932年,陈梦家在燕大学习时曾听过钱穆讲授的上古史,后来他又师从容庚专攻古文字学,并由古文字学转入古史研究,最后以甲骨文成名。西南联大初期,陈梦家也在西南联大任教,他和毕业于燕大的夫人赵萝蕤女士与钱穆过从甚密。其间,陈梦家时常与钱穆谈论学问之道,还多次建议钱穆撰写《国史大纲》。对于此书的成因,钱穆后来在回忆录中说:

有同事陈梦家,先以新文学名。余在北平燕大兼课,梦家亦来选课,遂好上古先秦史,又治龟甲文。其夫人乃燕大有名校花,追逐有人,而独赏梦家长衫落拓有中国文学家气味,遂赋归与。及是夫妇同来联大……诸教授群慕与其夫妇游,而彼夫妇亦特喜与余游。常相过从。梦家尤时时与余有所讨论。一夕,在余卧室近旁一旷地上,梦家劝余为中国通史写一教科书……梦家言,此乃先生为一己学术地位计。有志治史学者,当受益不浅。但先生未为全国大学青年计,亦未为时代急迫需要计。先成一教科书,国内受益者其数岂可衡量。余言,君言亦有理,容余思之。又一夕,又两人会一地,梦家续申前议,谓前夜所陈,先生意竟如何。余谓,兹事体大,流亡中,恐不易觅得一机会,当候他日平安返故都乃试为之。梦家曰,不然,如平安返故都,先生兴趣广,门路多,不知又有几许题材涌上心来,那肯尽抛却来写一教科书。不如今日生活不安,书籍不富,先生只就平日课堂所讲,随笔书之,岂不驾轻就熟,而读者亦易受益。余言,汝言甚有理,余当改变初衷,先试成一体例。体例定,如君言,在此再留两年,亦或可仓促成书。梦家言,如此当为全国大学青年先祝贺,其他受益人亦复不可计,幸先生勿变今夕所允。余之有意撰写《国史大纲》一书,实自梦家此两夕话促成之。而在余之《国史大纲》引论中,乃竟未提及。及今闻梦家已作古人,握笔追思,岂胜怅惘!①

俟后,钱穆于"是年五月间,乃自魏晋以下,络续起稿,诸生有志者相与传抄;秋后,学校又迁回昆明,余以是稿未毕,滞留蒙自,冀得清闲,可以构思。而九月间空袭之警报频来,所居与航空学校隔垣,每晨抱此稿出旷野,逾午乃返,大以为苦。乃有转地至宜良,居城外西山岩泉下寺,续竟我业。"在昆明西南联大期间,他为了更好地撰写《国史大纲》,还特地通过朋友介绍,选择位于昆明东南不远的宜良住了下来。

宜良城西伏狮山麓有寺曰岩泉寺,寺又分上、下两寺。寺旁有一别墅,乃宜良县长所有,时房空无人居住,钱穆觉得此地甚为幽静,颇合己意,于是便在此房居住下来,开始潜心撰写《国史大纲》。

钱穆到岩泉寺后,对时间也做了调整安排:每周一至周三闭门写作,周四至周六则乘火车到昆明上课。在岩泉下寺时,不少友人前来探望。一次,联大的汤用彤教授偕一友人前来,见此地异常幽静,便问钱穆:"此楼真静僻,游人所不到。明晨我两人即去,君一人独居,能耐此寂寞否?"钱穆答曰:"居此正好一心写吾书,寂寞不耐亦耐得。窃愿尽一年,此书写成,无他虑矣!"

此外,好友张其昀在得知钱穆卜居宜良时,也前来探望。张其昀,字晓峰,浙江省鄞县(现为宁波市鄞州区)人,生于清光绪二十七年(1901),年长钱穆四岁,早年就读于国立东南大学,是国学大师柳诒徵的高足,先后任教于中央大学、浙江大学等高校,后又赴美国哈佛大学深造,他对钱穆较为推崇并关系密切,渡海后还一直往来不断。

1939年8月的一天,正是张其昀等人刚走后不久,钱穆的长侄钱伟长偕其新婚夫人孔祥瑛来到宜良山中看望叔父。在叔父的安排下,钱、孔

---

① 钱穆:《八十忆双亲 师友杂忆》,生活·读书·新知三联书店,2005年版,第207-208页。

夫妇在寺中小住了数日。此时,钱伟长在西南联大物理系任教,因考上第三届中英庚款留学资格而急于就道,准备将夫人孔祥瑛托付给远在成都的岳父一家,于是夫妇双双离开了风景幽静的岩泉寺。

1939年1月,钱穆撰写的长达五十余万字的《国史大纲》书稿完竣。接下来,他在对初稿的体例和文字做认真校订的基础上,又将书的总纲"引论"中的一部分投往重庆的《中央日报》。

不久,《国史大纲》的"引论"在《中央日报》上发表,在学术界引起了很大的震动,并引发了社会各界的广泛讨论。对于"引论"当时所产生的影响,钱穆的弟子李埏等人曾声称:"联大自播迁南来,学术讨论之热烈以此为最。"陈寅恪甚至还对张其昀说:"近日此间报端有一篇大文章,君必一读。"张问何文,陈答曰:"钱某《国史大纲》引论。"

钱穆在"引论"中,系统地阐述了自己以民族文化生命史观为核心的史学思想体系及其历史研究的民族主义价值关怀。为了警醒广大读者,他还特意在书的扉页上醒目地写下了"凡读本书请先具下列诸信念":

一、当信任何一国之国民,尤其是自称知识在水平线以上之国民,对其本国已往历史,应该略有所知。

二、所谓对其本国已往历史略有所知者,尤必附随一种对其本国已往历史之温情与敬意。

三、所谓对其本国已往历史有一种温情与敬意者,至少不会对其本国已往历史抱一种偏激的虚无主义,亦至少不会感到现在我们是站在已往历史最高之顶点,而将我们当身种种罪恶与弱点,一切诿卸于古人。

四、当信每一国家,必待其国民备具上列诸条件者比数渐多,其国家乃再有向前发展之希望。

在《国史大纲》中,钱穆将近代史学分为以下三派:一是传统派,一是革新派,一是科学派。他还认为,目下的中国近代史学三派,各有长短,互有优劣,故断不可厚此而薄彼。而对于这三派的认识与评价,他认为:传统派、科学派,只见历史之局部不见历史之全貌,只见树木不见森林,只有微观无宏观;革新一派,见森林不见树木,其结果流于空疏,其所谓全史者,只不过是胸中所臆测之全史,其余历史,既不能如传统派之博,亦不能如科学派之精。

钱穆在撰写《国史大纲》期间,为方便读者更好地把握中国历史文化的本质特征和演进过程,特意采用纲目体、章节体结合之通史编纂新体例。这部《国史大纲》被他的弟子余英时称作"为中国文化招魂"的大著作。可以说,《国史大纲》既是钱穆一生最重要和最具影响力的著作之一,也是我国现代史学的经典名作之一。是书出版后,作为钱穆一生知己的历史学家顾颉刚,在他的《当代中国史学》中,也曾对《国史大纲》做过如是之评:

中国通史的写作,到今日为止,出版的书虽已不少,但很少能够达到理想的地步。本来以一个人的力量来写通史,是最困难的事业,而中国史上须待考证研究的地方又太多,故所有的通史,多属千篇一律,彼此抄袭。其中较近理想的,有吕思勉《白话本国史》《中国通史》、邓之诚《中华二千年史》、陈恭禄《中国史》①、缪凤林《中国通史纲要》、张荫麟《中国史纲》、钱穆《国史大纲》等。其中除吕思勉、周谷城、钱穆三四先生的书外,其余均属未完之作,钱先生的书最后出而创见最多。②

《国史大纲》出版时,正值全国军民抗战最为艰苦的关头,该书反映了中华民族奋起抗战的迫切要求,适应了中国军民抗战这一大形势,鼓舞了全国军民的抗敌斗志,对树立和坚定民族自信心发挥了极大的作用。因此,国民政府教育部特别下令,将《国史大纲》一书列为"部定大学用书",借以弘扬爱国精神,鼓励民族抗战。

1939年6月,钱穆将《国史大纲》书稿改订完竣,决定趁暑假之机,拟交香港的商务印书馆出版。到港之后,钱穆将书稿交给了商务印书馆的王云五。虽然几经周折,但终于在1940年6月按原稿出版,时间比原定

---

① 陈恭禄的《中国史》再版时改署《中国通史》。
② 顾颉刚:《当代中国史学》,上海古籍出版社,2002年版,第81页。

出版计划推迟了半年。

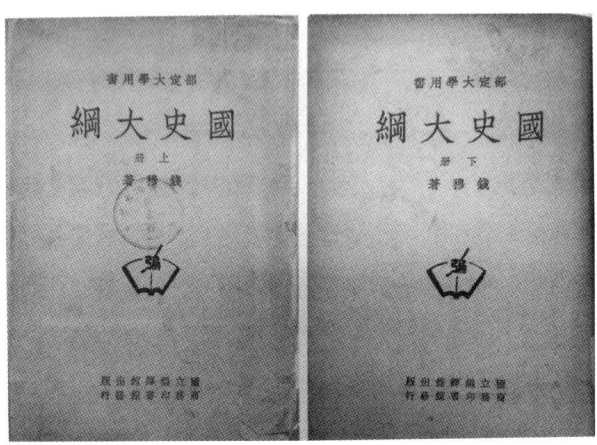

钱穆的《国史大纲》初版封面

钱穆离开西南联大之前,与时在昆明云南大学任教的顾颉刚曾有晤面。顾先生告诉钱穆说他已接到齐鲁大学的邀请并将履任,并诚恳地邀请钱穆也加盟到他将来所主持的齐鲁大学国学研究所。钱穆从昆明回苏州之行,并非单独一人,而是与汤用彤先生及顾颉刚的续配殷履安女士同行。顾颉刚的父亲子虬公(顾柏年)先于是年的1月8日病逝于苏州,顾颉刚因事未能归乡服丧,只得发电让其鲁弟"诸烦主持"。此次恰逢钱穆归乡,乃让殷夫人与钱穆、汤用彤同行,路上也好有个照应。对此,顾颉刚的女儿顾潮在《我的父亲顾颉刚》一书中写道:"当年夏,由殷氏母亲独自从昆明返苏州料理子虬公丧葬之事,一路与钱穆等同行,得有照应。"

回乡上路之前,钱穆虽然答应了顾颉刚的邀请,但他还是有自己的顾虑:一是《国史大纲》出版在即,二是要撰写《〈史记〉地名考》一书,故特地向顾先生请假一年。顾先生慨然应允,并许诺他六千大洋的年薪,其间所撰的《〈史记〉地名考》一书还可作为齐鲁大学国学研究所的成果。此前,钱穆对西南联大内部种种派系争斗早已心存不满,乃决意离开联大,另择他枝。至于北大在抗战胜利后复校北平,钱穆未被续聘,此事也是其中原因之一。

钱穆将校订好的《国史大纲》书稿送交香港商务印书馆后,决定趁此机会回老家一趟探望家人。钱穆回到苏州时，已是1939年夏秋之交了，他托朋友觅居于苏州老城厢仓街小新桥巷的耦园①，并将母亲从无锡七房桥老家接来奉养，夫人张一贯此时也携子女从北平南下，一家人在战乱之中终于相逢并生活在一起。

坐落于苏州城东北的耦园，是一处典型的苏式民居，也是一座有着二百余年历史的江南园林建筑群落。据载，耦园最早的主人陆锦，在清朝雍正年间曾任保宁太守等职，居官清廉，致仕后卜居苏州，营造了这处住宅，并取陶渊明的《归去来兮辞》中"园日涉以成趣"之意，将住宅命名为"涉园"，又用三国东吴郁林太守陆绩"廉石"的典故，名曰"小郁林"。太平军占据苏州期间，这座百年老宅毁于战火。清同治十三年（1874），浙江归安人沈秉成寓居苏州时购得此园，又在原有基础上予以精心修缮，因"偶"与"耦"通，故取"佳偶天成"之意，遂易名为"耦园"。

沈秉成生于清道光三年（1823），字仲复，咸丰六年（1856）进士及第，选为庶吉士，授编修，后官至苏松太兵备道、广西按察使、广西巡抚、安徽巡抚等职，辞官后购得耦园，因自号"耦园主人"，与其继配、女诗人严永华偕隐双栖，啸吟终老于此。1932年，音乐家杨荫浏等人曾在此创办二乐女子学社。

耦园位于苏州城东北的小新桥巷，清丽典雅，绿树成荫，三面环水，一面通向街市，占地十亩有余，亭台楼阁，奇花异草，在苏城众多的园林中别具一格，故有人美其名曰"半岛别墅"。

耦园分为中厅、东花园和西花园三部分，东、西两部近似对称之势，钱穆侍母住于东园。东园内尚有旧式书楼一座，也是当年旧主人的读书之所，书楼大门前有联"清闷云林题阁，吴光米老名斋"，乃清代四大书家之一的翁方纲所亲撰。居耦园期间，房屋主人因素敬重钱穆，故不收受任何租金，只以"代治荒多才多艺即可"。此后，钱穆便隐姓埋名，化作"梁

---

① 钱穆一家居住耦园期间，实业家刘国钧于1940年前后购得耦园。1958年，刘国钧委托陶叔南将该园赠予苏州纺织工业局，旋归苏州市园林管理处。其后，耦园曾于1961年、1979年两次重修，1980年7月开放，1982年列为苏州市文物保护单位，1995年4月列为省级文物保护单位，2000年11月被联合国教科文组织世界遗产委员会列入《世界遗产名录》，2001年6月列为全国重点文物保护单位。

隐",在昔年张之万所题的"补读我书楼"里,杜门不出,潜心读书著述,间或学习外语,偶尔也赴上海看望四姑一家及恩师吕思勉。此时,钱穆还对《史记》中的地名进行通考研究,开始撰写《〈史记〉地名考》。

1940年夏,钱穆居苏州整整一年,其间不但得与家人团聚,得享天伦之乐,而且也使《〈史记〉地名考》得以草成。此时,钱穆专赴上海,恳请恩师吕思勉先生指教修订,以减少错讹。时吕先生执教于光华大学并任历史系主任,寓居法租界的霞飞路十六号。钱穆将书稿交与吕先生后,又数度赴沪,其间还与同在上海的顾廷龙、童书业、杨宽等友人有过晤面。时光华大学因战乱迁至上海汉口路证券大楼伊始,钱穆还应吕思勉先生和张寿镛校长之请,到光华大学做过历史讲座。

就在钱穆到达苏州的同时,其夫人张一贯也携四个子女从北平到苏州相聚。此时,钱穆的好友胡达人正在苏州范庄前范氏义庄私立崇范中学当校长。胡达人是钱穆在无锡三师和苏州中学的同事,钱穆当年到苏州中学任教即是由胡先生引介的。由于这层关系,钱穆乃让几个孩子到崇范中学读书,解决了几个孩子的就学问题。

在隐居苏州耦园的最后一段时间里,钱穆还与分别已有数年的大姐有过一次会面。早在1936年暑假,钱穆只身赴武汉三镇旅游时,一度住于武汉的大姐家中。大姐早年由嫁到上海的四姑做媒,嫁给广东番禺籍商人曾氏,婚后一直未育。其夫曾氏以经商为业,常往来于汉口、上海之间,并另娶有一房,生有一女。抗日战争爆发后,曾氏和次配先后亡于战火,大姐只得与女儿相依为命。当她得知弟弟回到苏州时,便携女儿一同到苏州省亲,得与母亲和弟弟一家团聚了旬日。此次钱穆在苏州与大姐重会,也是他们姐弟所见的最后一面,十年后钱穆到香港不久,即收到大姐病逝于汉口的噩耗,钱穆在回忆中写下了"时其女已成年,此后音讯遂断"的慨叹。

1940年秋,钱穆接到齐鲁大学国学研究所主任顾颉刚的来信,要他在新学期开学时赶到成都北郊的赖家花园,任齐鲁大学国学研究所主任导师。

作别慈母和妻小,钱穆与大姐、外甥女一同迤逦就道,赴成都的齐鲁大学国学研究所上任。钱穆寓居苏州耦园虽仅一年,但他对这段生活却极为珍惜,晚年还在《师友杂忆》中对这段美好的居家生活有过这样的回忆:

> 余先一年完成《国史大纲》,此一年又完成此书①,两年内得成两书,皆得择地之助。可以终年闭门,绝不与外界人事交接。而所居林池花木之胜,增我情趣,又可乐此而不疲。宜良有山水,苏州则有园林之胜,又得家人相聚,老母弱子,其怡乐我情,更非宜良可比,洵余生平最难获得之两年也。②

1940年10月初,在光华大学校长张寿镛的帮助下,钱穆由上海乘机飞往香港,再由香港转重庆,而后又至成都。时齐鲁大学设于成都南郊华西坝,该校国学研究所原也在此,但顾颉刚考虑到此处人多嘈杂,太过喧哗,有碍研究,故在征得校方同意后,遂将研究所移至成都北郊二十里崇义桥附近的赖家花园内。此时,原在中央研究院历史语言研究所从事甲骨文研究的胡厚宣也应顾颉刚之邀已先行前来,并担任研究员之职。另外,叶圣陶、张维思、吕叔湘、韩儒林、孙次舟等学者也在齐鲁大学讲学。钱穆到成都后,常与他们聚于赖家花园的消夏亭中,谈论时局,探询学问,相处之时,倒也融洽。

时齐鲁大学国学研究所得美国哈佛燕京学社资助,校方也颇为重视,并由齐鲁大学校长刘世传(书铭)兼任所长。1939年春顾颉刚经弟子张维华引介,前来国学研究所履任主任之职。顾颉刚于9月到任之前,又邀钱穆、胡厚宣等学者加盟。在钱穆赴成都履任半年之后,因顾颉刚忙于多方应酬,所内事务交由钱穆打理。1941年6月,顾颉刚赴重庆主编《文史杂志》,其后很少回成都,故齐鲁大学国学研究所遂由钱穆代行主任并主持工作。在此期间,钱穆与英籍学者林仰山得以相识,此后林氏在香港大学中文系担任主任时,与钱穆过从甚密。这是后话。

---

① 系指他在苏州撰写的《〈史记〉地名考》。
② 钱穆:《八十忆双亲 师友杂忆》,生活·读书·新知三联书店,2005年版,第223页。

1942年3月4日,时在重庆的顾颉刚致信钱穆:"研究所者,弟费了两年心力所建设者也,自身虽去,终不忍其倒塌。去年走时,所以仍担任主任名义者,即恐因弟一走而致人心涣散,故欲以请假延长时间,使兄之力量可渐深入,则至弟正式辞职时可无解体之忧也。"但他后来在《顾颉刚自述》中却又说:"1941年,我在齐大(齐鲁大学),他(朱家骅)连来许多函电,要我到重庆去办《文史杂志》。我很奇怪,为什么在这抗战紧张的时候要办这种太平时候的刊物,我辞谢不去,但他仍是不断地来催我。恰巧在这时候,张维华和钱穆合力倒我,我想:成都既不可留,还是到重庆去吧,就于大隧道惨案那一天飞去了。"①顾颉刚在此没有对"张维华和钱穆合力倒我"做过多的解释,从而给人留下了语焉不详的疑团。但从中也可看出,顾颉刚离开齐鲁大学赴重庆编《文史杂志》的确别有隐情。但不管怎样,顾颉刚与钱穆还是保持了良好的友谊,并未因此而生疏反目,这从钱穆后来所写《师友杂忆》中对顾的种种评述也可看出。

钱穆代行齐鲁大学国学研究所主任期间,齐鲁大学文学院仅有中文、历史两系,学院教职也多由研究所内的先生兼代。平时,钱穆到城南授课,要从城北穿越全城才能到校;而在研究所内,钱穆还要指导严耕望、钱树棠、杜先简等学生从事学术研究,尤其是每周六举行学术座谈会,先由学生来讲,再由老师总结,这样既调动了学生的积极性,也促进了他们研究学问的自主性,并对他们日后的学术研究启发甚大。平时,钱穆还不断教导和鼓励弟子们,要树立远大的理想与抱负,立志做第一流学者。对于老师钱穆这些谆谆教诲,时为弟子的严耕望在多年后的回忆中记录了钱穆的如下一段话语:

我们读书人,立志总要远大,要成为领导社会、移风易俗的大师,这才是第一流学者!专守一隅,做得再好,也只是第二流。现在一般青年都无计划的混日子,你们有意读书,已是高人一等,但是气魄不够。例如你们两人(手指向树棠与我)现在都研究汉代,一个致力于制度,一个致力于

---

① 《顾颉刚自述》,河南人民出版社,2005年版,第183页。

地理,以后向下发展,以你们读书毅力与已有的根柢,将有成就,自无问题,但结果仍只能做一个二等学者。纵然在近代算是第一流的成就,但在历史上仍然要退居第二流。我希望你们还要扩大范围,增加勇往迈进的气魄。①

平时,钱穆喜欢在漫游和散步中解答弟子提出的疑问,并随时随地从各方面教导门生治学中应注意的紧要事项,使弟子们在潜移默化中受益匪浅。有时,他还将前辈治学中的高下得失讲给弟子们听,借以使弟子们尽量少走弯路。他还真挚地告诫和勉励弟子们,要有远大的眼光,要有整个三十年、五十年的大计划,不可只作三年、五年的打算。只有如此,才能向第一流的学人迈进。严耕望在《求师问学六十年》中曾说,有一次,钱树棠向老师钱穆问及梁启超、王国维二人之高下,钱穆直言答曰:"任公讲学途径极正确,是第一流路线,虽然未做成功,著作无永久价值,但他对于社会、国家的影响已不可磨灭!王先生讲历史考证的着眼点很大,不走零碎琐碎一途,所以他的成绩不可磨灭。考证如此,也可跻于第一流了。"

钱穆还对严耕望说:"我希望你们有大的成就,但此亦不仅在读书,为人更重要,应该分些精神、时间,留意人事。为人总要热情,勇于助人,不可专为自己着想!"后来在新亚办学时期,他还苦口婆心地对弟子余英时说:"学问之事,各具天分,仍须济以工力,否则虚以为盈,中途而辍,鲜能大成。"由于钱穆的循循善诱,他的弟子们诸如严耕望、钱树棠、余英时等,后来也都成就突出,在各自的研究领域里独树一帜,颇具影响。对于恩师的谆谆教诲,余英时、严耕望等弟子无不感激万分,铭记于心。特别是钱穆在新亚办学时的早期弟子余英时,在1990年撰写的《犹忆风吹水上鳞——敬悼钱宾四师》中就曾写道:"我这篇对钱先生的怀念主要限于五十年代香港,因为这几年是我个人生命史上的关键时刻之一。我可以说,如果我没有遇到钱先生,我以后四十年的生命必然是另外一个样子。这就是说,这五年中,钱先生的生命进入了我的生命,而发生了塑造的绝大

---

① 严耕望:《治史三书》,上海人民出版社,2011年版,第245-246页。

作用。但是反之则不然，因为钱先生的生命早已定型，我在他的生命史上则毫无影响可言，最多不过如雪泥鸿爪，留下一点浅浅的印子而已。"

在齐鲁大学国学研究所期间，钱穆还兼教于齐鲁大学，讲授中国通史和中国文化史等课。后来成为著名历史学家的方诗铭，在忆及钱穆于齐鲁大学讲学的风采时说道："宾四先生善言辞，长于演讲，而颉刚先生则反是，上课时多写墨板，略加解释而已。时我年龄甚轻，学问之道初窥藩篱，对两先生的渊博浩瀚唯有瞠止震惊罢了。宾四先生讲课时颇带乡音，蜀人初听之下，颇有茫然之感。久之，我对先生的乡音渐有所悉。再久之，更不觉先生言辞中有乡音，如听一般的普通话。先生授课，于兴致之处，时高举双臂，慷慨激昂，间更纵声而笑。"

钱穆在赖家花园主持齐鲁大学国学研究所期间，还接到了编写《清儒学案》一书的工作。当时，蒋介石正标榜并提倡宋明理学，遂命时设于重庆的国立编译馆编纂宋、元、明、清四朝学案。当时，宋、元、明三朝学案，史料较为完备，在黄宗羲、全祖望的《明儒学案》《宋元学案》基础上增删即可成书，唯有清朝学案，虽有范本，却未为完备，故国立编译馆决定编纂《清儒学案》，并将这项工作交给对清代学术素有研究的钱穆负责。钱穆在接到编纂任务以后，第一步即通过朋友着手搜集到清代关学诸家遗书二十余种，第二步又分门别类地编订目录，然后在目录的基础上开始编撰。该书完稿后，钱穆将初稿交给学界前辈柳翼谋予以校订。《清儒学案》一书近五十万字，书稿到了重庆的国立编译馆后，由于抗日战争胜利后诸事繁多，一时未能刊印，拟待复员到南京后再行付印。孰料，就在编译馆打包装箱回南京的途中，这部书稿与其他物品一同坠于江中，全稿竟佚。消息传来，钱穆懊丧不已。在编纂《清儒学案》之时，钱穆因工作繁重，再加上时间紧迫，故未留下底稿，这也是他痛惜此稿的主要原因。此后，钱穆曾有心对这部书重作编纂，但又一直忙于他事，故终其一生，也未能再将此稿补写出来，实乃清学研究史上的一大憾事。

1941年3月19日，钱穆应时在四川乐山嘉定的武汉大学之邀，赴该校讲学一个半月，主讲中国政治制度史导论和秦汉史等。其间，他不但与著名学者朱光潜谈学论交，还与时在武汉大学历史系将近毕业的学生严耕望相识。严耕望出生于安徽桐城一个村庄,字归田,本名德厚,小名耕旺,中学时更名耕望,1937年考入武汉大学历史系,师从吴其昌诸人。在大学二年级时,他便写成《中国军事地理形势之今昔》,三年级时又写成《楚置汉中郡地望考》,故颇受武大师生看重。钱穆到武大讲学时,严耕望时常登门问学,得益良多,进步颇快,后来成为钱穆众多弟子中成绩较突出的一个。

此前,时任武汉大学历史系主任的吴其昌,是钱穆在北平时期结识的旧友。他就任武大历史系主任后,深感系内名师甚少,于是就与系里的学生严耕望、钱树棠等相商,决定聘请吕思勉、钱穆、陈登原诸名教授来系任教。然吕、陈二人均为诸事羁绊,未能前来,钱穆也因早就接受顾颉刚之邀而在齐鲁大学国学研究所任职,故也不能前来。无奈之下,吴先生只得改请钱穆到校讲学。钱穆见老友如此推重,只得允应下来。

初到武大时,钱穆暂住于武大校长王星拱的家中,后又迁居到一间小平房里。他所居之房,与武大文学院院长朱光潜的住处仅一墙之隔。朱先生此时也是只身住在嘉定,于是便邀钱穆到他的住处一同就餐。钱、朱二人相处之时,极为融洽,双方结下了深厚的友情。

朱光潜,字孟实,笔名孟石,安徽桐城人,生于清光绪二十三年(1897),是著名的美学家、哲学家和教育家,早年曾赴英、法等国留学,归国后应邀在武汉大学任教。钱穆晚年定居于台北,当他听说朱光潜到香港讲学时,乃不顾年老体迈,偕夫人胡美琦同赴香港,与老友重聚。此乃后话。

在武大讲学期间,钱穆住的小房尚未装电灯,晚上一灯如豆,看书很成问题。严耕望等时常来向钱穆请益。当时,严耕望在武大面临毕业,钱穆得知,即建议他毕业后到自己的研究所工作。此后,严耕望得到了钱穆更多的指导,并与余英时成为钱穆门下学问做得最好的"双子星座"。

在结束武大讲学后,钱穆又应素有"一代儒宗"之誉的马一浮之邀,赴岷江对岸乌尤寺的复性书院讲学,讲授中国史上政治问题专题。复性书院为马一浮、熊十力等人所创,旨在探讨理学佛性。马一浮素性耿直,一直不与近在咫尺的武汉大学师生往来,此次能邀钱穆到此授课且不避政治问题,足见马一浮对钱穆的推崇,而武大师生闻知此一消息后,也都争相前来听课。

马一浮是浙江绍兴长塘人,生于清光绪九年(1883),幼名福田,后更名一浮,字一佛,号湛翁。他早年向往革命,民国后潜心研究国学,对哲学、文学、佛学无不涉猎,且精于书法,自成一体,在当时声名甚隆。

早在1941年,素与钱穆友善的张其昀,提出以"发扬传统文化之精神,吸收西方科技之新欲"为宗旨,与贺麟、朱光潜、张荫麟、郭洽周等在贵州遵义创办《思想与时代》杂志,同时还热情邀请钱穆为该刊主要撰稿人。此后,钱穆为该杂志撰写了一系列的文章,前后共有四十二篇。其中,关于文化思想研究方面的文章就达二十七篇,占一半以上,后来汇集成《中国文化史导论》一书。此书分以下十个题目:①中国文化之地理背景;②国家凝成与民族融和;③古代观念与古代生活;④古代学术与古代文字;⑤文治政府之创建;⑥社会主义与经济政策;⑦新民族与新宗教之再融和;⑧文艺美术与个性伸展;⑨宗教再澄清民族再融合与社会文化之再普及与再深入;⑩中西接触与文化更新。《中国文化史导论》站在东西方文化比较的高度,进一步揭示了中国文化内在精神及其独特的发展规律,既有独创性,又有承接性,可以说是《国史大纲》思想的延续与发展,同时也是钱穆的学术研究从历史研究转向文化研究的一个重要见证。

钱穆从应邀任《思想与时代》主撰稿人开始,就有意识地将自己的学术研究重心从历史层面转向更为广阔的文化层面上来。对于自己在学术研究上的这一重大转折,他后来在《纪念张晓峰吾友》一文中写道:"余自《国史大纲》以前所为,乃属历史性论文。仅为古人申冤,作不平鸣,如是而已。以后造论著述,多属文化性,提倡复兴中国文化,或作中西文化比较,其开始转机,则当自为《思想与时代》撰文始。是余生平学问思想,先后转折一大要点所在。"

1943年2月15日,钱穆应浙大校长竺可桢之邀到时在贵州遵义的浙江大学讲学。到浙大的当天,竺可桢亲自设宴款待,还专门为他举办了一场盛大的欢迎晚会,邀请他当场讲授一个半小时。钱穆在浙大讲学一个月结束之时,竺可桢校长又盛情邀他到浙大任教,但钱穆却以齐鲁大学国学研究所事务繁多不克履任为由而婉辞。

钱穆此次到浙江大学讲学,起初是由浙大史地系主任张其昀提议的。此时,张其昀因全力负责《思想与时代》杂志的编辑工作,且不久还要赴美做访问学者,故他希望钱穆能代自己出任浙大史地系主任一职。早在1937年,张其昀即有意聘请钱穆到校任教;1939年秋,张其昀又与郭斌龢等人一同向校长竺可桢建议礼聘钱穆到校任教事宜,却因钱穆此时已回苏州而作罢。此次钱穆到浙大讲学,张其昀又旧话重提。1943年3月8日,张其昀专门约见钱穆,告诉他即聘其为浙江大学史地系主任一事,钱穆无奈,只得答应在回齐鲁大学办妥所务后方能于秋天应聘。但不知何故,钱穆此后并未履约。浙大后来还多次向钱穆发出邀请,但钱穆屡未赴任。对此,钱穆晚年也多有忆及,并感到"愧对老友"和"歉憾无极"。

在成都执教的几年中,钱穆还与蒋介石有过数次晤面。1943年秋,齐鲁大学国学研究所停办,钱穆在成都北郊赖家花园的舒适生活遂告结束。此时,钱穆应私立华西大学文学院院长罗忠恕之邀,前往该校哲学系、历史系任教,主讲儒家哲学等课。

钱穆就任华西大学的教职后,先是住在华西坝南端的一幢欧式别墅中,当时与他同住一幢楼的还有原齐鲁大学国学研究所的几位学生。此时,史学大师陈寅恪一家也住在华西坝的广益宿舍内,两位史学大师虽然常在上课路上碰面,但均是来去匆匆,未能进一步深谈。对于留洋十余年之久的陈寅恪,钱穆无疑是服膺已久,而且还特别推崇陈寅恪的人格及他在史学学术上的建树,也总想能有机会向他请教和探讨。但时过不久,钱穆患上了严重的胃病,陈寅恪也患目疾而几近失明。此后,钱穆虽有意再向陈先生请教佛学等问题,但终未遂愿,故两位史学大师在学术上一直未得有深层交流。晚年的钱穆,回忆时曾有"迄今以为憾"之言,遗憾之余也足见他对陈先生之推重。

是年秋天,钱穆与冯友兰、萧公权等同赴重庆讲学。不久,钱穆因胃病回成都休养,其间潜心阅读了长达一百二十卷的《朱子语类》和《指月录》两部巨著,从而洞悉了唐代禅宗转归宋明理学的演变过程。

四、五华学院

1946年,钱穆在华西大学执教已有三年,其间还应四川大学校长黄季陆之邀到该校兼教。此后,他与黄季陆建立了长达数十年的友谊。当时,抗日战争业已取得胜利,钱穆决定先回苏州家中,再定下一步的行止。

借是年暑假之机,钱穆由重庆乘机飞回南京,再由南京转赴苏州新桥的耦园家中,与妻子儿女再次团聚。

1945年抗日战争胜利后,昆明的西南联大宣布解散,北京大学、清华大学和南开大学三校先后离开昆明复员北迁。因未接到北京大学的续聘通知,故钱穆仍留于西南,被昆明的五华学院聘用,同时兼教云南大学。

按说,以钱穆的学问和声望,北京大学在复员北迁时,他理当也在聘用之列,但由于种种原因,此次他却未被北大续聘。对此,钱穆后来在忆文中虽然表露出对北大的胡适、傅斯年、闻一多等人不满,但对未被聘用一事却并未做过仔细的说明与申辩。后来,不少研究者各持己见,异说丛生。有说是因钱穆与傅斯年的矛盾造成的,有说是钱穆此前早就离开西南联大造成的,也有说是钱穆当时已在成都华西大学任教。比较公允的看法应是:早在1939年暑假期间,钱穆因急于出版《国史大纲》而前往香港,事谐后又直接从香港赴苏州探望母亲和家人,并在苏州隐姓埋名住有年余。而钱穆早在离开西南联大赴港之前,即接到了时在齐鲁大学国学研究所的顾颉刚之邀,钱穆本人也应允到齐鲁大学国学研究所任教,所以他在1940年秋再度转赴西南时即直接到成都的齐鲁大学应聘,此后还担任《齐鲁学报》编委会主任兼在齐鲁大学教授中国文化史等课。此次从苏州回到西南后方,钱穆并不是直接到西南联大报到,而是转到了齐鲁大学。此后的几年,钱穆也一直未到西南联大上课。而按当时西南联大聘用教授之规定,钱穆既已离开西南联大数年,对于教授的聘与不聘之事也就由北大校方做主权衡了,其他人自然也就不能有所干涉。所以,不管后来的研究者在陈述北大未聘钱穆时理由有多少,但以上理由无疑是最为主要的,故钱穆自己对此也未做过明显的分辩。但令人未想到的是,后来一些研究者却将矛头直指"学界霸才"傅斯年,遂使此事演绎成了学界的一桩"公案"。

昆明的五华书院创自明朝,也是云南省最有名的书院,钱穆的同乡前辈浦起龙当年曾在此主讲三年。1912年之后,在昆明当地贤达于乃义、于乃仁兄弟等人的努力与筹划下,五华书院成为一所私立大学。于乃义,字仲直,昆明人,自幼好学不倦,早年尝从滇中名宿袁嘉谷、秦光玉诸先生,专治国学,兼治佛学,当时还主持云南省立图书馆工作。于乃义之兄于乃仁,字伯安,颇善殖货,抗战期间积资巨万,有意捐资兴学,于是便承清末五华书院之余绪并创私立五华学院。于乃仁、于乃义兄弟知李埏与钱穆交往素厚,便请其出面邀请钱穆来五华学院任教。当时,云南大学文史系主任方国瑜先生也请钱穆到校兼教,两校于是决定合聘钱穆。此时,钱穆既感昆明风物之美,又感方、于、李诸人之诚,遂应允前往。

1946年10月初,钱穆抱病乘机抵昆,下榻于昆明翠湖公园中省立昆华图书馆内。钱穆到五华学院后,还担任五华学院文史研究所所长一职,并代校方聘请了李源澄、诸祖耿等人来校任教。

诸祖耿是钱穆的无锡小同乡,与钱穆相识颇早,交谊亦深,且他们还是昔年在鸿模小学、苏州中学时的旧同事。居滇期间,闲暇之时,钱穆与诸祖耿、李埏等人多有交游。对于这段日子,诸祖耿在钱穆去世后写的《怀念钱宾四先生》中曾有忆及,他在文中写道:"至今思之,情犹可念,真是平生友朋难得之乐也。"

钱穆居滇期间,原在西南联大的旧同事刘文典、罗膺中两教授也因未得北大续聘而在此任教。刘文典是安徽合肥人,字叔雅,早年师从国学大师章太炎,后来参加同盟会并一度担任孙中山的秘书,精擅庄子之学,性情异于常人,狂放不羁,然文才出众,故人皆以"怪才"目之,是钱穆在北大的老相识。罗膺中则是北大中文系的教授,也与钱穆相善。此时,钱穆与刘、罗二人时常在周末的晚上聚在一起,或把酒论学,或相偕出游,或听唱滇戏,倒也颇得其乐。

此时,钱穆在云南大学教授中国文化史,在五华学院则讲授中国思想史,此外还为驻昆明的军官学校训练团讲授中国古代军事史等课。当时,钱穆先居住在昆明翠湖公园附近,后又迁居于圆通山上的唐家花园。

唐家花园即云南军阀唐继尧的故居。钱穆在唐家花园住下后，因在两所大学都担任有课，所以平时读书、著述时间便显得有些紧张，况且他又是独自一人在滇，生活多有不便，旧时学生、云南大学教师李埏及其夫人常常给予照顾。这一时期，钱穆撰写了不少历史文化方面的论文，大都发表于李埏主持的《民意日报》副刊《文史》上。

李埏，字子沂，号幼舟，1914年生于云南路南县一个书香之家，四岁便接受严格的家教，二十一岁考入北京师范大学历史系。在北师大读书时，钱穆在该校兼课，李埏于是便成了他的学生，此后一直往来不断。

1946年7月，国民党特务在昆明先后暗杀了进步教授李公朴、闻一多，引起社会各界的强烈不满。在得到清华大学教授、知名学者、诗人闻一多的死讯后，钱穆更是悲愤难抑，纠结于心。钱穆与闻一多早年往来素多，但后来两人的学术和政治观点多有不合之处，故闻一多对钱穆看法颇多，甚至还在文章中骂钱穆是"冥顽不灵"，但钱穆却未计较。此时面对早亡人，钱穆认为闻一多到底是个难得的正直的爱国书生，故还是亲赴其身亡之处，另作凭吊，为亡友掬上了一抔同情之泪。

钱穆在五华学院和云南大学执教只有一年时间，但这在他生命中也是一段难忘的经历。

五、江南隐忧

早在1946年秋，钱穆赴云南五华学院任教时即患有严重的胃病，当时是抱病前往。此后在昆明的年余，课程较多，再加上平时读书、著述诸事繁多，一再复发的胃病使他苦不堪言。

有一天，一位前来造访的友人对钱穆说，人到老年，乡食宜胃，"当以居乡为得"，劝他回乡养病。钱穆听后颇觉有理，遂萌归乡之念。恰在此时，无锡著名实业家荣德生与其子荣一心在无锡斥资筹办江南大学，得知钱穆此时仍滞留于昆明，便盛情邀请钱穆到江南大学执教。

1947年暑假期间，钱穆再次回到了老家无锡，并在荣德生的一再邀请下应允到江南大学。钱穆专门去信昆明，向于乃仁、于乃义兄弟辞去五华学院和云南大学两校的教职。

荣德生是无锡荣巷人，生于清光绪元年（1875），早年随兄长荣宗敬经商，1901年在无锡西门外创办现代面粉厂，有"面粉大王"之誉。1907年又在无锡开办振新纱厂，致富后在家乡创办公益学堂及公共图书馆等，造福桑梓。江南大学初创于1946年，当时荣德生聘国民党元老吴稚晖任该校董事长，儿子荣一心任筹委会主任，章渊若任校长，韩清廉为秘书长。1947年10月27日，江南大学正式开学，下设文学院、农学院和理学院三院，唐君毅任教务长，韩雁门任训导长兼农学院院长，钱穆任文学院院长，顾维精任理学院院长，许思园任研究所所长，金善宝任农艺系主任，郭守纯任农产系主任，李景晟任化工系主任，吴大榕任机电系主任，周怀横任数学系主任，张云谷任外文系主任等。这些教授、学者均是各项专门人才的一时之选。

江南大学原设于无锡郊区、荣德生的故乡荣巷镇。对于荣宗敬、荣德生两位乡贤前辈，钱穆素来是极其佩服的。就任无锡江南大学文学院院长之初，钱穆与荣德生夫妇同住于无锡荣巷的一幢二层小楼中。荣德生大钱穆二十余岁，但对钱穆敬重有加，并将室内光线充足的二楼让钱穆居住，自己一家则居于楼下。每周六晚餐后，荣德生都要与钱穆畅谈两个小时，有时还与钱穆一同到太湖边去游览。荣氏兄弟不但赢得了无锡人的好感，也使钱穆心存好感，特别是钱穆在履任江南大学文学院院长以后，在与荣德生的多次交谈中，充分地体会到了中国传统文化价值之所在。

执教江南大学期间，钱穆时常与同在该校任教的唐君毅、牟宗三、朱东润、王庸等人到太湖观光游览，有时还与他们一起诗酒论交，研论学问。

钱穆应任江南大学文学院院长后不久，江南大学规模扩大并迁到无锡西门外的太湖之滨。新校距太湖最具魅力的鼋头渚仅数百步之遥，湖光山色，桨声帆影，引得钱穆流连忘返。从1947年秋到1949年春，尽管国内时局动荡不安，但钱穆却过着悠闲自得的生活。钱穆在江南大学任教不到两年，时常在闲暇之时雇上一叶小舟，与诸弟子荡漾湖中，一卷在手，倾听波涛。三十多年后，当钱穆与其长女钱易在港相见时，他还对女儿讲起自己当年在无锡江南大学时的生活情形，并怀着无限的感慨对女儿说："那才是人间最惬意的事啊！"

钱穆在江南大学任教期间，其长子钱拙和一个侄子都考入该校读书。本来，钱穆在此也欲有大的作为，还准备在无锡郊区购地一块，拟作终老之处，故他到校后将昔日的弟子诸宗海、钱树棠、吴佩兰、洪廷彦等人也召到江南大学。此后，钱穆还与荣德生相商，与上海的正中书局合作，开始着手编纂一部《四部选粹》，并借点校和编纂此书之机，收集史料，仿郑樵《通志》体例，撰写一部《中国历史新编》。遗憾的是，由于国内形势骤变，由众多弟子编纂、钱穆总其成的《四部选粹》虽于1949年年初编纂结束，但正中书局并未能按约予以出版，使钱穆和弟子们白白付出了许多辛劳。不过，钱穆在江南大学执教期间，却超计划写成了《湖上闲思录》和《庄子纂笺》两部专著。这两个意外收获，对他来说也算是不小的安慰。

按照钱穆本人的说法，《湖上闲思录》一书是他"夜灯坐对，随笔抒写"而成的。《湖上闲思录》其实是一部优美的散文化学术文集，融浪漫色彩和哲理意味于一体，颇见文采和妙思，最初是应《申报》编辑《学津》副刊的好友谢伟思之邀而写的。与钱穆的《湖上闲思录》几乎同时成书的，还有时任江南大学教务长的唐君毅的《文化意识与道德理性》。

唐君毅是四川宜宾人，十七岁考入北京大学，第三学年转到南京的中央大学哲学系，师从哲学家和美学家方东美、宗白华等教授，又对国学大师熊十力执弟子之礼。抗战期间一度任教于重庆的中央大学、华西大学等校，1944年出版了《道德自我之建立》和《人生之体验》，在学界渐有声名。唐君毅与钱穆相识于华西大学，此时二人并无深交，他们密切的交往源于江南大学时期。早在1947年，刚复员到南京的中央大学在内战形势的促迫下学潮迭起，哲学系在此情况下出现了许多人事纠纷，时在中央大学哲学系任教的唐君毅与牟宗三、许思园等人决心荣辱与共，同盟进退，于是俱应江南大学之聘，于1947年11月抵达无锡，联袂进入了江南大学，唐君毅就任江南大学教务长兼教授，许思园就任研究所所长，钱穆此时也到江南大学任文学院院长。从此，钱穆、唐君毅开始了长达十余年的交往。

1948年暑假前夕，唐君毅曾应好友程兆熊之邀赴江西的信江农学院讲学。该校设于铅山县的鹅湖书院旧址，这里是南宋朱熹、陆龟蒙等人讲学和"鹅湖之会"的故地。唐君毅抵达铅山后,程兆熊将准备在此筹设鹅湖书院的设想告诉了他,此举也甚合唐君毅之意,于是他在返回无锡后又将此事告知钱穆,并希望钱穆能以自己的声望从中予以支持。钱穆对此举也甚表赞成,并多次与唐君毅聚商筹设之事。孰料,此时百万解放大军早已饮马于长江北岸,虎视江南,局势紧急,筹设鹅湖书院一事终化泡影。此事实为唐、钱、程诸人始料所不及。

钱穆初到江南大学时很想在此长期待下去,但国内形势的急剧变化使他的设想戛然画上了句号。钱穆后来在《湖上闲思录》的"跋"中写道:"其时余任教江苏无锡江南大学,课务轻闲,胃病新愈,体况未佳,又值时局晦昧,光明难现,时时徜徉湖山胜处,或晨出晚归,或半日在外。即暂获闲隙,亦常徘徊田塍鱼塘之间。尽抛书册,惟求亲接自然,俯仰消遥以自遣。心胸积滞,逐一涤荡,空所存抱,乃时有闲思遐想,如游丝轻漾,微叶偶飘,来入庭际,亦足赏玩。乃于夜灯坐对,随笔抒写,初不自意遂成卷帙。"

当时还发生了一件令钱穆非常不安的事,长子钱拙在江南大学读书期间,因参加地下活动而被校方开除。此事也给钱穆带来了不小的打击。

1949年2月6日,针对去留问题,钱穆专门致信唐君毅。在这封信中,钱穆对时局的发展甚表焦虑,并希望与唐君毅商议进退之计。2月21日,钱穆与唐君毅聚谈。翌日,钱穆又接到了时任广州私立华侨大学校长王淑陶邀其与唐君毅到校任教的来信。钱穆接到信后,因考虑到唐君毅与王淑陶交谊殊深,遂又与之相商。反复商量之后,两人均虑及政治态度、学术观点等一系列问题,决定联袂南下,前往广州,就任华侨大学的教职。

1949年4月4日,钱穆谢绝了荣德生等亲朋好友的多方挽留,在小他四岁的同乡兼挚友诸祖耿的相送下乘火车前往苏州。此时,钱穆一家仍居于耦园,此时的耦园已为著名企业家刘国钧所得。在苏州,钱穆仅停留了一天,只是将行李稍作收拾便赶赴上海。临行之前,他又特别委托时任苏州城防司令的孙鼎宸将军随时关照家人。后来,孙将军也携家到港定居,此后还常到钱穆的新亚书院听课。新亚研究所成立后,孙将军又在此学习研究,并撰成《中国兵器史》一书在台出版。这部书不但是新亚研究所创办后的第一部专著,而且填补了我国军事史研究的一项空白。此为别话。

在逗留上海的三天中,钱穆还专程拜望了恩师吕思勉,但他却谢绝了吕先生要他留在大陆的一番好心。新中国成立后,吕思勉没有忘记钱穆这位得意门生,仍劝他回大陆任教。钱穆反复考虑后,还是决意滞留香港,他在给吕先生的回信中也解释了自己内心的苦衷和对人生选择的无奈。

据传记作家张耕华在《人类的祥瑞:吕思勉传》中所述,李永圻晓知吕、钱师徒二人通信的详情,书中这样写道:

老先生曾去信劝钱穆回来,劝他可以两地奔走,可以在上海、香港两地教书讲学。后来钱穆有一封回信,我读后印象很深。信是文言文写的,原文已记不得了,大意是说:老师一生劳瘁,无一日之余闲,现在年事已高,我做学生的不能为您尽一点孝心,不能为先生扫扫地,铺铺床,每想到此,心中总感到非常遗憾。老师劝我沪港两地自由来往,这是我做不到的,回来虽无"刀镬之刑,但须革心洗面,重新做人,这是学生万万做不到的"。学生对中国文化薄有所窥,但不愿违背自己的主张……,愿效法明末朱舜水流寓日本传播中国文化,也很希望在南国传播中国文化之一脉。……新亚书院初创,得王君岳峰相助,王君并非富商,所以书院经济局促到极点。……最为气愤的是香港左派报纸骂我是封建余孽、帝国主义走狗,学生自读书懂事以来,就深知要爱国爱民族,爱国素不后于人。……中国之所以落到这个地步,实在是我们知识分子没有承担应尽的责任,……信的最后一句是:"临颖不胜故国神驰。"署名为"梁隐"。可惜这封信在"文革"期间毁掉了。①

关于钱穆致其师吕思勉的信件内容,另一位传记作家陈勇先生在他

---

① 张耕华:《人类的祥瑞:吕思勉传》,华东师范大学出版社,1998年版,第264—265页。

的《国学宗师钱穆》中也有过类似的叙述。

1949年4月7日,钱穆与唐君毅等人同乘金刚号船赴粤,前来送行的只有他的同乡许思园、洪廷彦等三两朋友和弟子。许思园还是钱穆在江南大学的同事,钱穆登轮行前,许氏还郑重地对钱穆说:"君暂避甚佳,盼九月能在此重晤。"

4月11日,经过几天的海上之旅,钱穆等终于顺利抵达广州。在粤期间,他曾受时任国民政府代行政院院长阎锡山之邀,到其官邸商议国是。对此,钱穆在回忆中写道:

……上海战事日紧,政府大部分机关已迁至广州。一日,应行政院长阎锡山邀,晤之其官邸。同受邀者,多青年民社两党党员。以学校教授资格者,惟余一人。余即席发言,谓,当抗战时,军队占最前线,政府居中指挥,教育界知识分子最在后方,惟受蔽护。今日形势已非,前线军队在崩溃中,恐不可恃。政府远退在此,知识分子教育界可以人自为战,深入民间,当转上第一线。俟人心有定向,国事庶可挽回,政局可重建基础,然后军事始再可振作。余意仅盼政府多方注意国内知识分子,至少在当时负群望为众情所归者,须及时多联络,设一妥善之安排。惜是日会场中,无人提及此层。余亦仅发一场空言而止。①

有鉴于此,钱穆默察大势,只得悄然做退往香港的打算。

延至是年4月16日,钱穆与时在广州中山大学任教的知名学者杨树达有过短暂的会晤。此时,钱穆还将自己的新作《中国文化史导论》奉上请其正存。而此时的杨树达,早已决定留在大陆不做他迁之想了。钱穆见此,只得与杨树达先生匆匆作别。5月16日,钱穆又在罗倬汉的陪同下前往岭南大学拜访陈寅恪先生,但因陈先生不在而未果。

钱穆与唐君毅同去拜访时暂居于弟子黄艮庸家中的熊十力,并在黄

---

① 钱穆:《八十忆双亲 师友杂忆》,生活·读书·新知三联书店,2005年版,第263—264页。

家住了一宿①。黄艮庸是广东番禺化龙镇人,时任中山大学哲学系教授,1918年考入北京大学,是梁漱溟的弟子和侄婿,毕业后回乡创办贲南中学,是钱穆在北京大学任教时结识的旧友,而唐君毅则是熊十力的早年门生。当时,唐君毅曾力劝乃师熊十力同往香港,但熊十力不愿离开故土,无意他行,故未应允。此后,熊十力便一直留在大陆。

广州私立华侨大学原创办于香港,后迁往广州,又于稍后的1949年6月迁回香港,钱穆到该校任教也仅两月时间。他权衡再三,终于还是决定离开广州而赴香港。

钱穆在此次从广州赴香港途中,与唐君毅和同在广州私立华侨大学的赵冰夫妇同行。

1949年6月7日晚,钱穆、唐君毅与赵冰夫妇等安全抵达香港。下船之后,他们一行来到沙田的华侨工商学院,并在此与谢幼伟、张丕介等人相晤。

两天过后,钱穆得与好友张其昀相晤。此时,张其昀告诉钱穆说,他正拟与谢幼伟、崔书琴、吴文晖等在香港筹办亚洲文商学院,力邀钱穆等人加盟。此时的钱穆,刚刚结束在大陆的执教生涯,这不但是他后半生在港台地区漂泊之旅的开始,同时也是他人生中又一次重大的转折点。

其实,钱穆此次从广州出走香港,实在是迫不得已。在钱穆看来,自己的政见与当时大陆的主流趋向不太吻合,而其学术风格又与主持台湾史坛的傅斯年等人相左,大陆、台湾这两个地方虽好,但均不是自己理想的容身之地,所以他也就只能暂时屈居于弹丸之地的香港了。

钱穆来到香港,原本只是希望能在乱世之中寻得一方静谧的乐土,借以安身立命——教书、读书和著书,未曾想要在此干出一番大事业。对此,钱穆后来在其《人生十论》"自序"中写道:"这一次的出行,却想从此不再写文章。若有一啖饭地,可安住,放下心,仔细再读十年书。待时局稍定,那时或许学问有一些长进,再写一册二册书,算把这人生交代了。因此一切旧稿笔记之类,全都不带在身边,决心想舍弃旧业,另做一新人。而那本《湖上闲思录》,因此也同样没有携带着。"话虽如此,令他万万没

---

① 黄艮庸时住番禺化龙镇塘头村,宅名望海楼,又曰仁宅,门牌号现为恭敬里204号。

有想到的是,此后他在香港竟然生活了整整十七个年头,并在此找到了他后半生的伴侣胡美琦,同时还在香港创办并主持了新亚书院,成就了他人生中的另一番事业。

新亚时代

一、草创新亚

从钱穆一生的立意行事来看,他最后决意离开大陆而转赴香港,怕也是迫不得已。其实,从离开无锡的江南大学,到在苏州作别家中妻小,再到上海、广州和香港的这两个多月中,作为一个传统的高级知识分子,钱穆一直处于观望之中。在世人眼中,钱穆素以"守旧"著称,抗日战争期间在成都时又曾数度得到过国家最高领导人蒋介石的接见,钱穆此后为"左派"所不容,也自是情理中的事了。1948年8月,美国驻华大使司徒雷登离华返美,美国政府发表了著名的《美国与中国的关系》的"白皮书"。对此,新华社于8月12日至9月16日,连续发表了六篇评论美国"白皮书"的社论。特别是在毛泽东亲自为新华社撰写的评论《丢掉幻想,准备斗争》中,还特别点了胡适、傅斯年和钱穆三人的名字。文中写道:

> 为了侵略的必要,帝国主义给中国造成了数百万区别于旧式文人或士大夫的新式的大小知识分子。对于这些人,帝国主义及其走狗中国的反动政府只能控制其中的一部分人,到了后来,只能控制其中的极少数人,例如胡适、傅斯年、钱穆之类,其他都不能控制了,他们走到了它的反面。学生、教员、教授、技师、工程师、医生、科学家、文学家、艺术家、公务人员,都造反了,或者不愿意再跟国民党走了。①

---

① 《毛泽东选集》第四卷,人民出版社,2009年版,第1485页。本文与《别了,司徒雷登》《"友谊",还是侵略?》《唯心历史观的破产》等四篇文章,均系毛泽东为新华社撰写的对于美国国务院"白皮书"和艾奇逊信件的评论文章。

在这篇社论中,毛泽东将钱穆与胡适、傅斯年一同归拢于"帝国主义及其走狗中国的反动政府"所能控制的"极少数人"之列,影响甚巨,故素以谨严著称的钱穆,难免就心存惶恐了。

其实,在毛泽东的这篇社论发表前后,共产党方面包括钱穆的一些亲朋好友,诸如钱俊瑞、吕思勉、顾颉刚、管文蔚等人,也都通过各种渠道,纷纷致信钱穆或他的朋友,诚恳地劝他留在大陆,服务于新政权。特别是他一生的知己顾颉刚先生,先后十一次致信钱穆在港的朋友,殷切致意,期盼他"设法早归",以继"旧时学业"。但钱穆私下考虑再三,还是终不为动,最后决意在香港落下身来。

钱穆、唐君毅远赴香港不久,张其昀即奉蒋介石之命前往台北,钱穆原拟与张其昀共同办学的事遂化为泡影。张其昀临行之前,执意邀他一同赴台,但钱穆又再三权衡,终未应允。

滞留香港的钱穆,初为生活所迫,只好到位于沙田的华侨工商学院做个普通教员。此间,他先是住在朋友赵冰家中,后又担心会给朋友家中增添不必要的麻烦,于是就搬到一所中学教室住了下来。

初到香港的钱穆

1949年"双十节"这天,流亡于香港且由大陆人士创办的亚洲文商夜校正式开学,由于钱穆的声名和影响,他被聘往该校任教并担任校长。

亚洲文商夜校原由张其昀、谢幼伟、崔书琴等人发起创办,但夜校开学之时,张、谢两位主创人均已离港赴台,所以便推钱穆担任校长并兼任文史系主任,主持校政,崔书琴任教务主任,唐君毅则主持哲学教育系。

夜校草创之初,既无资金,又无场地,困难可想而知,但钱穆、唐君毅等通过不断努力,硬是将夜校办得有声有色。

钱、唐等人艰苦办学的精神终于感动了香港实业家王岳峰先生。王先生毅然出资为夜校在英皇道海角公寓租赁了几间教室,总算使学校暂时安定下来。

亚洲文商夜校原定夜间上课,但1950年3月1日过后,钱穆便将夜校改为白天上课,同时还将职业学校改为大学,时设文史、哲学教育、商学、经济、新闻社会和农学等六系,并将学校易名为"新亚书院"(New Asia College),蕴含"亚洲新生"之意。

当时,新亚书院不仅是香港唯一的一所中文大学,也是香港唯一一所不谋私利的大学,钱穆、唐君毅等人均以"全副精神"而"注于新亚",其精神与毅力令人佩服。此时,钱穆有明确的设想,提出新亚书院是在"发扬中国文化为教育之最高宗旨"的前提下,以弘扬中国传统文化为己任,将大陆流落于香港的穷困失学青年培养成为中国文化的传承人。

新亚书院成立伊始,钱穆任院长,张丕介任总务长,崔书琴任教务长。但时过不久,崔书琴因事赴台,教务长一职遂由哲学教育系主任唐君毅兼任。当时,学生不足百人,且多为免费生,缴费生仅占学生总数的五分之一。

新亚书院改建后的校址位于桂林街。桂林街是从九龙区平民区中新辟出的一条街,一排都是四层楼,学校占其三单位中的三、四层,每单位每层约三百英尺。三楼三单位中,一单位是学生宿舍,另两个单位各间隔成前后两间,前屋两间向南,各有一个阳台,由张丕介、唐君毅夫妇分住;后屋两间,一间为钱穆居住,另一间则是办公室,兼钱穆、张丕介、唐君毅三家公用的厨房。有鉴于此,有人便称新亚书院是一所"难民学校"。

新亚草创之初,师生来自大陆的四面八方,他们多是只身离开故乡前来香港的。据曾在该校读书的苏庆彬先生统计,师生来自二十余省,其中不乏名人后裔,诸如中文系学生李家淑为李鸿章的后裔,英文教师翁凌宇(舲雨)为翁同龢的孙子,艺术系教师曾堉不为曾国藩的后裔,中文系学生李素为李济深的女儿,此外还有袁世凯的孙子袁家麟、袁鹤翔等。学校的教育方式则继承了蔡元培的"兼容并包"思想,讲究开放自由,生动活泼。"参与茶叙的校友,虽然有不同系别的,但彼此谈话自由自在,没有主题,大凡国际大事,国家情怀,社会大事,日常生活琐事,甚至母校的状况,都可畅所欲言,高谈阔论,表达自己意见。有人虽与别人意见分歧、相左,争论不休,彼此也绝不会翻脸,纯粹是'自由讲坛',抒发自己平日的胸臆而已。"①

钱穆作为新亚书院最重要的主事者,在十分艰苦的条件下,他讲课依旧保持着往日的风采,对学生每以谆言相告。对此,新亚书院学生苏庆彬在回忆录中写道:

有一次上"韩文"课时,钱师拿出上次的作业,一开口便说:"你们读书,还未能深入了解作者文章的意思,动辄喜欢去作批评,只学会了做学问要有一套批判精神,而忽略了一个人读书,首先要清楚了解作者文章的本义,这是对作者应有的敬意。到了有深入了解,然后才去作出评论。而今,你们动不动就断章取义,去找一点点无关弘旨的问题,就恣意去大作文章。这都是今天年青人读书的通病。"……

钱师在这堂课上,很激动地给予我们一次严厉的教训。他又继续地说:"读韩文应该细心去领略,不能只凭一时粗浅的认识,便以为找到了古人的把柄,凭个人的主观见解,任意指摘、评论与攻击,来显示自己的真知卓(灼)见。"钱师的话,正如清人章学诚批评评点派所说:"以古人无穷之文,而拘于一时之心手。"钱师再继续说:"我读韩文公的文章,通常都读好几遍。例如读韩文公的《送孟东野序》一文,在不同时期,读了不少于

---

① 苏庆彬:《七十杂忆:从香港沦陷到新亚书院的岁月》,中华书局(香港)有限公司,2011年版,第237页。

百次。而每一时期阅读,都有不同的领会和心得。"①

在新亚书院授课时,钱穆总是言传身教,循循善诱,恂恂夫子形象遂成新亚校园一景,为广大师生所服膺敬佩。而于钱穆创办新亚书院的初衷,苏庆彬又写道:

从林仰山教授与钱师一段交往来看,可以体会到钱师创办新亚书院,是具有一种文化使命,不惜任何艰苦支撑下去,绝不是为了名利,他曾自谓:"虽或名利当前,未尝敢动其心",如果要为个人的名利,此时唾手可得,何必推辞而转介别人。②

新亚书院创立之初,完全是一穷二白,当时仅有几个创办人为数不多的捐资,学生既无力缴纳学费,教师更无薪水可领。在此情况下,整个学校没有一个吃闲饭的人,连办理学校杂务的校役也没有,几间十分简陋的教室也是临时租来的。后来,钱穆的几位在港好友,因慕钱穆的办学精神,有的捐了一些资金,有的义务到校任教或讲座,如梁寒操、张国焘、卫挺生、罗香林、张维翰等人,都不同程度予学校以相应的帮助,或多或少地缓解了学校的困难。此外,钱穆还聘请了刘百闵、吴俊生、任东伯、余协中、陈伯庄、杨汝梅等知名教授和各界知名人士,到校接任专职或兼职教师,教师阵容远远超过了香港大学中文系的师资力量。在钱穆的倡导下,新亚书院以儒家教育理想为宗旨,校中挂着孔子的画像,实行儒学教育。钱穆还为书院制订了这样的办学宗旨:"上溯宋明书院讲学精神,旁采西欧导师制度,以人文主义教育为宗旨,沟通世界东西文化,为人类和平、社会幸福谋前途。"

钱穆常对师生们说:"生命愈奋斗,就愈有价值,无奋斗的生命,终将会枯萎。"借此鼓励师生们积极进取。与此同时,他还与唐君毅等人相商,

---

① 苏庆彬:《七十杂忆:从香港沦陷到新亚书院的岁月》,中华书局(香港)有限公司,2011年版,第226-227页。
② 苏庆彬:《七十杂忆:从香港沦陷到新亚书院的岁月》,中华书局(香港)有限公司,2011年版,第183页。

将书院校训定为"诚明"。诚明,乃是取《中庸》一书中的"自诚明,谓之性;自明诚,谓之教。诚则明矣,明则诚矣"。

在创办新亚书院过程中,钱穆特别注重对学生的精神培养,不但讲究读书,更注重于做人,对学生进行人格精神的训练,强调读书与做人并重,学校的第一责任就是教学生会做人。在一年一度的开学典礼和毕业典礼上,他每次都要讲做人的道理,告诫学生们首先要树立大气象、大目标,以"领导社会,移风易俗"为一流的志向所在,关注社会,服务时代。正如他早年对严耕望等弟子之所讲:"一个人无论读书或做事,一开始就要宏大高远,否则决无大的成就。一个人的意志可以左右一切,倘使走来就是小规模的,等到达成这个目标后,便无勇气。……求学不可太急,太急,不求利则求名,宜当缓缓为之;但太缓,又易懈怠。所以意志坚强最为要着!"

新亚书院成立后,校庆日定为10月10日,也即中华民国的"国庆节",后改为孔子诞辰日——九月二十八日。从这里也可以看出钱穆的良苦用心之所在——新亚书院原有的校庆带有"政治"意义,从此便转变为具有浓厚的"文化"意味。他在《我和新亚书院》一文中有过这样的诠释:"我坚定信仰中国文化有价值,它决不会使我们无价值。同时,我还坚信我们必将重回大陆。这一信念从哪里得来?乃是从我一辈子努力在要求了解中国历史和中国文化价值的过程中得来。我们为了准备迎接行将来临的光明,必须懂得'藏器待时'。我们办学校就是要为国家民族'藏器',将来必有一日可以用上。总而言之,我们新亚书院的意义和价值,即是寄托在对国家民族前途的信仰上。终有一天,光明将会在大家的共同努力下来临,那一天才是我们的国家、学校一(同)期待的日子。"

为了将新亚书院办好,钱穆从社会各界礼请了精通古琴、二胡、古筝、箫、笛等民族器乐的专业教师,到校为学生上课,陶冶他们的情操。他时常亲自带学生外出游览参观,借以丰富学生的自然知识。每逢节假之时,还在学校中组织举办各种晚会及其他活动,有时他还会亲自上台演奏,赢得了师生们的好感和亲近。曾是新亚早期学生的唐端正后来回忆说:"钱先生是一个很懂得生活的人,当他任新亚书院院长时,新亚正在艰苦中发展,钱先生除了每天应付纷繁的行政事务外,还要从事著述和教学,可是我从来不觉得钱先生是个忙人。在繁杂的工作中,钱先生总是不徐不疾,从容有度,显出一种敬业与乐业的精神。工作对他而言是一种生活,他永不感到厌烦,更不会视为一种无可奈何的责任。"

1950年初,钱穆在港创办新亚书院后,即写信要其三个儿子到港读书,但其三子皆违愿不往,令钱穆极为不快。

新亚书院创办之初,钱穆与后来被称为"第二代新儒家"代表人物的唐君毅、徐复观、牟宗三等有过密切的交往,并得到过他们不同程度的支持。

徐复观是湖北浠水人,早年曾在浠水和武汉等地求学,后一度入日本陆军士官学校专攻军事,归国后投身军界,参加抗战,以其才而得蒋介石的信任。1942年,徐复观以国共两党联络参谋身份赴延安,与共产党高层领导人有过接触,后又从军界转到学界,并创办《学原》杂志,走上了由军事而政治并转学术之路,后来成了"第二代新儒家"代表人物之一。

因同乡关系,徐复观很早即拜湖北学界名宿熊十力为师,他也早就听说过钱穆的大名。因钱穆大徐复观八岁,徐复观对钱穆"敬之以前辈之礼"。1949年4月,钱穆在广州偶遇徐复观,又通过徐复观结识了一些滞留香港的国民党政要。未几,徐复观即赴香港创办《民主评论》杂志,钱穆则在香港创办新亚书院,两人时相往来,晤面颇多。此时,徐复观的《民主评论》杂志给予新亚书院以经济上的扶持,而钱穆、唐君毅等新亚教授则对《民主评论》予以文稿上的支持。新亚书院初创时期,钱穆常与徐复观相聚,有时书信往来,切磋学问,虽然有时意见并不相同,但并未影响他们之间的友谊。

牟宗三,字离中,山东栖霞人,1909年出生,1927年入北京大学预科读书,翌年考入哲学系,其间得拜熊十力为师。在北大读书期间,牟宗三虽然在哲学系上课,但常去听钱穆的历史讲座,并对钱穆推崇备至,曾称"讲秦汉史以钱宾四先生为最好""研究秦汉史莫不以钱先生为宗师"等。抗日战争全面爆发后,北大迁往衡山、长沙和昆明等地,牟宗三与钱穆曾有过从,并对钱穆多有赞语。

抗日战争胜利前后,牟宗三在中央大学哲学系任教。中央大学迁回南京后,牟宗三受该校哲学系主持者的排斥,遂于1947年秋与同门唐君毅诸人离开南京转赴江南大学。在江南大学时,他与钱穆相处几近二年,时常相伴同游太湖,把酒论学。1949年春,钱穆与唐君毅等同赴广州,旋奔香港,而牟宗三则转赴台湾。1960年,牟宗三又应钱穆之邀,前往新亚书院任教。那时,钱穆还将自己的一些家具让给刚到此地的牟宗三一家使用。牟宗三对钱穆较为推崇,他在所撰《历史哲学》中,曾称其中的"大事之叙述,多本于钱穆先生之《国史大纲》"。

其实,钱穆在香港的发展并非是一帆风顺的,说起来缘由甚多。

1958年2月28日,徐复观主持的《民主评论》杂志发表了由牟宗三、徐复观、张君劢、唐君毅四人联合署名的长文《中国文化与世界——我们对中国学术研究及中国文化与世界文化前途之共同认识》①。这篇文章约四万字,是当时海内外新儒学家的纲领性文件,在现代新儒家的发展历程中具有里程碑式的意义,后来还被很多学者视为海外新儒学形成之标志。

早在1957年2月10日,唐君毅在赴美访问讲学期间,曾与寓居美国的著名学者张君劢相遇并有过晤谈。两人深感西方学者对中国文化学术的研究方式及观点多有误会和不当之处。为消除这种误会和偏差,使世界各国学者对中国历史文化的生命能有一个真正的认识与了解,他们决定联名发表一篇文化宣言,阐述他们对中国文化的看法。两人商定后,即由张君劢分别致函唐君毅的好友牟宗三、徐复观,征求他们的意见。牟、徐二人接信后也复信表示赞同。后来,遂由唐君毅草成初稿,再分寄诸人过目增删。张君劢、牟宗三看后,未表示其他意见就直接签了名,徐复观则提出了两条修改意见,唐君毅在修改中也吸收了其对民主政治方面的看法。

早在是稿起草时,张君劢就曾致信唐君毅,询问"宾四见解是否与吾辈相同",言外之意颇想邀其参加。就在宣言起草之时,徐复观又专门致信钱穆,希望他能加入其中,共同联名发表。对此,钱穆于是年8月1日

---

① 是文又名《为中国文化敬告世界人士宣言》。

的回函中明确地表达了自己的反对意见,并说:"君劢先生意欲对中国文化态度发一宣言,私意此事无甚意义。学术研究,贵在沉潜缜密,又贵相互间各有专精。数十年觉颓风度已极,今日极而思反,正贵主持风气者导一正路中。此决不在文字口说上向一般群众耸视听而兴波澜,又恐更引门户壁垒耳。"

对于钱穆的反对和拒绝签署,张、唐、牟、徐四人皆不以为然,宣言照常发表。此后,钱穆在致学生余英时的信中又表达了自己同样的看法,并说:"年前张君劢、唐君毅等四人联名做中国文化宣言书,要穆联署,穆即拒之。曾有一函致张君,穆向不喜此等做法,恐在学术界引起无谓之壁垒。"

得悉钱穆拒签宣言以后,时在美国的张君劢仍未放弃做钱穆的工作。在张君劢看来,联署宣言并非一时的心血来潮,而是深思熟虑的产物,诚如他们在宣言第一部分所说的那样,"我们联名发表此一宣言","乃是曾迭经考虑"。此后,钱穆与徐、唐、牟等第二代新儒家的关系渐行渐远,虽然也有其他一些重要原因,但与此事却有直接的关系。对此,台湾著名学者龚鹏程在《重新倾听他的声音——敬悼国学大师钱穆先生》中曾写道:"原先号称当代新儒家主要基地的新亚,人员内部也产生了分化。新儒家中,如牟宗三、徐复观、张君劢先生,都与先生凶终隙末。牟先生不同意钱先生尊朱的观点,徐先生、张先生不同意钱先生对中国政治传统较具温情的讲法。争论结果,钱先生当然益行孤独了。本来是风雨如晦,故嘤鸣以求友,不料在共同对抗时代的阵营里,却因策略及见解之不同而分道扬镳。在我们后学看来,尚且觉得遗憾,先生本人,必然更为伤感罢。"

钱穆、唐君毅等人在新亚书院创立初期历经艰辛,使香港各界人士不免刮目相看,钱穆、唐君毅也因此受到了香港政界的关注。时任香港大学中文系主任的英籍人林仰山,十余年前就与钱穆在齐鲁大学相识,且素知其为人,当他看到钱穆办学十分辛苦且无资金时,就力劝钱穆到香港大学教书,并答应给钱穆比其他同级教授更高的待遇,但钱穆将初创的新亚当作自己的孩子,不忍离开。于是,他又请钱穆到香港大学兼教,钱穆又以新亚正是草创、诸事维艰、实不容再到他校兼教为辞。林仰山见此,只得对钱穆说:"您来港大,港大诸生皆可受益,且港大中文系的诸多事务也仰仗您来指教。"钱穆无奈,只得应允必要时可参加港大中文系的一些活动,但坚决拒绝到校担任职务。

为使新亚书院能得以顺利发展,钱穆在与各董事、教师商议、讨论的基础上,制定了学校五年发展规划(1954—1959)。在新亚书院的专业设置上,钱穆对原有系科进行了适当调整,使之更加规范并合理,也更适应新亚书院的特色。当时,新亚书院设有中文、外文、历史、哲学、教育、经济、商学等七个系科,同时还拟筹办中国艺术系和农学系,学校在各方面日渐走上正规大学的发展之路。

钱穆带着新亚的师生们经过几年的艰苦创业和奋斗,才使新亚书院逐步摆脱极度困难并走上广阔的发展道路。钱穆、唐君毅等人呕心沥血、勤奋工作和忘我办学的精神,使许多晓知内情的人都感动不已,同时赢得了香港各界的同情与尊重,吸引了各界关注的目光,也得到国际的承认与支持。1953年,新亚书院得到了美国雅礼董事会的赞助,该董事会允诺每年为新亚书院助款二万五千美元。

尽管雅礼董事会对新亚予以一定资助,但钱穆也有自己的办学宗旨。他坦诚地对美方人士说,新亚书院有自己的办学宗旨,即使得到资助,也不能把新亚改变成一所教会学校。对此,美方人士也表示认同和接受。

最后,雅礼协会答应不干涉新亚书院的管理。1954年4月,新亚书院与美国雅礼协会在新亚举行合作协议签字仪式,钱穆在致辞中称,双方合作"该是中美文化合作的新纪元,也该是中西文化合作的新纪元。这次合作,在精神上与方式上,都是革命性的创举,和过去的一般合作前例不同"。是年夏秋之交,美国雅礼协会对新亚资助的第一批资金到位,钱穆即在嘉林道租房一幢作为新校舍,学生则分于嘉林道及桂林街两处上课。虽然如此,但钱穆又向美国方面提出,雅礼协会可派人驻校,但不能过问校政。后来,雅礼协会驻校代表郎家恒不但向校方推荐教员,而且建议在孔子像边挂上耶稣像,都为钱穆所拒。钱穆说:新亚不是教会学校!

不久,新亚书院又得到美国福特基金会的捐款,后来又在美国哈佛燕京学社的资助下,兴办了新亚研究所。新亚研究所成立后,唐君毅、余协中、张丕介等任专职教授,钱穆又礼聘香港大学的刘百闵、罗香林、饶宗颐等为校外考试委员,并请香港教育司派人监考。

时间跨入1955年,新亚书院越办越好。面对学院的美好前景,钱穆在《新亚五年》一文中,对几年来的艰苦办学经历做了如是回顾:

> 只要有理想,必然须奋斗。只要须奋斗,必然是艰苦的。而且必然要有一段长时期的过程的。若不必要经历一段长时期的艰苦奋斗历程而可垂手而获的,这便不成为理想。无理想,也便是无精神。所以若要保持我们五年来大家珍惜呼号的所谓"新亚精神",则莫忘我们五年来艰苦奋斗的历程。当知,纵然经济有办法,那种长期的艰苦奋斗,则以后必然和以前并无二致的。或许会愈向前愈加艰苦的。否则,一定是失却了它原有的精神了。①

> 新亚这五年来,永远在艰困中。校舍是如此般局促而简陋,图书是如此般稀少而缺乏,教授们永远没有正式的薪给,老抱着一种牺牲的精神来上堂。学生们大多数交不出学费,半工半读,老挣扎在饥饿线上来校上课,而且是愈来愈穷了。他们凭借这学校几堂课,来作为他们目前生命唯一的安慰,作为他们将来生命唯一的希望。在此一种极度的穷窘困顿之下,不期然而然的,叫出一句口号来,说是"新亚精神"。所以我常说:新亚精神,老实说,则只是一种苦撑苦熬的精神而已。②

1955年6月27日,香港教育司高诗雅和香港大学中文系主任林仰山等共同建议,为表彰钱穆的办学精神和对香港教育所做的贡献,借香港大学毕业典礼之机,时任"港督"的葛量洪亲自授予钱穆香港大学名誉法学博士学位。对此,香港教育家刘百闵评论道:

> 钱先生这次获授港大学位,对钱先生自己说是没有什么意义,或者会感到"尊之不足加荣",但是对我们说,却是同感光宠,尤其是站在中国的

---

① 钱穆:《新亚遗铎》,九州出版社,2011年版,第42页。
② 钱穆:《新亚遗铎》,九州出版社,2011年版,第39页。

学术文化立场来看,其意义却是重大的。昔日朱舜水先生亡命日本讲学,为当地朝野人士所尊重。钱先生今日在香港的处境亦然,正足以与朱氏先后媲美,互相辉映。

1955年10月,钱穆又亲自为新亚书院制定了校徽。与此同时,钱穆还命人在新亚书院校内竖立了一尊孔子的塑像。1960年,钱穆将新亚校庆日改为孔子诞辰日——九月二十八日。为此,钱穆专门作《孔诞与校庆讲词》的说明,他在文中总结说:"我们每一人,应有一份责任心,不仅为国家民族,也是为世界全人类。我们该发扬我们中国的文化传统,我们是中国人,就应该尊重中国文化。要尊重中国文化,就该尊重孔子。"

1956年1月17日,坐落于九龙农圃道的新亚书院新校舍落成,是由美国福特基金会捐款兴建的。当时,担任"港督"的葛量洪即将退休卸任离港,当他来到新亚新校舍参观时,很是赞许,而福特基金会派去巡视的代表也表示颇为满意。

按钱穆当时的设想,他是准备将新亚书院建成一所正规的综合性大学的。他甚至还想,首先要将艺术系建立起来,在得到发展后可成为与文学院、商学院三足鼎立的艺术学院。不过,筹建艺术系是第一步,等条件成熟后,再另行筹建理学院。1957年2月,在社会各界的资助与支持下,新亚书院成立艺术专修科,以教授中画为主、西画为辅。1959年秋,新亚艺术系正式成立并向社会招生。此时,钱穆夫人胡美琦也从美国回到香港,师从艺术系画家顾青瑶女士。1958年暑假,原美国耶鲁大学教授、雅礼驻新亚书院新任代表罗维德向钱穆提出,新亚书院要谋得发展似应增设理学院。钱穆听后,便说自己早有此意,只是所需经费过多而不好提出,现由美方代表先行提出,能实现此愿当然是锦上添花了。在罗维德的积极斡旋与运筹下,新亚的数学系、生物系于1960年同时筹建,翌年又设立了化学系、物理系。理学院后来也终于应运而生。

在钱穆的心中,新亚书院的前途与发展既是为中国人,就理应了解中国文化,而中国艺术则是中国文化的体现,所以学生必须了解中国艺术,因此新亚书院创办艺术系是在情理中的事。对于创办新亚书院艺术系的

初衷及艰难的经历,钱穆二十年后在《从中国历史来看中国民族性及中国文化》一文中说:

> 我很希望提倡中国的艺术,所以我在新亚书院曾特别创办了一艺术系。我当时最想的,是要叫大家懂得中国画,再进而懂得中国的人生。一言蔽之,中国的艺术就是中国人的人生。最高的艺术亦必是道德的。

作为在高校执教数十年的知名学者,钱穆虽然立足于传统中国文化,但也知东西文化的融合是大势所趋。所以,钱穆也早有创办理学院的设想,借以实现将新亚建成综合性大学的宏伟架构。对于创办理学院的设想,钱穆在《第十届毕业典礼致辞》中讲道:

> ……本校提倡中国文化,决非抱残守缺。文化内容理当日求创新,即本校文学院,文、史、哲、艺术各系一样中西并重,并不走上偏枯之路。……因此本校教育理想,不仅是理科、商科方面之各种学术技能可以增进中国固有文化传统之内容,抑且重在发扬中国固有文化,可以对理科、商科各门学问赋与以更新之使命,开创其更新之前途。①

1959年,在钱穆等人的努力下,新亚书院拟在距市区不远的九龙荃湾成立附属中学,并聘时在台北的沈亦珍来港担任校长。

在香港的这些年,作为新亚书院掌门人的钱穆,始终以执着的精神,孜孜以求,精心地管理着新亚的校务;在教书的闲暇,他更是抓紧一切时间读书、著述,取得了丰硕成果,先后撰写和出版了《中国历史精神》《文化大义》《人生十论》《中国思想史》《宋明理学概述》《中国思想通俗讲话》等专著,此外还有不少重要的论述文化的文章。与此同时,他还将旧时发表的重要论文、演讲稿等汇编成书,如《国史新论》《四书释义》《庄老通辨》《两汉经学今古文平议》《民族与文化》《学钥》《论语新解》《中国文

---

① 钱穆:《新亚遗铎》,九州出版社,2011年版,第361-362页。

学讲演集》等。

1964年，钱穆与师生们迎来了新亚书院创办十五周年纪念日。在这十五年中，钱穆付出的辛苦有目共睹，他将新亚越办越好，从而赢得了国内外人士的一致称评。面对新亚书院十五周年纪念日的到来，钱穆心潮澎湃，感慨万端，于是开始撰写他的又一本新著——《新亚遗铎》。书中全面记录了新亚书院创办的历史，从某种意义上说，新亚精神就是中国文化精神，也是钱穆作为一个传统的中国知识分子一生孜孜以求的精神。

二、续缘香江

1955年前后，是钱穆在香港办新亚书院最有声色的时期。此时，不但新亚书院走上了正常的发展轨道，钱穆也迎来生命中的又一次爱情——与胡美琦结为夫妇。

胡美琦出生于1929年，原籍江西南昌。其父胡家凤，字秀松，生于清光绪十二年（1886），早年入北京法政专门学校读书，民国元年毕业后即被任命为教育部主事，与陈衡恪、鲁迅、许寿裳等为同事。北洋政府时期，在"赣人治赣"的呼声下，胡家凤被任命为江西省教育厅厅长，此后相继又任中国大学、华北大学、北平大学和警官高等学校教授，一度还担任过盐务学校教务主任兼校长等职。1930年被时任青岛市长的胡若愚聘为青岛市政府秘书长，1939年升任山东省政府秘书长，未几又改任国民政府国防最高会议第一处处长。熊式辉主政江西期间，邀其回江西担任省政府秘书长。抗日战争胜利后，熊式辉任东北行辕主任，又邀请他担任东北行辕秘书长等要职。1948年4月，胡家凤被任命为江西省主席。1949年夏初，人民解放军兵临江西，胡家凤遂携家人赴港暂居。

1949年初夏的一天，钱穆应在港经商的无锡同乡丁熊照之邀参加其家宴，由此得与来港不久的胡家凤相识。此前，胡家凤为官多年，颇有政声，兼以在教育界多年，对钱穆也早有所知，只是未晤面而已。两人此番相见，颇为投机。1962年，七十七岁的胡家凤因病卒于台北，钱穆十分悲痛，题以挽联曰："公一代完人，淹化何期成隔世；婿分属半子，清晖永缅足终生！"此是后话。

胡家凤与夫人育有六子八女,五女胡美琦是位具有新思想的女性,喜欢教育学与心理学,对从事乡村教育的陶行知极其服膺,立志要办一所像晓庄师范那样的学校。1948年,胡美琦考入厦门大学攻读教育学专业。1949年夏初,江南时局骤变,胡美琦离开厦门赴港。到港以后,胡美琦一时不能进入大学,只能暂时待在家中。

胡家凤与钱穆相识后数日,胡美琦便在父亲的介绍下进入新亚书院。1950年下半年,胡家凤被蒋介石任命为"国策顾问",不久即携家人入台定居。时熊式辉仍暂居于港,胡美琦因就读于新亚书院而仍留港,一直住于熊式辉的家中。胡美琦在新亚读书仅有年余,之后转入台中师范学校(后易名为台中师范学院)就读。此后,她一边在该校图书馆服务,一边自修学业。

熊式辉与钱穆早就相识,在港时又往来较多。胡美琦在新亚读书期间,对钱穆也产生了很大的兴趣,特别是对他讲授的中国通史课,听得更是十分入迷。

胡美琦离开香港之后,钱穆仍在香港办学。师生暂时分别了,但一件意外事故却使他们师生重逢并得续结良缘。

1951年冬,时任台湾"战略顾问委员会主任委员"的何应钦在赴港时特与钱穆相晤,力邀其赴台湾讲学。钱穆应允后,遂于1952年春赴台湾做题为"中国历代政治得失"的讲座。讲座分汉、唐、宋、明、清五大部分,后来整理成《中国历史精神》一书,并被香港大学中文系定为必读参考书目。钱穆讲学结束后,正要返回香港,适逢朱家骅又力邀其为台湾的"联合国同志会"做演讲。钱穆与朱氏是旧相识,所以应允下来。演讲本来定在3月中旬,但因故推迟到4月16日。

到了4月16日这天,钱穆应约赴淡江文理学院(后易名为淡江大学)的惊声堂开讲。演讲结束后,他正待回答台下的提问,不意新竣伊用的惊声堂屋顶泥石块猝然落下,台湾"立法委员"柴春霖当场罹难,钱穆的旧友田沛霖也被石块击中受伤,钱穆则被石块击中头部后当场昏迷过去,而独在钱穆旁边的朱家骅却安然无事。

惊悉老师钱穆险遭不测并住进医院,胡美琦立即请假从台中赶到台北的医院探望。

钱穆的伤情减轻后,受台北广播公司之邀赴该公司设在台中存德巷的空房疗养。此时,胡美琦在台中师范学校图书馆工作,得悉老师到台中疗养,她又到老师的住处探望。此后,胡美琦每天下午下班后都要到老师的住所,为老师烧菜做饭,兼代做些洗衣等琐碎杂务,然后师生共进晚餐。每逢周末,胡美琦来看老师时,常陪老师到公园散步,观赏台中的名胜古迹,风雨无阻。经过胡美琦四个月的精心护理,钱穆恢复了健康,两颗心也走近了许多。

钱穆伤愈后,即转经台北返港,但存德巷师生的相处却使两人之间的了解更进了一步,惊声堂这场灾难也化成了好事一桩,让年轻贤淑的胡美琦真正地走进了钱穆的私人生活。

1954年7月,钱穆应蒋经国之邀赴台湾青潭,为"青年救国团"做"中国思想通俗讲话"系列演讲。胡美琦得知消息后,心中十分高兴。此次,两人又得相见,她每天陪着钱穆撰写演讲书稿,乐而不疲。

此前的钱穆,虽然在治学的道路上较为顺利,但他个人的婚姻生活却历经多变。

早在1910年底,十五岁的钱穆从常州府中学堂退学回家,因年关已近,无事可干,钱穆就在家中看书自学。此时,刚刚结婚的长兄钱挚见弟弟日渐长大,遂与母亲相商,准备为弟弟订门亲事。说来也巧,距七房桥十余里的后宅镇有户姓沈人家,因素慕钱家门风,于是央人登门说亲。沈家男主人是个善良的乡村医生,在当地很有些名声,育有一子一女:长子继承父业,时正在上海同济大学攻读西医;小女则与钱穆同庚,待字闺中。钱家是书香门第,沈家是一方名医,两家均以厚道淳朴的门风闻名乡里,故也算得上门当户对。钱穆素来孝顺,听任母亲与长兄安排,对这门亲事倒也满意,两家一拍即合。钱穆在与沈家姑娘订婚后,春节一过,就高高兴兴地到钟英中学读书去了。

不幸的是,沈家姑娘不久即因病亡故。钱穆与沈姑娘的婚事虽然未谐,但钱、沈两家的关系却延续了下来,后来一直有往来,沈家长子大学毕业后还曾多次为钱穆的母亲看病。

1917年秋,二十二岁的钱穆由长兄做主,与后宅镇的邹家姑娘结婚。此前,钱挚、钱穆兄弟均在后宅教书,故两家相互也有较多的了解。1928年8月,邹氏因染产褥热遽然辞世,新生婴儿数日后也亡。钱穆在兄长钱挚的帮助下料理完了丧事,遂匆匆赶往苏州中学。

翌年,钱穆又经人介绍,在苏州与张一贯女士结婚。钱、张二人结婚后,生活颇为圆满,张氏先后生了长子钱拙、次子钱行、三子钱逊、长女钱易和次女钱辉。但是,由于钱穆经年任教在外,与张一贯离多聚少。1947年,钱穆应邀到江南大学担任文学院院长,这才与夫人张一贯和子女们重聚,在一起又共同生活了近两年时间。1949年4月,钱穆因南下广州,之后又转赴香港,此后数十年便与张氏和子女们长期分离。此后,张一贯一直居于苏州,与子女们生活在一起,直到1978年病逝。

胡美琦自从大学毕业以后,感到自己的生活中再也不能没有相知相爱的钱穆了,于是就乘机飞往香港与钱穆相聚。钱穆此时也无法抵制自己对晚年幸福生活的向往,遂也鼓足勇气向胡美琦正式求婚。多年的风风雨雨和共同的理想追求,终于将两颗相爱的心融为一体。

在1955年旧历 年当中,钱穆可称得上是"三喜临门":一是新亚书院获美国雅礼协会赞助;二是钱穆获得了香港大学的名誉博士学位;三是与胡美琦佳偶天成,续缘香江。1956年1月30日,旧历腊月十八日这天,时年六十岁的钱穆与二十七岁的胡美琦,在九龙亚皆老街的更生俱乐部举办了简单而又热闹的婚礼。这段老夫少妻的金玉良缘被学界传为佳话。当时,喜不自胜的钱穆,即兴写下了一副对联,借以表达心中的喜悦。联曰:

劲草不为风偃去;
枯桐欣有凤来仪。

钱穆和胡美琦结婚后,始终过着简朴而又幸福的生活。他们先是在九龙钻石山贫民窟租一小楼,有客人来访时,因地方狭窄,只能坐于床前凳上与来客相谈。那时,胡家凤建议女儿赴美留学,以期在学业上有所发展,胡美琦也正有此意,于是就在征得丈夫同意之后,赴美国加州的伯莱克大学教育研究院深造。但胡美琦到美国之后,又担心丈夫的生活无人料理,遂于1959年春提前结束学业返回香港,回到了钱穆的身边。1960年,随着家庭生活条件的日渐改善,夫妇俩先后迁至沙田和风台五号,一直居住到1967年迁往台北。

从美国加州回到香港后,为了改善贫穷的生活,胡美琦先是到一所中学任教,每天都要过海上班,匆匆忙忙回家后还要照顾钱穆的生活起居,每个月挣得四百元钱,几乎全部用于补贴家用。有时钱穆病了,胡美琦予以百般照料,使他能得以早日恢复健康。二人婚后三十余年,胡美琦总是给钱穆以无微不至的照顾;而在事业上和工作上,钱穆则又总是给胡美琦以悉心指点和帮助,使爱妻在教育史的学术研究上取得了不少的成绩。特别是他们夫妇定居台湾之后,胡美琦又开始在钱穆的帮助下研究中国的儒家教育,以加深对中国传统教育的认识,闲暇之时她还要去听钱穆给研究生开的讲座。1971年下半年,胡美琦应"中国文化学院"历史系之邀讲授中国教育史,每次上课回到家中,她都会将讲课的内容和个人心得讲给钱穆;钱穆认真倾听过后,也总是为爱妻再做必要的讲解,使爱妻对中国的传统教育有更深层的认识。数年过后,胡美琦开始集中精力撰写《中国教育史》。是书初稿完竣时,钱穆还对书稿予以必要的润色和文字修订。此书于1978年在台湾出版,之后还被列为高校用书。可以说,《中国教育史》一书凝结了他们夫妇共同的心血。

钱穆曾对胡美琦说,他不希望她是一个只懂家务的主妇,更希望她做一个懂得他、了解他的知己。晚年的钱穆佳作迭出,有令人意想不到的巨大成果,与他的这次婚姻有极大关系。1990年1月30日,是钱穆、胡美琦结婚三十五周年纪念日,面对众多前来祝贺的宾客,胡美琦喜不自胜地写道:

钱穆与夫人胡美琦

尘世无常，性命终将老去；

天道好还，人文幸得绵延。

钱穆晚年失明，行动不便，听觉也不大好，生活起居几乎完全仰仗胡美琦的照料。后来，胡美琦还对丈夫的书稿进行认真的整理，使之得以出版。从一定程度来说，钱穆能得以颐养天年，并对中国文化的传承与发展做出巨大的贡献，他晚年的忠实伴侣胡美琦功不可没。素来对钱、胡夫妇了解较深且曾任新亚书院第七任院长的金耀基，在《怀忆宾四先生》一文中曾动情地写道：

钱先生一生多在读书、写书中渡（度）过，晚年眼疾，既不能读，又苦于写，一定给他许多痛苦。我知最后几年他写文章全凭记忆，而钱夫人胡美琦女士则成为他唯一依靠。为了整理宾四先生的旧稿，胡女士需一字一字诵读，钱先生则一边听，一边逐字修改。一遍之后，复又一遍，如是者再，可谓字字辛苦，得来不易，而数百万言的书稿，就是这样整理、完成的。读者都了解，没有钱夫人，钱先生不可能享此高寿，更不要说他离开新亚之后，还有这么多著作与世人见面了。故一谈到钱夫人，钱先生的门生没有不由（油）然生尊敬感激之心的。而钱先生在大陆的几位子女，对钱夫人的由衷敬爱，我是目见的。胡美琦女士是钱先生的真正知己，也是真正在钱先生大寂寞中生大共鸣者。①

1964年7月，钱穆辞去新亚书院院长后，终于从繁忙的事务中解脱出来，可以有较多的时间与夫人一起共享人生的快乐。他时常会携妻四处游走，观光游览。有一次，他与夫人一同观赏海边风光，心情舒展，诗兴大发，于是写成《海滨闲居漫成绝句四首》，曰：

---

① 中国人民政治协商会议江苏省无锡县委员会编：《钱穆纪念文集》，上海人民出版社，1992年版，第102—103页。

海楼一角漫闲居，云水苍茫自豁如。
摆脱真成无一事，好效年少日新书。

祸难奔忙岁月侵，居然觉乐有如今。
商量碧海青天事，俯仰前贤古籍心。

山作围屏海镜开，鸢飞鱼跃亦悠哉。
从客镇日茶烟了，夜听涛声入梦来。

风月宵来醉欲醒，云山长护日闲清。
无情都作有情客，却觉有情无著情。

对于老师钱穆与胡美琦晚年的爱情生活，钱穆的许多弟子皆有目共睹，并感触颇深。钱穆晚年的弟子何泽恒就说："大凡到过素书楼的人，无不承认钱师母对宾四师的贡献。确切地说，没有师母，便没有宾四师的晚年。"另一位钱门弟子严耕望也说："先生壮年时代，虽体魄强健，但为传统书生，不能自我料理生活。'抗战'期间，辗转后方，无家人照顾，常致胃病大发，苦受折磨。直到香港成婚，生活始上轨道。夫人笃爱情深，加以心向学术，以为维护先生健康，即为学术尽一分神圣责任。故于先生起居饮食，精心照顾，意趣情怀，体贴入微。伉俪情浓，老而弥笃，旧友新生，同声归美。"又说："先生奋斗一生，艰苦备尝，但晚福不浅，是人生最大快事。"

而对于夫人胡美琦的细心照顾，钱穆本人更是体会至深。他在1980年5月28日致小女钱辉的信中还特别写道："我对你们兄妹五人，最感负愧的是你，因我离家，你年太幼，我未尽少许为父之责，但我离家亦出不已。……你们后母，姓胡名美琦，今年五十二岁，我们结婚已二十五年，但未有子女。她亦以教读为生，最近和我同在一大学里任课，亦有几本书出版，最具学术性的是《中国教育史》。……我此数年来，双目失明，但还能写稿，都由你后母先誊正再改定。若非她，我此两年亦不能再写此许多稿。"由此可知，对于胡美琦的襄助之功和悉顾之情，钱穆是感念于心的。

钱穆去世后，伴他走过最后三十五年人生路的胡美琦悲情难抑，她在

回顾了与丈夫共同走过的风雨旅程之后,挥笔写下了这样的挽联:

结缡卅五载,亦师亦友亦知己,方期海宇升平,侍君百岁归田里;
传道八十年,惟仁惟恕惟礼让,讵料音容俱杳,哀我余生系梦魂。

有人这样评价胡美琦:"她是仰慕他的,她把他当成中国传统文化的瑰宝,生怕他有任何损伤。年轻的她对花甲之年的钱穆开始了无微不至的照料。她愿意为此奉献自己的一生。"

钱穆去世后,胡美琦每当思及丈夫生前与自己共同生活时的情形,心中总是不能平静。特别是对于"迫迁素书楼"一事(详见后述),胡美琦更是萦绕于心,她觉得丈夫一生以"士子"自居,人格上并无什么污点,于是她四处奔走,要求台北市政府重新调查。2002年3月29日,外双溪的素书楼被辟为钱穆纪念馆,这也可以说是为钱穆平反昭雪,澄清了事实真相。在素书楼辟为纪念馆的开幕典礼上,时任台北市市长的马英九还特别指出:"大师历经颠沛流离,在蒋公(指蒋介石)礼遇下选择台北作为晚年寓居、教书、著作之地,实在是台北市莫大光荣,怎能说是非法占用市政府财产?"

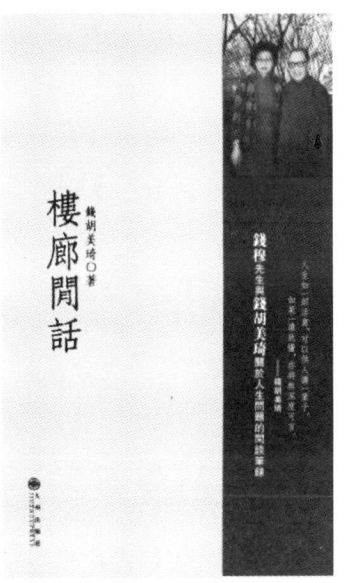

九州出版社出版的胡美琦撰《楼廊闲话》封面书影

后来,胡美琦在整理丈夫的遗文时又说:"每一提笔,不能自主,心已飘向远方。往事如泉涌,悲难自抑。"胡美琦深知,丈夫曾对自己说过"生不能回大陆,死亦要归故里"的话,于是决心完成丈夫这一遗愿。自丈夫去世后,胡美琦一面忙着整理丈夫留下的遗稿,一面又将丈夫归葬故乡一事列入议事日程,决心尽早完结丈夫的遗愿,将丈夫归葬于他终生热爱的故乡——太湖之滨。

三、讲学美国

1960年初,钱穆应美国耶鲁大学东方研究院之邀赴美讲学。接到邀请,钱穆将新亚书院校务托付给副院长吴士选之后,便偕夫人胡美琦同赴美国,开始他耶鲁大学的半年讲学之旅。

是年1月18日,钱穆偕夫人离港就道。途经日本东京时,停留了六天,除观光外,钱穆还应东京亚细亚大学之邀做了一场讲座。到美国夏威夷时,他们又停留三天,之后便经旧金山飞往纽约,于是月26日安全抵达美国东北部康涅狄格州纽黑文市的耶鲁大学。

在耶鲁大学讲学的日子里,钱穆将开讲的两门课程分别安排在白天和晚上,并由同系的华籍教授李田意担任随堂翻译。前来听课的是三位美籍博士,还有一位加拿大学生、一位中国留学生,以及耶鲁语言学校教师万荣芳女士等,另有十余位服务于耶鲁大学的中国人前来旁听,总计二十余人。

在耶鲁大学讲学期间,钱穆、胡美琦夫妇受到了美国方面的隆重接待。他们与耶鲁大学副校长同住于一楼,无论是讲学还是生活,抑或其他方面,钱、胡夫妇均觉得颇为满意。

耶鲁大学位于古城纽黑文市。这里风景如画,气候宜人。钱穆在授课之余,经常与夫人一道游览当地的名胜古迹,或到郊外游春、避暑,美丽的纽黑文给他们留下了难忘的印象。

有意思的是,钱穆此次在耶鲁大学讲学时还提出了这样一个论点:历史研究应将人物作为中心。当时,美国的卢定等学者对他的这一历史观不甚理解。钱穆对他们说,没有人怎会有历史呢?况且历史上的事也都是由人干出来的,而历史中所载是人的事,人的事理应以人为主、事为副。所以,研究历史理应以人为中心。钱穆还说,这一点也正是东西方学术上一个大不同的焦点之所在。在中国历史上,有很多无"事"的表现而成为历史上重要人物的,诸如颜渊等。司马迁以人物作为历史的中心,从而创立了列传体。他将这些人物写进了历史,这是他在史学上的一大创造。而西人写历史,还是中国古代《尚书》式的体裁,以事为主,对人忽略。从这一点来讲,西洋史学实是停留在我们的周公时代。美国的一些学者听了钱穆的这番话后,也都不好再说什么了。

钱穆在耶鲁大学讲学即将结束时,适逢该校6月13日举行第二百五十九届毕业典礼。为了表彰他对东西文化交流所做的贡献,耶鲁大学决定特别授予他名誉人文学博士学位,这是耶鲁大学历史上所授予的第十四位名誉博士学位。典礼这天,出席者达万人之多,耶鲁大学校长在颁授词中说:

> 钱穆先生,你是一个古老文化的代表者与监护人,你把东方的智慧带出了樊笼,来充实自由世界。你是新亚书院的创办人和校长,在教育中国青年的事业上,耶鲁是你的同志和拥护者。耶鲁大学鉴于你个人的天才和在学术上的成就,特授你以人文学博士学位。

当校长亲授钱穆名誉博士学位证书时,全场爆发出雷鸣般的掌声。钱穆本人也心潮澎湃,事后他对友人说:"彼辈事前并不知弟之名字,并多不知有新亚书院,只为中国人在此获赠学位者不多,而是日又有一中文播送,更属新鲜。彼辈之热烈鼓掌,只是为中国人表示同情,弟以一中国人在场作为一旁观人之心情,却不能不有一番深刻之感动。"

其实,钱穆说得不错,在此次授赠博士学位仪式上,该校校长还特意请李田意教授用汉语致辞介绍,这是耶鲁大学历史上在毕业典礼中首次使用汉语。

在耶鲁大学授课期间,钱穆还抓紧时间撰写十余年前就想写的《论语新解》。经过一番努力和夫人的帮助,终在离开耶鲁大学前夕使书稿顺利完竣。对此,钱穆特别写道:"全稿粗成,积十年来之心念,竟在远旅异邦中获偿夙愿,亦余终生所未有也。"

在此次赴美讲学之余,钱穆、胡美琦夫妇还在新亚旧时学生余英时等人的陪同下前往美国的纽约、华盛顿、旧金山、芝加哥、西雅图等地参观游览,与著名哲学家张君劢,语言学家李方桂,学者萧公权、顾孟余、施友忠、柳无忌、陈世襄等人相会晤谈,同时也与北京大学旧时的学生张充和等人相会,另外还在斯坦福大学图书馆与从台北前来的蒋梦麟不期而遇,留下了许多美好的回忆。

余英时是钱穆在新亚书院的早期学生,也是他众多弟子中学问做得最好的一个。余英时祖籍安徽潜山官庄乡,1930年2月7日生于天津,十八岁考入燕京大学历史系。1950年春,余英时在赴港探望父亲余协中时,得与钱穆相识,此后便听从父亲的建议改入新亚读书。是年秋天,余英时以大学二年级资格插入新亚书院读书。在新亚书院毕业后,余英时又成了钱穆的研究生。在他研究生毕业之时,钱穆力荐他赴美入哈佛大学留学深造。此后,钱穆在与余英时的通信中,还时常指导他做学问的方法,鼓励他向更高的境界迈进。看到弟子所取得的成绩,钱穆总是在高兴之余对余英时的父亲说:"此不仅兄之老福,亦弟晚年心情所切盼。若使英时能在弟旁亲眼看其一日千里之脱辔绝马也,弟之心情尽无愉快于此者。"对于余英时,钱穆还有如是之评:"英时天资英发,实拟往年张君荫麟,而醇厚过之,必有远到之期。"到了暮年之时,钱穆更是希望"有英时数人时时过从,谈论学术,放情山水",一如孔子率众弟子"浴乎沂,风乎舞雩,咏而归"之乐在春游。

钱穆在耶鲁大学讲学结束后,哈佛大学也邀他到该校做学术演讲。钱穆到哈佛大学做了题为"人与学"的演讲,并由时在该校担任客座教授的著名华籍学者、钱穆旧时的学生杨联陞担任翻译。

钱穆在美讲学受到广泛好评,还在异国他乡意外地遇到了一位来自云南的好友——缪云台。抗日战争胜利后,钱穆依旧滞留云南,得时任云南省立图书馆馆长的于乃义之邀,在其创办的昆明五华学院担任教席。此时,西南联大业已解散北归,而留在昆明的昔日旧同事也只剩下三人,其中一为北大中文系教授罗膺中,一为清华大学教授刘文典。钱、罗、刘三人此时都未回北平,所以便常聚于一起,或议论故都旧事,或畅谈南国逸事,甚得其乐。教书之余,钱穆常与罗膺中、刘文典去听滇戏。素有"云南谭鑫培"之誉,时已退休的滇中名伶栗成之,闻得三位教授皆谙滇戏,大为感动,于是重操旧业,粉墨登场;而钱、罗、刘三教授闻得栗成之雅谊登场,亦皆大喜。数场既罢,曲尽衷肠,在昆明传为佳话。后来,钱穆到了香港,偶遇滇人缪云台,当两人谈及滇戏时,不觉就谈到了名伶栗成之。缪云台闻得钱穆对栗成之赞不绝口,心下大喜,对他言道:"我曾随缪先生学戏两年,故也算是栗先生的弟子。今见君如此雅爱栗先生的戏,理当也为先生开腔一唱!"说完,他清了清嗓子,便有板有眼地为钱穆唱了两段。此次在异国重逢,钱、缪二人均喜出望外,聊叙别后情形,情若老友。

在美国讲学结束重返香港之前,钱穆与夫人胡美琦从7月1日开始巡游美国各地,还顺道参观了美、加两国边境上的尼亚加拉瀑布。之后,夫妇二人又到加拿大的多伦多大学参观访问,这里是他的长侄钱伟长二十年前留学的地方。参观过后,钱穆想到自己白发苍然而不能回归故乡,更不能与家乡的亲人相见团聚,心中感慨良多。

是年9月1日,钱穆、胡美琦夫妇正式离开美国,经伦敦、巴黎和罗马等地返回香港。

在英国的二十二天当中,钱、胡夫妇不但拜访了原在香港的英国友人毛琴等,也见到了著名学者陈西滢和其夫人、文学家凌叔华,先后游览了伦敦大学、牛津大学、剑桥大学等著名学府,观赏了伦敦城内的西敏寺、白金汉宫和英国国会大厦,传统的英国风情让他们夫妇大为惊叹,感慨不已。

离开英国后,钱穆与夫人又同往法国,尽情享受那里的闲逸风情。他们在法国游兴正浓之时,新亚书院来电说有急事要钱穆速归,钱穆只好提前结束欧洲之行,匆匆踏上回港归程。不过,钱、胡夫妇在归途的间隙,还是顺道参观了意大利的罗马古城,以及梵蒂冈和庞贝古城,对所见奇异美景啧啧称道。

钱穆偕胡美琦此番赴美讲学兼欧洲之旅前后近八个月。从讲学到游览,钱穆都有许多收获,他还从历史文化的层面总结出如下思想:"人类文化贵能推陈出新,不当舍旧谋新!"

晚霞满天

一、移居台湾

20世纪60年代末,香港的公办大学只有香港大学一所。为了适应香港地区高等教育的不断发展并与世界接轨,香港当局决定重建一所新的大学。后来,港方在多次研究过后,决定采用联邦制,拟将接受美国援助的新亚书院、联合书院和崇基书院这三家私立书院合并为一所新的大学。

早在20世纪60年代初,香港当局即有在香港大学之外另行筹建一所新大学的构想,这所大学也即后来的香港中文大学。当时,香港方面就曾拟以崇基、联合和新亚三校为基本学院,再选其他私立学院中办得有成绩的收编其中。

崇基书院是一所教会学院,创办时间稍晚于新亚,其经济也得益于美国各教会的支持。联合书院则由亚洲基金会出资,并集合其他私立学院所组成。当时,新亚、崇基和联合三校都不同程度得到过美国的经济援助,香港当局也因此自感不安,于是在创办新大学这一动议的基础上,拟将三所私立学院收编旗下。

对港方的这一动议,新亚的大多数教职员工表示不予理睬和配合。但钱穆却甚为赞同,他觉得自己年事已高,且又在研究中国历史文化,实无更多时间和精力打理繁重的校务,遂力排众议,主张合并。

1963年10月17日,港方在新界沙田正式成立香港中文大学,并决定先实行"联邦制",即将新亚书院等三所书院收编其中,各书院仍保持独立性。新大学成立之初,关于校名,有人主张用"中山大学",有人主张用"九龙大学",各执一词,互不相让,颇费了一番心思和口舌。钱穆认为,不如取其英文名(The Chinese University of Hong Kong)之译名,即"香港中文大学"。钱穆所提"中文大学"一名颇合多数人心声,故港方最后决定,新成立的大学名为"香港中文大学"。

关于香港中文大学的组建情况,毕业并曾任教于新亚书院的苏庆彬先生在回忆录中写道:

香港中文大学,是由崇基、新亚、联合三间书院组成的。三间书院的背景各有不同。崇基原是以广州岭南大学流亡到香港的师生为基础,所以名为"崇基",从校名可见仍带有浓厚的宗教色彩。联合书院顾名思义,是由一些从国内流亡到香港的教授各自创立的大专书院,后来由其中五间书院组成的,所以名为联合书院。联合书院的背后,是有香港社会具有经济实力的人士所支持。而新亚书院,则由一群大陆流亡到香港,为追求自由,希望能延续中国传统文化的学者所创办。那些学者都是"手空空、无一物"凭着一股理想的穷书生。其实三所书院各有不同的背景和理想。

三所书院中,以新亚创校最早,继而又创立新亚研究所,以研究文学、史学与哲学为主。所以后来在中大担任文、史、哲课程的三所书院毕业生,亦以新亚的较多。就历史系的教师而言,也是新亚的居多。①

新大学成立时,钱穆坚决反对英国人任大学校长。他曾声言:"我是一个中国人,我要提倡中国文化,站在国家民族的立场,我不能同意由英国人来任校长。"最后,港方决定采纳钱穆的建议,任用中国人为校长,第一任校长即为李卓敏。

香港中文大学成立后,学生毕业资格获得官方承认,教师待遇也得以改善。但香港中文大学第一任校长李卓敏,却在治校大政方针上有许多地方与钱穆所见相悖,在教授聘用和办学宗旨等关键问题上,更与钱穆存在着严重分歧,特别是1963年秋季开学前后,在新亚商学院院长杨汝梅教授和新亚理学院院长杨仪尊教授的聘任等问题上,钱穆主张续聘,而李

---

① 苏庆彬著:《七十杂忆:从香港沦陷到新亚书院的岁月》,中华书局(香港)有限公司,2011年版,第278—279页。

卓敏主张辞退,二人意见相左,互不相让。而且,新亚书院的精神和办学宗旨在新大学制度下也有所削弱,新亚的独立性更是受到了种种限制。这一系列问题,终于导致钱穆萌生退隐之念。用钱穆自己的话说就是,"穆自问只有辞去新亚校长一职,只有退出中文大学,始可于心无愧"。

香港中文大学成立翌年之初,钱穆即向校董事会递交了辞呈。但校董事会认为,香港中文大学成立伊始,钱穆作为新亚书院院长和德高望重的知名学者,突然辞职会给新成立的学校带来负面影响,所以未予准允。

1964年7月,钱穆再次向新亚董事会提出辞请,董事会得悉他去意已决,遂不复强留,但挽留他到1965年才能从新亚正式退休,其间一年时间权作休假。

就在钱穆向新亚请辞后不久,又发生了一件令他十分伤感的事。1964年7月初,钱穆与夫人另行租居于清山湾。这里面向大海,远山在望,躺卧可听波涛,开窗可见明月,气候宜人,环境优美,尤胜于沙田,对他的读书和写作都极其有利。不料是年10月,新亚书院董事长赵冰患病辞世,使素重感情的钱穆悲痛不已。

赵冰精擅法律,是大律师,也是钱穆在广州私立华侨大学时的同事。两人初到香港时,钱穆一度住其家中。从钱穆创立新亚书院开始,到钱穆向香港中文大学请辞,其间一直是赵冰任新亚董事长,赵对新亚的建设与发展功不可没。钱、赵两人相处多年,十分融洽。钱穆后来在回忆录中写道:"余之初识赵冰在一九四九年春,至是亦已十五年矣。余之始创新亚,赵君即任董事长助成之。余之辞新亚职务,亦由赵君主持决定之。不谓余初去职,赵君即遽然长逝,痛哉惜哉!"悲痛之情,溢于言表。

赵冰的遽然辞世,于公于私,钱穆都觉得分外痛惜,于是分撰挽联两副,以作悼念。第一联乃是他替新亚所撰,联曰:

惟先生身在局外,心在局中,不着迹,不居功,艰难同其缔造;
愿吾党利恐趋前,义恐趋后,无涣志,无馁气,黾勉宏此规模。

第二联,乃是钱穆以个人名义所撰,联曰:

> 肝胆共崎岖,毕义愿忠,惟兹情其永在!
> 气骨励坚贞,清风峻节,何斯道之终穷?

钱穆从新亚书院退休后,摆脱了繁重的行政事务羁绊,空余时间也多了起来,于是在新年到来之际,他高兴地撰写了这样一副春联:"晚学得新知,汇百川而归海;忘年为述古,宗六艺以尊朱。"表达了他对朱熹的仰慕之情,并希望此后在新居的日子里能潜心撰写《朱子新学案》一书。功夫不负有心人,七年之后,这部大作终得完竣并出版。

到了晚年,钱穆开始对朱熹进行深入而又全面的研究。他认为朱子之学广大而又博深,无所不包,亦无所不透,断非陷入门户者所能窥究,而《朱子新学案》则可以说是钱穆研究朱熹学术思想的全面总结。《朱子新学案》全书主要分思想和学术两大部分。思想部分又分为理气与心性,学术部分则分为经、子、文学。他在是书中这样评价朱熹的学术思想:"朱子不仅欲创造一番新经学,实欲发展出一番新理学。经学与理学相结合,又增之以百家文史之学。至其直接先秦,以《孟子》《学》《庸》,羽翼孔门《论语》之传,而使当时儒学达于理想的新巅峰,其事尤非汉唐以迄北宋诸儒之所及。故谓朱子乃是孔子以下集儒学之大成,其言决非过夸而逾量。"

钱穆对朱熹的学术和思想进行了全方位的研究,克服以前研究者由于专业所限而在治朱学时所出现的片面性和狭隘性,从经、史、子、集四方面去阐发朱子学说,从而为朱熹勾画了一幅百科全书式的人物肖像。与此同时,他又克服了此前研究者只将朱子看作孔子学说第二次改造者的形象局限,将朱子看作孔子后之第一人。他之所以将朱子与孔子相提并论,并将朱熹评价得如此之高,在他看来是有充足理由的。他认为,朱熹在中国历史上有着突出的地位,不仅是集理学之大成者,也是集宋学之大成者,同时还是集汉唐儒学之大成者。所以,朱子与孔子应是中国思想史上两位最伟大的思想家。钱穆还特别指出:

> 在中国历史上,前古有孔子,近古有朱子。此两人,皆在中国学术思

想史及中国文化史上发出莫大声光,留下莫大影响。旷观全史,恐无第三人堪与伦比。孔子集前古学思想之大成,开创儒学,成为中国文化传统中一主要骨干。北宋理学兴起,乃儒学之重光。朱子崛起南宋,不仅能集北宋以来理学之大成,并亦可谓其乃集孔子以下学术思想之大成。此两人,先后矗立,皆能汇纳群流,归之一趋。自有朱子,而后孔子以下之儒学,乃重获新生机,发挥新精神,直迄于今。

1965年6月底,钱穆的请辞终得批准。从1949年夏初赴港寓居,到离开香港赴台定居,钱穆居港办学已有整整十六个年头,他称这段时间是自己"生平最忙碌之十六年"。在办学中有许多烦心的校务行政等事,还要常为学生们上课,并不时应邀到各处讲演,但在回到香港的住处后,他总是能安下心来,手不释卷,不是读书,就是著述,乐而不疲,从未间歇。

新加坡的南洋大学得悉钱穆从新亚书院请辞后,数次邀他出任该校校长,马来亚大学也多次来函邀他前往讲学。但钱穆觉得自己的生命已到了晚年,不想再涉繁重政务,故对南洋大学之请未予应允,而对马来亚大学的讲学之请,他在再三考虑后还是接受了。

1965年7月初,钱穆与胡美琦前往马来亚大学。马来亚大学是马来西亚的最高学府,校内专设中文图书馆,馆内藏书极丰,在东南亚首屈一指。钱穆到马来亚大学讲学期间,主讲中国学术史和中国思想史等课,此外还应邀与当地文教界领袖会晤,并受到热情欢迎。

钱穆赴马来亚大学讲学时间原定为一年,但他后来感到这里的天气过于炎热,身体有些承受不了,加上胃病间有复发,故于1966年2月即提前返港,所以他在那里讲学时间仅有八个月。

此番回港后,特别是到了1966年下半年,香港治安恶化,再加上"难民潮"迭起,香港的生活秩序受到严重影响。钱穆感到这里不再是安静的乐土,为安全计,他与夫人遂萌迁台定居之念。

钱穆与夫人迁台定居,是他经多方深思熟虑后的正确选择。早年,钱穆与胡适、傅斯年等"新考据派"在学术观点上不甚吻合,后来他在致徐复观的信中说"胡氏之害在意见,傅氏之害在途辙",对胡、傅二人之不满溢于言表。1958年4月,胡适从美国回到台北并就任台湾的"中央研究院"院长。时在研究院历史语言研究所的严耕望等人就认为,"'中央研究院'院士不能尽罗全国显著学人,令钱先生独树一帜于院士团体之外,已不应该。别人担任院长,事犹可谅,胡先生无疑为全国学术界领袖,若仍不能注意到此一问题,更属遗憾"。为此,严耕望便以安徽同乡兼学生的名义直书胡适:"我此番心意,不是为钱先生争取这项无用的荣衔。因为先生学术地位,中外声誉早已大著,独树一帜,愈孤立,愈显光荣;但就研究院而言,尤其就胡先生而言,不能不有此一举,以显示胡先生领袖群伦的形象。"胡适看完此言虽然一反常态地颇以为然,但终拗不过研究院内一些"大佬"的从中作梗,故钱穆在终胡适一世仍未得以入"中央研究院"之列。1960年,钱穆赴美国耶鲁大学讲学期间曾应哈佛燕京学社之邀,在哈佛东方研究院做题为"人与学"的演讲,并由著名学者、钱穆的弟子杨联陞担任翻译。在此次演讲中,钱穆以北宋的欧阳修为例,说明中国学术以"人"为中心的传统。钱穆演讲时,从台北到美国的李济(字济之)恰好在座,他对钱穆的演讲便颇不以为然。钱穆演讲过后的翌日,李济在见到杨联陞时,独对他的翻译大为称赞,还称他昨天将钱穆演讲辞中原有的"语病"一一都掩盖去了,云云。对此,钱穆晚年最赏识的弟子余英时说:"我记下这一段趣事并不是要算什么旧账,我是想以此说明当时台北学术界主流对钱先生和新亚书院确有一种牢不可破的成见,李济之先生不过表现得更露骨而已。"

　　胡适于1962年去世后,曾两度代理台湾"中央研究院"院长的"新考据派"巨子、考古派领袖李济,秉承胡、傅二人之既见,恪守"以事实决事实,不以后理论决事实"的治学信条,反对在治学中谈思想、谈价值,所以对钱穆这种"自学成才"而未跨出过国门的"土包子"仍未予青眼相看,并对钱穆大持偏见。

　　1966年夏,台湾"中央研究院"举行第七次院士会议,台北几位年长院士提议钱穆为候选人,并请钱穆的昔日门生、时在历史语言研究所任职的严耕望致信钱穆征求意见。钱穆情知方方面面的意见颇为庞杂,且素对"中央研究院"无甚好感,于是断然予以拒绝。

基于以上缘由,钱穆在胡、傅两人的有生之年,一直都心甘情愿地客居于港,不做迁台之二想。钱穆在辞去新亚书院院长之后,此时傅斯年业已亡故十六年,胡适也已去世五年,他也意识到自己的生命已步入晚年,这才萌生了迁台定居的动议。

1967年8月,钱穆、胡美琦夫妇正式做出赴台定居的决定,并准备在台北"谋建一家,以求终老"。10月,钱穆偕胡美琦赴台。移居台湾之初,钱穆先是居住在台北的"自由之家",不久即租居于台北市金山街,后又拟在台北郊外与东吴大学毗邻的双溪择地,并准备向阳明山管理局用借租方式建造住所。

其实,钱穆此番之所以选择赴台定居,还有一个重要的原因,就是蒋介石、蒋经国父子的热情相邀。以前,许多研究者无不为之忌讳,闭口不谈。钱穆虽然平生不涉足政治,但蒋介石在大陆期间,他却与之有过数面"亲缘",并深得"蒋公"之青睐。此事现在也成了一个不公开的秘密,而且在当时大陆、香港、台湾鼎足而立的大形势下,大陆发起"文化大革命"并波及香港,蒋介石则在台湾发起"中华文化复兴运动",钱穆夫妇最后选择赴台定居,对于钱穆这样从未有过留洋经历的大学者来说,无论是对中华民族的大文化建设,抑或是对钱穆本人晚年的生活和研究著述来说,均称得上是一件上好之事。后来钱穆活到九十六岁的高龄,且又著述多多,在经史方面独树一帜,也充分地证明了此点。关于钱穆与蒋氏父子的这段因缘际遇,很多人都讳莫如深。然因钱穆本人就是大名鼎鼎的史学巨擘,他既不希望隐晦混淆历史,也不希望有人篡改历史,更不希望有人捏造历史。故时至今日,我们也不需要再为贤者讳,而要面对这段真实的历史。

蒋介石、蒋经国父子闻知钱穆、胡美琦夫妇来台定居,颇感欣慰,遂责成阳明山管理局负责人依钱穆夫妇的设计方案,动用公款为他们夫妇建造了一幢宾馆式的两层别墅,供其居住。钱穆与胡美琦安居以后,蒋介石还特地授意儿子蒋经国拜钱穆为师,习经读史。

钱穆在阳明山东吴大学旁外双溪的两层小楼建好后,于1968年10月迁入新居。乔迁既毕,为了纪念少年时代居住的五世同堂素书堂,钱穆特意将新居也定名为"素书楼",并撰写了一副"室有藏书,思古人以娱老;门无杂事,昐庭树而忘年"的对联,借以表达刚入住于此的心情。十余年后的1979年,时已八十五岁高龄的钱穆,又撰写了"读过百千万卷书,犹存眼底;经历家国天下事,总在心头"的对联自勉。

钱穆在台北阳明山外双溪的居所,坐落于风景秀丽、绿树成荫的湖光山色之中,院外有数株巨大的古榕,院内植有棕榈、竹子之属,阶前摆放着两排枫树等盆栽,将院落和居室点缀得煞是好看。

外双溪素书楼的居所,距著名作家林语堂的居所不远。林语堂是福建龙溪人,与钱穆同庚,其父是个传教士,母亲为基督徒,他本人早年留学德国并获莱比锡大学博士学位,1923年归国后任教于北京大学等校,1932年后相继参与并创办《论语》《人世间》和《宇宙风》等杂志,成为"论语派"代表人物之一。林语堂擅长英文写作,文章风格闲适幽默,因有"幽默大师"之誉,在中外享有较高的知名度。早在抗日战争期间,钱穆即与林语堂相识。钱穆在香港时,也曾与林语堂有过晤面。入住阳明山外双溪时,适逢林语堂归国居此未及一年,他便与胡美琦一同前往林宅拜访。后来,林语堂也与夫人到钱家回访,并向钱穆请教购书和学问等事,两人相互推崇,往来不断。林语堂对钱穆评价甚高,并称:"钱先生学问精纯,思想疏通知远,文理密察,以细针密缕的功夫,作平正笃实的文章。"十年之后,林语堂因病去世,钱穆还专门撰文以悼,情甚悲切。

1969年,钱穆应好友张其昀之邀,任台北阳明山的华冈文化学院(先后易名为"中国文化学院"和"中国文化大学")教授。为照顾年事已高的钱穆,学校还特意应允钱穆可不到校上课,只于每周一晚上在寓所为博士班学生讲授中国史学名著等课即可,每次讲两个小时。此后,钱穆在授课的基础上,先后完成了《中国史学名著》《双溪独语》等书。其中,《中国史学名著》一书于1973年2月由台北的三民书局出版,这是他对中国古代史学史看法的重要著作,书中还论及他本人数十年的治学经验和总结。

钱穆早在从新亚书院辞职时就曾经说过:"此前,上堂教书是正业,下堂著书是副业;此后,下堂著书是正业,上堂教书是谋生之副业。"他在台湾为"中国文化大学"博士班学生上课时,还培养了一批卓有成就的学生,诸如辛意云、何泽恒、张蓓蓓、张元、戴景贤等,尤以戴景贤最为优秀。戴景贤师从钱穆时,是班上年龄最小的一个,但他师从钱穆二十余年,勤学不辍,钱穆曾教导他说:"汝在此受学,勿期能得何称许之言,惟自勉力向上而已。"又说:"读书乃终身事,须用功三十年、四十年乃至五十年。勿期其遽然有成。读书不当仅与今人比论,稍有成即知足,须知上有古人。"

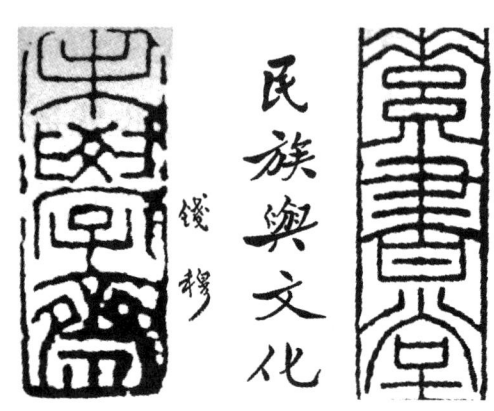

钱穆手书及未学斋、素书堂印章

定居台湾后的钱穆,还应时任台北"故宫博物院"院长蒋慰堂之聘,担任该院特聘研究员一职。入居素书楼后,钱穆以传道授业和著述而安度余年,继续为中国文化呐喊、招魂。此时,钱穆开始被港台学术界誉为"博通四部,著作等身"的一代宗师。

1968年4月,钱穆应旧时好友、台湾政治大学教育研究所所长刘真之邀,到该校做"中国教育制度与教育思想"的讲学,这是他入台后首次在高校讲学。

是年7月,在台湾"中央研究院"第八次院士会议上,钱穆终于被列入候选院士提名,经台湾"中央研究院"近于全票通过而被评为人文组院士。对于钱穆被评为院士这一新闻,有关方面曾称其"象征中国学术界之团结,也一洗'中央研究院'排斥异己之形象"。而作为当事人的钱穆,此时真可谓感慨万端。

1970年1月,钱穆应台南成功大学校长罗云平之邀,到校做题为"史学导言"的讲学。此次讲学共分四讲,取得了圆满的成功,讲学内容还于是年3月在台北报纸上连载刊登,颇具影响。

自1970年开始,钱穆相继编订并出版了《中国学术思想史论丛》。此书共分八册:第一册上古时期,第二册先秦时期,第三册两汉魏晋南北朝时期,第四册隋唐时期,第五册两宋时期,第六、七、八三册分别是元、明、清时期。这部巨著是钱穆六十年来散见各处的主要学术论文之总汇,所收文章都在他本人阅读的基础上,另作修订,但大体都保持了原作风貌。

1971年春,钱穆应萧政之请,到台湾为陆、海、空军官讲授"中国文化精神",前后共分十三讲。他的讲学内容后被整理为《中国文化精神》一书,并由台北三民书局出版。

钱穆在素书楼居住时,室中悬挂着好友张其昀手书的"一代儒宗"匾额,书案正中安放着孔子的塑像,像的上方悬挂"静神养气",像的左、右分别是"读圣贤书""立修齐志"。对于在台北素书楼的生活,钱穆本人也是比较满意的,他曾这样咏叹:"一园花树,满屋山川;无得无失,只此自然。"后来,钱穆还多次被邀赴港讲演,两次赴日、韩等国讲学,受到了各方面的称誉,影响甚大。

1974年,钱穆已虚龄八十,又在夫人的陪同下到台南等地旅游。旅行途中,在夫人的帮助下,他还撰写了《八十忆双亲》一书,深情地缅怀故乡,以及父母对自己的养育大恩。书中也透露了对远在大陆的子女们的殷殷关爱之情。不久,钱穆又撰写了《师友杂忆》一书,对自己一生所遇到的师辈和朋友做了回忆,缅怀与他们相识、相交、相处、相知的过程。

1980年夏,时年八十五岁的钱穆与夫人胡美琦应邀赴港参加新亚书院成立三十周年纪念活动。在港期间,钱穆与从大陆来港的三子一女(长女钱易因事未来)重逢。此时,钱穆与子女们已经睽违三十二年,当他看到钱拙、钱行、钱逊三子和小女钱辉时,心中激动万分,怡怡之情溢于言表。

在与子女们相见时,钱穆回首前尘,怅惘之感不禁油然而生。小女钱辉出生于1940年的战乱时期,年仅九岁时钱穆便离开大陆与之分别。此时相见,他觉得自己"未尽养育之恩",故有不胜自责的感喟。此次钱穆与诸子女相见,时间虽然仅有一周,却是其乐融融。

在此次赴港期间,钱穆还意外得与旧时好友、美国耶鲁大学历史系前主任卢定先生相逢于新亚书院。卢教授是钱穆当年创办新亚书院的协助人之一。相见之时,两人不胜唏嘘,均有恍若隔世的沧桑之感。

1981年4月20日至5月15日,钱穆夫妇再次应邀赴港,参加香港举办的宋史研讨会,又得与长女钱易和长侄钱伟长相见。此次,钱易是作为钱伟长的秘书而来的。当时,钱穆还向钱伟长讲述了其父钱挚生前圈点和精心保存的《资治通鉴》失而复得的过程。《资治通鉴》是钱穆的兄长钱挚生前喜读的一部史书,存有明代木刻线本。钱穆在北京大学任教时,一直将乃兄这部书携于身边。抗日战争爆发后,钱穆与汤用彤、贺麟等一同南下,将这本《资治通鉴》连同他的五万册藏书都暂存于北平。抗日战争结束后,钱穆因未回北平,在北平的存书遂流落坊间,这部《资治通鉴》也在流失之列。后来,钱穆到香港创办新亚书院,在一次给学校购书之时,他从当地旧书店中意外发现了这部《资治通鉴》,才失而复得。此次相见,钱穆还高兴地告诉钱伟长,这部《资治通鉴》现保存在台北素书楼中,以后转交给他。后来,这部《资治通鉴》由胡美琦直接转交给钱伟长,以作保存和留念。

两年之内,得与大陆的子女和侄子先后晤面,给晚年的钱穆以莫大的安慰。不独于此,1983年3月,钱穆在赴港参加新亚书院举办的第五届"钱宾四先生学术文化讲座"期间,还得与来港讲学的好友朱光潜重晤。

按无锡老家旧俗,老人九十大寿庆祝活动要提前一年过。所以在1984年7月4日至8月6日,钱穆的子女在新亚书院的周密安排下来到香港,在这里庆祝父亲的九十华诞。此时,钱穆的长子钱拙已于1982年患淋巴癌病逝,便由长孙钱松代表其父和全家前来。钱穆还特别指定次子钱行的女儿钱婉约一同前来。所以,钱穆的二子、两女及孙子、孙女共六人赴港,一家老少三代同聚一堂,合影留念。

转眼到了翌年,钱穆正式迎来了他的九十华诞。寿辰这天,好友张其昀题赠他"一代儒宗"书匾,得意弟子余英时则作诗《寿宾四师九十》数首,以示祝贺。

1986年3月,钱穆应台北《联合月刊》之邀,撰写了《丙寅新春看时局》一文。他以历史学家的高瞻远瞩,动情地写道:"我认为此下的中国,只有全中国和平统一始是个大前途大希望,说是台湾独立,或大陆与'中华民国'永远对立,这在原则上讲,是非理想且不可能的。"他作为一个九十余岁的爱国老人呼吁道:"就中国民族文化前途之大原则大理想而论,则大陆和台湾终必统一,更应是——和平的统一。"此文刊登之后,引起了海峡两岸的极大关注,大陆的《人民日报》也摘录刊登,这是钱穆离开大陆后近四十年来首次在大陆公开发表文章。

1986年6月9日下午,时年九十一岁的钱穆在寓所素书楼里,为"中国文化大学"史学研究所博士班的学生上了最后一课,并借此来告别杏坛,为自己长达七十五年的执教生涯画上一个圆满的句号。

对于钱穆生命中这最后一课,有幸在场聆听者都永远无法忘怀。当时,除正常听课的"中国文化大学"的博士生外,还有许多他昔年在北大、新亚任教时的老门生。东吴大学历史系主任闻知,也特意带着学生前来;宋楚瑜等人也拨冗前来。

钱穆一生执教杏坛,他对自己的授课也颇为自信。在忆及自己的教课生涯时,他曾对学生严耕望等人说:"一登上讲坛,发言讲论,讲到得意处,不但不见下面有大群人,也浑忘天地人世,连自己都忘记掉了,只是上下古今毫无顾忌地任性尽情地发挥。淋漓尽致,其乐无比!"

在这最后一课上,钱穆风采依然,自信的语气也依然,语音铿锵,神采飞扬,丝毫看不出他是个年逾九十的老人。而围于四周的老少学生,无不屏息聆听,领略大师最后一次登上杏坛的风采。

时间一分一秒地过去,这堂课也终于到了结束的时候。当学生们即将步出素书楼的门槛时,钱穆一脸庄严,用凝重的语调,语重心长地寄语即将离开的学生:

你是中国人,不要忘了中国!不要一笔抹杀自己的文化,做人要从历史里探求本源,在大时代的变化里肩负维护历史文化的责任。

就这样,钱穆给自己的教育生涯画上了一个圆满的句号!十天过后,时任台湾"行政院长"的俞国华闻知钱穆业已告别杏坛,便在"行政院"接待室为钱穆举行了执教七十五周年荣休纪念会,并赠予他"鸿儒硕望"之镜匾。是月下旬,台湾"教育部长"李焕又赠予钱穆"一代儒宗"之贺匾。至此,钱穆执教杏坛七十五周年真正功德圆满。

1986年12月,钱穆虽然已告别杏坛,但鉴于他在学术界的巨大成就和在海内外的崇高威望,蒋经国先生为了表示崇尚尊学爱德之忱,又礼聘他为"总统府资政"。对于晚年这份殊荣,尽管当时的学界意见不同,褒贬不一,但钱穆自己却认为,作为一个传统的中国知识分子,理应肩负起历史的使命和社会的责任,以自己的品德和知识为社会、为国家服务,这也是古代的"士"所应尽的职责。同时,他还意味深长地对前来庆贺的学生们说:"在这之前,从来没有学者担任这个职务。我应该为读书人担任资政开一个先例。"

当年,钱穆是带着不少遗憾和许多不快离开新亚的。尽管如此,此后他却一直心系新亚,时刻关注着新亚书院的进步与发展,关心着新亚学子的健康与成长。在他的心中,新亚书院宛如自己亲生和一手带大的孩子。虽然现在已退休在家,而且年事又高,但这都不能割断他与新亚的那份真情,每逢新亚有重大活动,只要身体允许,他总要前往参加。早在1977年,时任新亚书院院长的金耀基到台北时就告诉他,为表彰新亚创始人钱穆的贡献,香港中文大学新亚书院拟创办"钱宾四先生学术文化系列讲座",计划每年邀请在国际上卓有成就的中外学者到新亚书院做学术讲座,并决定邀请钱穆为讲座的第一位开讲者。是年冬,钱穆开始患上眼疾,但在翌年10月,他仍然抱病与夫人一同前往,向新亚书院师生做题为"从中国历史来看中国民族性及中国文化"的演讲,听者无不动容。对于新亚这份真情,钱穆曾写道:"余每念初办新亚时,赤手空拳,曾无丝毫之凭借,乃蒙校内外各方共襄艰难,使新亚获有今日之成就。今耀基创始此一伟大之构想,而余竟亦以盲眼空腹,谬膺其最先之第一讲,正与余往年之始创新亚同其轻率。"此次讲演共分六大部分,远远超出了"中国中心论""本位文化论""中体西用论"等狭隘的历史观。

在台北素书楼里,钱穆一刻也不稍闲,即使有病在身,他也会抓紧一切时间,或整理以前的文稿,或撰写新亚书院的历史。在夫人胡美琦的帮助下,经过两年的努力,钱穆终于完成了他的另外一部新作——《新亚遗铎》,这部书于1989年在新亚四十周年校庆前夕正式出版。

是年8月,正值新亚书院四十周年校庆前夕,钱穆抱病与夫人同回香港。在此次纪念会上,钱穆做题为"新亚四十周年纪念祝辞"的讲演,盛称"这在我生命过程中,实感快慰"。钱穆虽然已经离开新亚二十余年,但岁月的流逝并不能削减他对新亚的关注与关爱,他真切地希望新亚能再上台阶,创造美好、辉煌。这也是一个历史学家、教育家、新亚最主要创办者对新亚书院所寄托的真挚情怀。

晚年的钱穆

日渐年高的钱穆,心中所系除了时刻关心与研究的中国历史文化,以及一手创办起来的新亚书院的成长之外,还有多年未归的故乡——七房桥。故乡七房桥,在钱穆心中永远是最难忘怀的。随着岁月的流逝,他对七房桥的眷恋也愈来愈深,这也正是一颗赤子之心的真实体现。

1988年11月,钱穆因病住院,他的长女钱易正在欧洲,在得允后赴台探望,成为台湾当局开放民众赴台探亲以来第一位获准进入台湾的大陆同胞。

在与长女钱易重会的日子里,钱穆时常对女儿回忆自己在大陆和香港时的生活,还向女儿讲述家乡七房桥的旧宅,有时也与女儿一同回忆在苏州生活时的美好时光。当他与钱易回忆起在无锡江南大学生活的情形时,不无激动地说:"那才是人间最惬意的事啊!"

在与女儿倾叙家常之时,钱穆说着说着,有时突然间变得黯然神伤起来,有时还会叹气再三。有一次,他对女儿说:"看来我是回不去了!"两年过后,钱易在《回忆严父的慈爱》一文中真切地写道:"谁说父亲远离故土不爱祖国,父亲的心一天也没有离开过他为之奋斗了毕生的故土山河。他对祖国的爱,又是多么具体、深重!"

二、迁居风波

在生命的最后几年,钱穆由于眼疾不能看书,但他每天都要坚持听广播和电视,借以了解世界形势和时局发展。他闭门在家,即使有客人来家中探望,他也不能相识,只能凭声音辨认。但是,他仍然不能忘情对中国文化的苦苦追求,于是撰写了他生命中的最后一部书——《晚学盲言》。

钱穆晚年在台北外双溪居住时,除著书立说外,燕居在素书楼中,盘桓赏花,颇得其乐。可惜的是,由于当时政界争斗,累及无辜,钱穆所居的素书楼竟被台北市"议会"部分"议员"抨击为"非法兴建",要求收回。

1988年5月22日,台北市"议会"召开会议,有"议员"在会上公开指名道姓地说钱穆所住的素书楼是公产,既无租约,又不付房租,理应交回台北市政府。

消息传来,胡美琦自揣此事可能会给年事已高的丈夫带来意外的打击,故当时未将此事告知丈夫。但钱穆还是很快知道了,心情显得十分抑郁。

对此,胡美琦在《迁出素书楼的始末》一文中说:"平静的'素书楼',像忽然中了炸弹般,往日的安宁一下子消失了。……会议闭会时,完全不顾他人尊严,呼名唤姓,措辞刻薄,令我感慨万千。"

当时,由于台北市"议会"已成定议,市工务局即通知钱、胡夫妇预备迁出素书楼。一些不明真相的报纸竟也推波助澜,翻新炒作。不久,台北市工务局又具告说,钱穆所居房舍乃1983年由蒋经国向台北市政府所借用,并由当时的"行政院院长"审核认可,使用期限到1992年1月24日。这样,"素书楼风波"方才暂告平息。

但年余后的1989年8月,风波再度袭击素书楼。时任"总统府资政"的高玉树在民进党临时会上致辞时,为其居所纠纷大发牢骚,并向媒体记者称,同是"总统府资政",何以钱穆被当作国宝,而他本人却被扫地出门?

得知消息后,钱穆当即具函《中国时报》,澄清高氏的恶意指责,并表示将尽快迁出素书楼,以表明心迹,免招致"享受特权"之非议。钱穆还说,素书楼与一般政府宿舍不同,自己来台定居已有二十二年,"平日严守隐居之素志,今不幸被卷入此是非之中,内心不胜感慨。余年已九十五岁,实无精力与人争辩是非。生平惟服膺儒家所论士大夫出处进退辞受之道。人各有志,余亦惟秉素志而已。今已公开宣布迁出素书楼之决定,深望社会诸贤达能从此还我平静生活,则不胜感激!"

钱穆晚年在台北外双溪素书楼前留影

钱穆去世后,素书楼被辟为钱穆纪念图书馆。具有讽刺意味的是,1998年5月22日,参加台北市市长连任竞选的陈水扁,在前往素书楼参观时,不住地向胡美琦女士连称"抱歉"。台湾媒体在评论中直言称评:陈氏有心要说抱歉早就该说了,何必要等这么多年,何况大师早已乘鹤而去,再侈言抱歉又有何用?难怪一直对"素书楼风波"耿耿于怀的胡美琦女士,后来不无感慨地说:"宁为死人办纪念馆,也不给活人住!"

钱穆迁出素书楼的前三天,他还在胡美琦的帮助下将思考年久的一个重大问题写成《中国文化对人类未来可有的贡献》一文。他在是文中说,中国文化的"天人合一"观虽是自己屡次讲过的话题,然而,"惟到最近始激悟此一观念实是整个中国传统文化思想之归宿。……我深信中国文化对世界人类未来求生存之贡献,主要亦即在此"。西方人喜欢将"天"与"人"分别来讲,离开人来讲天,常把"天命"与"人生"划为两个层次,认为人生之外别有天命,"此一观念影响所及,则天命不知其所命,人生亦不知其所生,两截分开,便各失却其本义。决不如古代中国人之'天人合一'论,能得宇宙人生会通合一之真相"。因此,西方人需另有天命的宗教信仰来做讨论人生的前提。这一观念的发展,在科学愈发达的今天,愈益显出它对人类生存的不良影响。最后,他还得出结论:

以过去世界之文化之兴衰大略而言,西方文化一衰则不易再兴,而中国文化则屡仆屡起,故能绵延数千年不断。这可说,因于中国传统文化精神,自古以来即能注意到不违背天,不违背自然,且又能与天命自然融合一体。我以为此下世界文化之归趋,恐必将以中国传统文化为宗主。

从上可以看出,钱穆虽然正经历着迁房的风波,但他却仍未忘情于对中国传统文化的研究。

1990年6月1日,钱穆、胡美琦夫妇离开了居住长达二十三年的外双溪家园——素书楼,迁居到台北市杭州南路寓所。后来的结果证明,"迫迁素书楼"事件对一个年逾九十的文化老人、一个毕生献身于中国文化事业的一代国学大师来说,毕竟是太残酷了。所以,钱穆在迁出素书楼后不久即告别人世,这不能不说是一种遗憾,又不能不让人产生愤慨。

三、魁斗星沉

1989年9月28日,是香港新亚书院创办四十周年纪念日,钱穆、胡美琦夫妇应邀赴港参加纪念活动。其间,也许是心中明澈所悟的缘故,钱穆多次向夫人和身边的人讲起"天人合一"的话题。

翌年4月,台北中华书局庆祝书局创立八十周年,该局孙主编特意邀钱穆撰文以作纪念。此时,钱穆想起了自己一年来一直思索的"天人合一"的话题,于是就以此为题,并在夫人胡美琦的帮助下,将文章写了出来。在钱穆弃世一周这天,台北的《联合报》以"中国文化对人类未来可有的贡献"为题刊登是文,并作为对一代国学大师逝世的最好悼念。

钱穆的夫人胡美琦在这篇文章的"后记"中另又写道:"这篇文章是宾四生前最后的遗稿。原准备迁入新家安定后,再作修订。未料宾四骤然离我而去。我心中的悲痛,岂是笔墨所能形容?"1990年8月30日,正是钱穆、胡美琦夫妇迁出素书楼九十天的日子,也是亚伯台风肆虐台湾之时,台北普降暴雨,大雨如注,狂风呼啸,昼夜不歇……是日上午9时许,钱穆在台北杭州南路的新寓所中溘然长逝,享年九十六岁。一代国学大师从此驾鹤远去,魂归道山。

一代儒宗,八方共仰;两岸学子,四海同悲。

钱穆去世的噩耗传出后,海峡两岸及世界各地华人都十分痛惜,并以各种形式来悼念这位几乎与20世纪同龄的一代儒宗。钱穆是无疾而终的,旧时是称为"善终"和"喜丧"的,但此时他迁出原居素书楼也正好三个月,这就不能不说与此事大有关系。对此,钱穆的得意门生余英时就认为"钱先生无疑是带着很深的失望离开这个世界的";而台湾一家报纸的记者也认为,一代儒学大师的遽然辞世,与他被迫迁出素书楼大有关系,这件令人感到心寒的事情无形中促使了钱老先生的过早离世。于是,报端上有这样的直言披露:

……台北市"议会"认为"非法占用公产","限期一月收回",此事二年来就一直烦恼着钱穆。他的秘书接受记者采访时说:"此事打破了他心中的平静,而不是打破了生活的平静。"钱穆并非为房子而烦心,而是为"非法占用"郁闷。钱穆一生治史研史,服膺书生风骨,"非法占用"的标签,比杀头还难受,……钱穆为"素书楼"所烦心,以及搬家后不适应来看,"素书楼风波"确实如他学生所言,造成了大师的提早辞世。

钱穆辞世的翌日,台湾《联合报》也发表了海外华人、著名历史学家许倬云撰写的文章——《一位历史学家成为历史了》。许先生在文中也谈到了"素书楼风波"对钱穆去世所造成的影响,他愤慨地写道:"民进党的攻击及'总统府'的冷漠,都令人寒心,这是一个对知识与智慧冷漠与轻视的时空,文化如何有重建的可能?中国文化难道竟就此渐灭了?"许先生在文中还写道:

中国近百年来,国运与文化,都一蹶不振,然而,几千年的文化精神,终究孕育了几位为中国文化作后卫战的学术巨人,宾四先生是最后走的一位。据说天鹅垂死时,引吭唱出最美的歌声,中国文化在二十世纪时,有宾四先生出现,但愿不是天鹅的歌声!但愿还有后来的人!

钱穆生前多次指出:"天人合一是中国文化的最高信仰,文化与自然合一则是中国文化的终极理想。"他的高足严耕望在《钱穆宾四先生行谊述略》一文中,对乃师有这样的评价:

近六十年来,中国史坛甚为兴盛,名家大师辈出。论根柢深厚,著作宏富,不只先生一人。但先生才气磅礴,识力深透,文笔劲悍,几无可伦比。直到晚年,后辈学人从先生问学,仍常感到先生思如泉涌,能随时提出新观点。退而思之,大多实有理据,并非恣意想像(象)之说。惟先生天分太高,所提论点,往往如天马行空,读者未必人人都能理解,都能接受。但先生任何论点,多富启发性,好学深思者,读先生书,不论能否接受,皆能获得一些启示,激发读者别开蹊径,不致执著,拘守成说,不能发挥。此为先生著作除了建立本身论点之外,对于史学教育之另一项贡献,殊为难能!

先生今以九十六高龄谢世,亦标识前一辈史学界之落幕。先生虽已作古,但遗留述作极为丰富,供今后学人含英咀华,必将有更深远之影响!①

著名历史学家张玉法也在悼念文章中沉痛地写道:

钱穆从中国旧学出发,深入自修卓然成家,史学界并将其归纳成"民族史学派",钱穆的逝世,就史而论,可以说是一个时代的结束。

---

① 严耕望:《治史三书》,上海人民出版社,2011年版,第233-234页。

为缅怀一代国学大师，9月26日，台北为钱穆举行了隆重的公祭。是月30日，香港各界在香港中文大学新亚学院也举行了隆重的"钱宾四先生追悼会"，申请赴台奔丧未果的钱穆的四位子女和其侄钱伟长等也应邀前往参加。一篇篇祭文，一副副挽联，一簇簇白花，一片片挽幛，表达了对这位国学大师的敬仰与追悼。

　　钱穆在新亚的早期学生、著名国学大家余英时先生，也是钱穆晚年最赏识的弟子。当年，余英时自新亚书院研究生毕业后赴美入哈佛大学深造，1962年获哈佛大学历史学博士学位，此后相继被哈佛、耶鲁、密西根大学聘为教授，1973年又任新亚书院校长兼香港中文大学副校长，1974年被选为台湾"中央研究院"院士。余英时师从钱穆多年，著述数十种，且与乃师相知颇深，情谊如同父子，他在《一生为故国招魂——敬悼钱宾四师》一文中悲痛地写道："钱先生无疑是带着很深的失望离开这个世界的，然而他并没有绝望。他一生为中国招魂，虽然没有得到预期的效果，但是无论是世界的思潮或中国的知识气候都和'五四'时代大不相同了。钱先生所追求的从来不是中国旧魂原封不动地还阳，而是旧魂引生新魂。今天已有更多的人会同意这个看法。"同时，余先生还为乃师精心撰写了一副挽联：

　　　　一生为故国招魂，当时捣麝成尘，未学斋中香不散；
　　　　万里曾家山入梦，此日骑鲸渡海，素书楼外月初寒。①

香港中文大学教授唐端正先生在挽联中写道：

　　　　国族不亡，先生可无忧矣；
　　　　汉唐难复，夫子犹有憾焉。

新亚书院校友会全体学生的挽联云：

---

① 以下纪念钱穆的题词和挽联等，皆引自中国人民政治协商会议江苏省无锡县委员会编：《钱穆纪念文集》，上海人民出版社，1992年版。不作另注。

> 天地鸿蒙,两手空空,肩道以立新亚三千里地孤岛;
> 海空寥廓,九畴寂寂,为师而宗孔子五百年后一人。

钱穆在大陆的早年诸弟子门生何兹全、胡厚宣、邓广铭、钱树棠、张政烺、杨向奎、郦家驹、诸宗海、吴沛澜、蒙默、洪庭彦等题送的挽联曰:

> 先生治学,兼涉四部;
> 当代鸿儒,举世同钦!

1990年9月6日,中华孔子学会会长张岱年发的唁电称:

宾四先生毕生弘扬我国固有文化,举世共仰。惊闻先生与世长辞,我并代表中华孔子学会致以沉痛哀悼,祈节哀珍重。

9月8日,中国和平统一促进会发的唁电称:

惊悉国学大师、一代儒宗钱穆先生在台辞世,深表哀悼。宾四先生毕生弘扬中华文化,著述等身,桃李满天下,晚年呼吁祖国的和平统一,为海内外有识之士赞赏。遽归道山,谨电致唁,并望节哀。

香港新亚书院院长金耀基在追悼钱穆的纪念文章中写道:

钱先生以九六高龄仙去,一生在学问与教育事业上,有如许的大成就,可以说不虚此生。报载钱先生"生于忧患,死于安乐",宾老离开这世界时,确是平平静静的。

钱穆去世后,钱伟长十分悲痛,深念叔父对自己的养育之恩,他在祭文中写道:"燕山苍苍,东海茫茫。呜呼吾叔,思之断肠。幼失父怙,多赖提携。养育深恩,无时或忘。"又写道:"四叔是一个有浓厚中国文化修养的人,他深爱着祖国,只是种种经历,使他成为游子。"另外,钱伟长还为叔父撰写了一副挽联,借以表达对叔父的深深怀念之情:

> 生我者父母,幼吾者贤叔,旧事数从头,感念深恩宁有尽;
> 于公为老师,在家为尊长,今朝俱往矣,缅怀遗范不胜悲。

哲人其萎,风范常在。对于钱穆的去世,不少人都称"旧儒家的最后一个代表人物悄然退出了历史舞台",同时又称"一个以国学研究为标志的学术时代也宣告终结"。

四、魂归故土

晚年的钱穆,在香港与子女们终得相见。他在《师友杂忆》中写道:"余以穷书生,初意在乡间得衣食温饱,家人和乐团聚,亦于愿足矣!乃不料此亦难得。继今余年无多,不知何年再得与其他未相见者一面。"钱穆与胡美琦早年在香港沙田居住,后来又另迁他处,但对沙田时期的生活却总是怀念不已,因为那里与钱穆老家无锡太湖之滨的风光极其相似。当时,钱穆还对夫人说,希望有朝一日能回到老家,在太湖之滨建一处真正属于自己的家,以安享晚年。

钱穆去世后,他在大陆的孙子钱军、钱松代表无锡七房桥钱氏家族前往台湾参加葬礼。葬礼过后,钱穆的遗骸一直安放在台北永明寺,等待归葬故里。因钱穆生前最喜爱家乡太湖风光,也曾对身后之事有过交代,希望能归宿于风景秀丽的故乡——苏州或无锡的太湖之滨。

钱穆临终前曾有遗嘱:如果人不能回去(指回到大陆故乡),也要葬回去!为了完成他魂归故土的遗愿,钱夫人胡美琦将丈夫的灵骨一直安放在台北永明寺,等待着归葬大陆。而他的子女,觉得生前未能在父亲面前多尽孝心,于是下决心为父亲寻找一处理想的安魂之地,以寄托自己的哀思。他们首先想到的是风景优美的吴县胥口乡墅里。他们将这一想法告诉时在台北的胡美琦时,胡美琦得知那里正搞大规模的经济开发,觉得此地虽美,却并非一个理想的、静谧的读书之地和安魂之所,于是遂作放弃之想。

1990年11月下旬,胡美琦专程回大陆为丈夫择茔。有关方面在得知她此行之意时,也十分重视。钱穆的长侄钱伟长及其夫人孔祥瑛,以及钱穆的女儿钱辉等,也都全程陪同。

11月24日,钱伟长、孔祥瑛、钱辉和当地相关人员陪同胡美琦女士首先到了无锡的西山。初次踏上丈夫故土的胡女士,面对美丽的自然风光和淳朴的民风民情,心中颇觉宽慰。

翌日清晨,胡女士一行到无锡西山的四墩山,为钱穆选择墓地。站在四墩山的高坡上放眼望去,只见山上遍植着茶树、橘树、枇杷树和杨梅,浓郁苍苍,风景殊美。山腰之上,胡美琦颇为动情地说:"山上有再好的地我也不能选。如果我选了这里,那这条路是太窄了,为了把这条小路拓宽要砍去多少树呀,怎么可以叫老百姓受这么大的损失呢?"

11月27日,胡女士又来到了风景秀丽的无锡马山。站在山上,远眺太湖,极目千里,天水一色,而且此地距龙头渚近在咫尺,气势雄伟。但胡美琦却对钱辉、钱伟长等人说:"这里固然好,却富帝王气度,你父亲则只是一个读书人。"胡女士认为,尽管马山风景绝佳,但并不是丈夫作为一介书生的安身之所。

11月28日,钱伟长、钱辉等又陪着胡女士来到距鸿声里不远的鸿山。鸿山距七房桥仅有数里之遥,这里有古吴泰伯墓、汉梁鸿和孟光墓,风景虽好,但胡美琦认为,这里是文物保护单位,在既有的名胜古迹附近再兴土木,无疑会破坏这里原有的和谐。她对钱辉说:"鸿山再好,这里却有古迹,你父亲一个读书人,怎么可以去占一席之地呢?"所以,鸿山也被放弃了。

在钱伟长夫妇和钱辉的陪同下,胡女士又来到苏州吴县的东山。东山地处太湖之滨,春天万紫千红,秋天硕果累累,附近各项设施均又齐全,且有空地可供选择。胡美琦却说:"这里是公家的地,我们去用不合适!"

最后,胡美琦经与钱伟长、钱辉等人相商,选择了苏州西山镇秉常村俞家渡的石皮山,作为钱穆最后归宿之地。钱家后人也都表示:这里才是理想之所。

对于胡美琦女士回乡为丈夫择茔一事,钱穆最小的女儿钱辉还专门写过一篇文章《落叶归根——为父亲选择墓地小记》。

1991年4月,胡美琦再次风尘仆仆来到西山,办理钱穆的建茔手续。胡美琦在当地政府的帮助和支持下,办理了征地手续,准备先建好几间房屋,让钱穆从自己的住房走到最后的归宿之地。对此,钱穆的次子钱行在《父亲归葬记略》中写道:"母亲决心要自己造一房子,那(哪)怕只有几间,也要让父亲从自己的房子里走到墓地去。"他在这篇文章中还说:"在回台湾前,母亲还组织了一次寻根访旧活动。参加者有台湾来的素书楼弟子,大陆的子女及孙辈,先后到父亲生前在苏州居住和写作过的耦园、无锡鸿声里七房桥祖居,从教的荡口果育和鸿模小学(现荡口中心小学)、无锡县立第四高等小学(现梅村中学)等地转一圈。荡口中心小学虽然盖起了新的教学大楼,可是还保存了当年果育、鸿模的校门和几间房子作为校史陈列纪念室,其中还陈列着父亲所写的有关果育、鸿模的一些回忆文稿。"

1992年1月6日,台湾方面为了表彰钱穆对中国文化做出的巨大贡献,将他生前居住过的素书楼辟为纪念图书馆,并在这一天举行了隆重的落成典礼。翌日,胡美琦在钱穆的学生辛意云先生和邵世光女士(曾任钱穆秘书)的陪同下,带着钱穆的灵骸从台北中转香港飞往上海,再回到苏州。1月8日,胡美琦与钱穆家乡的亲属,在苏州灵岩山寺为钱穆做了一天的安魂法事。当晚,钱穆的骨骸在其亲属护送下,被移至西山"入室"。1月9日上午11时,钱穆的葬礼正式开始,钱穆的家属将其生前撰写出版的《先秦诸子系年》《中国近三百年学术史》《论语新解》《国史大纲》《新亚遗铎》等十四部代表著作一同安放于穴中陪葬,质朴的花岗岩墓碑正方镌刻着"无锡七房桥钱穆先生之墓"十一个遒劲的大字。

钱穆的墓庐呈西北东南走向,背山临湖,与四周的湖光山色和谐地融为一体,一代国学大师终于魂归家乡,长眠故里,在风景如画的太湖之滨,倾听着万顷碧波的涛声和江南美妙的丝竹颤音。

苏州俞家渡石皮山的钱穆墓

一代文豪鲁迅曾说:"我们从古以来,就有埋头苦干的人,有拼命硬干的人,有为民请命的人,有舍身求法的人……这就是中国的脊梁。"钱穆无疑就是这样一个人。1930年,钱穆经知名学者顾颉刚介绍,入北平到燕京大学执教,从此跻身学术界和高等教育界。在其后长达六十余年的日子里,他一直执教于高校,同时勤奋不辍,撰写不止,先后出版了数十部学术专著,为中国文化留下了极其丰厚的一笔财富。特别是他在1940年出版的《国史大纲》一书,风行全国,成为各大学通用的历史教科书,极大地鼓舞了广大青年学子的爱国热情,激发了他们的抗日救亡热忱。

钱穆去世后,其夫人及门生弟子共同努力,悉心收集编辑其文集。1994年至1997年,《钱宾四先生全编》由台北的联经出版公司出版。全书共三大部,五十四册,凡一千七百万字。钱穆文集的出版,既是对一代儒宗的告慰,又极大地丰富了中国文化思想的宝库。

2012年3月26日凌晨,钱穆的夫人胡美琦在台北走完了她的人生之旅,享年八十三岁。她在去世之前,口中还多次念着钱穆晚年所写的一副对联:

尘事无常,性命终将老去;
天道好运,人文幸得绵延。

去世之前,胡美琦留下遗言,希望与丈夫钱穆同葬于大陆的太湖之滨,以期生生世世与钱穆相伴。

作为一代国学大师,钱穆不但是一位专才和史学巨擘,还是一位通儒和思想家。他的学术著作和讲演不仅有学术的、学理的价值,而且也有深刻的思想性和哲理性。他以诲人不倦、著述等身的一生,捍卫、弘扬了中华民族历史文化传统的精华,抵御着工业化、商业化现代社会对人性的肢解,抗拒着欧风美雨侵袭所造成的民族文化生命的衰亡。他肩负着"为往圣继绝学"的使命,他所代表的中国士大夫群体可以称得上是中华民族真正的脊梁。

作为一代学术巨擘,钱穆一向反对褊狭的民族虚无主义,倡导对中华民族历史文化传统满怀"温情与敬意"的态度,正如他所说:历史文化就是一个民族的表现。所以,没有历史,没有文化,也不可能有民族之成立与存在。如是,我们可以说,研究历史,就是研究此历史背后的民族精神和文化精神。我们要把握民族的生命,把握文化的生命,就要在它的历史上去下功夫。

在《灵魂与心》一文中,钱穆曾说过一段令人回味再三的话:

古来大伟人,其身虽死,其骨虽朽,其魂气当已散失于天壤之间,不再能团聚凝结。然其生前之志气德行、事业文章,依然在此世间发生莫大之作用。则其人虽死如未死,其魂虽散如未散,故亦谓之神。

斯人已去,风范犹存。上面这段话不正是钱穆生前身后最好的映照吗!

钱穆是我国20世纪学术思想史上的一座丰碑,也是后学立身行世的楷模。作为中国现代史上的一代国学大师,钱穆始终以传统的"士"自居,坚持不懈地追求"立德、立功、立言"三不朽,"虽九死其犹未悔"。他继承和发扬了传统中国知识分子的"以宏道为己任""先天下之忧而忧,后天下之乐而乐"的优良传统,又以坚定的行为和高尚的情操,激励着后人为弘扬中华文化而努力奋斗!

第三章 力学大师,中科院士——钱伟长

◎

钱伟长是中国当代著名的科学家、教育家和社会活动家。他是钱穆的兄长钱挚之长子,以对物理学研究和应用数学研究等方面的杰出成就,于1955年春在中国科学院学部成立时,被选为数理化组及技术学部委员,并被任命为中国科学院学术秘书。

由于钱伟长在科研上的巨大成就和影响,人们将他与钱学森、钱三强誉为中国现代科学史上的"三钱"。

求学时代

一、多难少年

1912年10月9日(农历八月二十九日),钱伟长出生于江苏省无锡县鸿声里七房桥的钱氏家族五世同堂老宅。

钱伟长出生时,一向执掌钱家门户的钱承沛业已去世。钱承沛是钱伟长的祖父,辞世时年仅四十岁。钱承沛虽然去世了,但他生前却参与创

办了一个远近闻名的义庄——钱氏怀海义庄。钱氏家族兴建的慈善机构"怀海义庄",设立义田、义庄和祭田等名目,以"救灾周急,恤孤矜寡,排难解纷,兴学育才"为宗旨,并明文规定其中部分田产或盈利必须用作教育钱家子弟的经费。这种早期的"教育基金"模式,保证钱家子弟不分贫富都能上得起学,族内的孤寡鳏独者也都能领到一份义庄的钱粮,而且族内的佃农和附近农家子弟的费用也能酌减,确保了钱氏家族中家道中落的子弟也能读书,养家糊口。

钱承沛育有四子二女,四子分别是长子钱挚、次子钱穆、三子钱艺和少子钱文。钱挚便是钱伟长的父亲。

钱承沛去世前后,钱家已呈现败落之势,再加上其四子皆未成人,所以家中生活日渐陷入困窘。这种困窘状态直到他的儿子钱挚、钱穆等长大成人走向社会才有所改善。

钱承沛去世后,其十七岁的长子钱挚便挑起了养家的重担。1905年,钱挚与弟弟钱穆同到荡口镇的果育小学读书,后又一同考入常州府中学堂,但钱挚在该校读的是师范班,一年后以第一名的成绩毕业,之后便回七房桥在钱氏祠堂创办私立又新小学,教授钱家子弟读书。

1910年,钱挚经人介绍与邻村姑娘王秀珍结婚。翌年,王氏生下一女。1912年,钱伟长出生。1913年,钱挚调到邻乡梅村镇县立第四高等小学任学监,弟弟钱穆也到该校兼教。

钱伟长出生后不久,其姊便因病夭亡,在堂的老夫人蔡氏深恐长孙再遭不测,于是每日抱弄长孙,不让于人,呵护备至,视如掌上明珠。

民国初年,七房桥钱家曾两次遭受大火。第一次是1914年,一场大火袭击了钱家老宅,所幸抢救及时,故损失不大。但在翌年,钱家老宅再遭火灾,此次大火从老宅第三进的素书堂烧起,火势迅猛,连抢救的机会都没有,毫不客气地将这幢百年老宅焚烧殆尽,使之几成残垣断壁,连钱家祖先遗留下来的手抄《五经》及钱承沛留下的一些古书等,都付之一炬。火灾过后,栖栖惶惶的钱家一家老小无处安身,后在荡口镇华澄波等人的帮助下才安下身来。

钱伟长出生后不久,就跟着奶奶蔡氏一起住在素书堂东隔壁的房屋内。当时,素书堂被隔成两半,前半间是家族的聚会之所,也是钱家会客之地;后半间则为看书写字的书房。钱家私塾位于钱家七间五进的第三进,这里也是钱家书斋,钱家称此为"素书堂"。最早,钱伟长的祖父钱承沛便是在这里开设私塾的,钱伟长的父辈早年也都曾就读于此。百年老宅被焚后,钱伟长随着奶奶和父母搬到荡口镇住了下来。

迁到荡口镇后,钱家住在复盛墙门的一处独立大院中。大院共有房舍十六间,分前后两进,此外还有一间十分宽敞的大厅。房屋本归华澄波家所有,但华澄波与钱伟长的父亲钱挚曾为常州府中学堂师范班的同学,其子又是钱挚、钱穆兄弟的学生,由于这层关系,钱家才得以在华家安居下来。钱、华两家本来关系不错,再加上钱家住进了华家,关系自然更是日渐亲密起来。

也许是家庭连遭变故所致,钱伟长从小就显得少年老成,很懂事,能理解家中的难处,所以从不讲究物质享受,平时身上穿的都是叔父们穿过的旧衣。直到长大成人,乃至老年,钱伟长一直都对物质生活要求不高。于此,也可看出七房桥钱氏家族的世风懿范。

受父亲和几位叔父的影响,钱伟长稍长便捧着家中的《三国演义》《水浒传》等古典小说看个没完,对文史产生了浓厚的兴趣。在他父辈的四兄弟中,对他影响最大的当属四叔钱穆。直到数十年后,钱伟长在上海时还曾对人说:"陪同四叔读书几年,使我养成爱好读书的习惯。'少成若天性,习惯成自然'。养成良好的习惯于童蒙,终身受用。四叔除读书以外,便是练字。纸张贵,就在旧报纸上练字,字越写越好。我也跟着练字,画图画。我对文史方面的兴趣得益于四叔的熏陶和影响。"

每当学校放暑假时,钱伟长的父亲和叔父们都从各自的学校回来,或闲话家常,或背诵诗书,或吹拉弹唱,全家人生活在一起,真可以说是其乐融融,亲密无间。这种江南乡间闲适而又甜蜜的生活,他一直都难以忘怀。他在《八十自述》中,还兴致勃勃地回忆:

幼年平时生活虽然清苦,但每逢寒暑假,父亲和叔父们相继回家,就在琴棋书画的文化环境中享受到华夏文化的陶冶。父亲和四叔陶醉于中国文化和历史,用薪资节省下来的钱购藏了四部备要和二十四史,以及欧美名著译本,夏天每年三天晒书和收书活动,我是最积极的参与者,从这些活动中,增长了我对祖国浩瀚文化的崇仰……①

钱伟长自五岁到正规小学读书后,在受家庭陶染的同时,还受到四叔钱穆的良好教育和指导,从而为他爱国主义思想的形成提供了坚实而又肥沃的土壤,使他养成了"刻苦自励,洁身自好,胸怀坦荡,积极求知,安贫正派"的个性。

成年后的钱伟长,虽然未能继承父辈在音乐技艺上的特长,却养成了独立思考的习惯,特别是对围棋的嗜好,与四叔钱穆一样,终其一生。关于音乐韵律中的节奏感对他人生所产生的影响,钱伟长曾写道:"一到晚饭后,每天有一小时的音乐活动,父亲善琵琶和笙,四叔善箫,六叔好笛,八叔拉一手好二胡。他们合奏时,祖母、婶母和弟妹都围坐欣赏,并经常有邻居参加旁听。我听长了也能打碗击板随乐。这样的音乐活动,增加了我的节奏感。我长大后,由于专业工作和社会活动过重,并无时间参加音乐欣赏活动,也形成不了业余爱好,但乐感和节奏感还是明显地存在着的。"他在《毕业七十载,报国六十年》一文中又写道:

每逢假期,父、叔四人经常打围棋擂台,我热诚观战,并学着摆棋谱。晚上,他们用琵琶、笙、箫、笛、二胡合奏一出小型音乐会,我也随乐击节,陶醉其中。夏天的晒书和收书活动,我更是积极的参与者。这些活动增长了我对祖国浩瀚文化的敬仰。父、叔们对中国文化、历史等的深厚造诣也影响了我。我从《水浒传》开始,饶有兴趣地阅读中国演义小说,进而阅读春秋、左传、史记、汉书以及中国古代笔记杂文。我就在琴棋书画的优秀华夏文化环境中得到陶冶。清寒但融乐的家庭环境,长辈的楷模示范,启迪着我要懂得刻苦自励,洁身自好,胸怀坦荡,积极求知,安贫

---

① 钱伟长:《八十自述》,海天出版社,1998年版,第2页。

正派。①

1917年秋,钱挚为弟弟钱穆办了婚事。等婚事一过,钱穆便带着虚龄只有六岁的长侄伟长,到荡口镇南侧复盛桥东岳庙的初级小学读书。此前,钱伟长曾在钱家开办的私塾中识字读书,当时,其父钱挚在荡口镇教书。

1918年,钱伟长的舅父母先后病逝,舅父母的遗子王念祜无依无靠,只得前来荡口镇,随姑父钱挚一家生活。王念祜年长钱伟长一岁,他到钱家之后,与钱伟长时常在一起玩耍。

1919年秋,虚龄八岁的钱伟长已先后在荡口镇北司前弄小学、后宅镇小学、镇中鸿模小学和东岳庙初级小学读了两年书。此时,四叔钱穆应邀到后宅镇筹建泰伯乡第一小学,于是就带着伟长进了这所学校。钱穆到泰伯乡小学任教时,听从母亲蔡氏的意见,特意带着他父亲的老家人阿庚同去,让阿庚照顾年幼的伟长。三年后,钱穆经施之勉介绍,应邀远赴厦门集美学校任教。由于路途遥远,不便带侄子前往,就让钱伟长改到荡口镇北司前弄的初级小学就读。

1925年,钱挚被聘为无锡城郊荣巷公益学校的教务主任,顺便将儿子带到该校就读。公益学校是荣宗敬、荣德生昆仲创办的一所私立学校,其实是一所初级中学,除中学的初一、初二、初三年级外,另设有小学五年级、六年级两个班级。钱伟长过去从未上过数学课,因此只能插入小学六年级跟读。

在公益学校读书期间,钱伟长与荣家子弟荣毅仁成了同班同学。荣毅仁后来成为著名实业家、社会活动家,还担任过国家副主席。

荣毅仁生于1916年,比钱伟长小四岁。虽然钱伟长与荣毅仁是同班同学,但此时的荣家是闻名天下的富豪之家,荣毅仁只在上课时才与同班同学在一起,下课了便由家佣直接护送回家。所以,荣毅仁那时与钱伟长这些同班同学并没有过多的接触。虽然如此,但他与钱伟长一直保持着

---

① 钱志仁、钱国平主编,无锡市历史学会编:《无锡鸿声里钱氏六院士》,2008年版,第185页。

友谊。而钱伟长在荣巷读书期间,与荣毅仁也相处颇好,毕业后还多有往来。

早在钱伟长出生时,其父钱挚就喜不自胜,与弟弟钱穆商议给儿子取名事宜。一向饱读诗书的钱穆,知兄长喜得贵子,心里高兴,于是向乃兄建议:"建安七子中的徐干,字伟长,文才出众,假借其名,也喻有见贤思齐之意。"钱挚深以为然,遂为儿子取名"伟长"。

钱伟长成年后,就一直沿用四叔钱穆所取之名,逐渐成长为一个杰出的科学家、教育家和社会活动家,还被誉为"中国近代力学之父"。

对于四叔钱穆为自己取名一事,钱伟长后来还对人说:"1912年我出生,为祖母之长孙,按例由家父取名字,兄弟谦让,由四叔替我取名伟长。'建安七子'中有一徐干,字伟长,颇有文才。四叔替我取这名字有见贤思齐的景仰之意。"

其实,钱伟长是钱挚的第二个孩子,钱伟长上面还有个姐姐,但不幸夭折而未能成人。由于祖父去世得早,钱伟长出生后,并未见过祖父之面,但钱家是书香世家,家风谨严,故祖父对他的成长所产生的影响自在不言之中。这也许就是书香世家所留遗泽的缘故吧。

钱家早在钱承沛去世后,家道便日渐败落下来。特别是1914、1915年这两年,七房桥五世同堂老宅连遭两次大火,这片庞大的建筑群落毁坏殆尽,钱伟长只得随着祖母和父母到荡口镇住下来,一住就是二十余年,直到抗日战争全面爆发。所以,钱穆他们兄弟后来回无锡老家时,几乎也都是住在荡口镇。

鉴于生活困窘,钱家族人多次劝说钱伟长的祖母蔡氏向怀海义庄申请生活费,却遭到了蔡氏的坚决拒绝。这位出身于书香门第而且通情达理的女性正言说道:"先夫筹建义庄,是为了给族人谋福利,而非一己之私。我和家人尚可自活,何须申领?"

蔡氏这番话不但赢得了族人的尊敬,更给她的子孙们留下了难忘的印象,也激励着钱伟长这位多难少年,在以后的人生道路上奋力拼搏。

二、读书苏中

1926年5月,由于国民革命军北伐和学潮的影响,荣巷公益学校一度停办，钱挚只得带着钱伟长一同回到了时在荡口镇的家中。这样算下来，钱伟长在公益学校读书还未及一年。

儿子辍学在家，钱挚心中自然十分焦急，于是多方托人，希望儿子能转校续读。1926年暑假，钱挚听一位朋友说无锡国学专修馆办得不错，于是将钱伟长送入其中，师从国学名宿唐文治等人。

无锡国学专修馆位于无锡市学前街，为清末民初著名学者兼教育家唐文治先生等人所办。唐文治是桐城古文派的嫡系传人，也是一个理学家、古文字学家，进士出身，清朝末年曾任商部左侍郎，后又兼署农工商部尚书等高官，而且是上海南洋公学的首任监督，著有《茹经堂文集》等。唐文治退休回到老家后，致力于文化教育事业，在无锡城中创办了国学专修馆，亲自传道授教，培养了一大批人才。

无锡国学专修馆，后来也称作无锡国学专修学校，主要开设四书五经、先秦诸子、宋明理学、桐城古文、旧体诗词、说文、通鉴等课，目的主要是"继往圣绝学"。唐文治先生的国学造诣极为深厚，他所培养的弟子后来大都成了很有声望的专家学者。钱伟长在这里时间虽然不长，却也学到了很多国学知识，打下了深厚的国学根基。

钱伟长进入无锡国学专修馆的这年秋天，他的六叔钱艺和八叔钱文同时结婚成家，这给钱家带来了不少的喜庆祥和之气。但时过不久，北伐军进军江南，孙传芳率军北撤之时，纵兵将无锡荡口镇居民的财物洗劫一空。钱家首当其冲，损失更为惨重，钱伟长新婚不久的六叔、八叔两家的财物基本上全为乱军掠走。

1927年1月，无锡县立初中成立，钱挚应聘为该校教务主任并兼历史教员，钱伟长因此也得以进入该校初中一年级就读。但事有不巧，由于战乱，该校一度关闭，钱伟长只得再次回到家中。

1927年秋，钱伟长的四叔钱穆经朋友胡达人介绍，被苏州中学聘为国文教员。因为苏州中学是一所名校，所以钱穆就建议钱伟长也来报考。

翌年夏天，钱伟长以初中二年级资格直接报考苏州中学高中部。此时，他的父亲钱挚则与同人在无锡筹设江苏省立乡村师范学院。

关于钱伟长报考苏州中学一事，他本人在后来的回忆录中曾写道：

"钱穆的学术声望日增,到 1927 年秋,由胡达人先生推荐,省立苏州中学聘他出任主任教席。四叔来信嘱我去报考苏州中学。考试终于录取了,发榜时一看是最后一名。父亲爽朗地笑着说:'你这次可真成了孙山。'我也笑了,但笑得勉强,初二程度考上高一,跳了级,焉能不笑?且又可在四叔的身边得到他示范式的启导;笑中又有苦涩,因我叨陪末座,用当地人的说法是倒数第一。"

钱伟长前往苏州中学读书时,父亲钱挚正在病中。钱挚一面为儿子收拾行装,一面语重心长地对儿子说:"苏中是所江南名校,你此次能考进读书很不容易,尽管家中生活拮据,但也要供你读书。苏中有许多名师,你到校后一定要勤奋读书,做一个对国家有用的人。此次考试,你虽然名列最后,但只要有志气,就可以后来居上!任何人的成就都是经过艰苦奋斗才得到的。"父亲的教诲一直铭记在钱伟长的心中,此后他也以此来激励自己勤奋学习,积极上进。孰料,钱伟长与父亲此次分别竟是永诀。

钱伟长到苏州中学,是从初中二年级直接考入高中部的,所以不少人都对他的考试成绩持怀疑态度。苏州中学校长汪典存为平息这些人的意见,特地派人复查了钱伟长的考试成绩,结果并未发现有什么不公之处,于是决定予以正常录取。

到苏州中学报到这天,前来接待的一位国文老师在接待处看到钱伟长时,不由得一阵惊喜,他将眼前这位瘦瘦的少年打量一番过后,便高兴地带着他办理入学手续了。这位国文老师早就听说钱伟长参加考试时语文和历史均得了满分,而且钱伟长还是本校教员钱穆的长侄。

1928 年 11 月 1 日,钱伟长进入苏中尚不到两个月时间,就从家中传来了父亲病逝的噩耗。这年

在苏州中学读书时的钱伟长

夏秋之交,钱穆的妻子邹氏因产褥热去世,新生婴儿不久也亡。而此时的钱挚,本来就有病在身,他不但在无锡县中任教务主任兼舍监,还与同人积极筹设江苏省立乡村师范学院。为了安慰弟弟,他多次带病回乡帮弟弟照料丧事。孰料,就在钱伟长进入苏中读书后不久,积劳成疾的钱挚即遽然辞世。

钱穆带侄子伟长,从苏中匆匆赶回无锡荡口镇,与钱文、钱艺两个弟弟一起,合力操办长兄的丧事,使他入土为安。

钱挚与乃弟钱穆一样,擅长文史,尤喜读诗,时常吟诵不辍,而兼国学根基非常扎实,钱穆在《八十忆双亲》中曾忆云:"先兄喜咏,曾文正《十八家诗钞》不离手口,尤喜陆放翁七律。所为诗几乎全仿陆放翁。卒后,余哀其遗诗三百余首,编为一集付印。"

虽然钱挚去世较早,但他对长子钱伟长的影响还是较大的。晚年的钱伟长在回忆父亲时就曾说:"家虽贫寒,但父辈昆仲皆好学之士,兄弟怡怡,感情弥笃。家父钱挚国学基础好,对《资治通鉴》研究有素,以工整的小楷作了密密层层的圈点批注。四叔钱穆(字宾四)对圈点本视为珍品,爱不释手。"

1928年这一年,七房桥钱家一门连遭三丧,特别是长兄钱挚去世后,作为一家之长的钱穆,更是悲痛已极,他在"妻孥哭未已,兄死方余恸"的情况下,终于还是打起精神,带着钱伟长回到了苏州中学。

钱挚英年辞世,时年尚不足四十岁,因他是钱承沛之长子,故他的去世对钱家打击很大。钱挚去世时,遗有二子二女,三个月后,钱伟长的母亲王秀珍又生了一个女儿。此时,钱伟长的奶奶蔡氏也随他家生活,一家老小七口人,生活更加艰难起来。

目睹钱氏一门连遭不幸,素与钱家交厚的华澄波不免惺惺相惜,他将钱伟长一家接到自己宅中,慷慨让出余宅,让他们一家安下身来,同时还允下了十年不收房租的承诺。

失去当家人的钱挚一家,上有老下有小,生活日渐贫困。看到家中这种境状,钱伟长的母亲王秀珍不想再让儿子读书了;作为长子的钱伟长,考虑到要养家糊口,也有不想再去苏中读书的打算。这时,四叔钱穆却劝嫂嫂王氏放心，自己愿意每月从薪水中拿出钱来用于养家，并允诺承担钱伟长的读书费用，直到他大学毕业。钱伟长的另外两个叔叔钱艺、钱文，也都劝侄子读下去。钱伟长这才重新回到了苏州中学。

苏州又名姑苏城，是一座美丽的水乡城市，素有"东方威尼斯"的美誉。这里的一切，对于偏好文史的钱伟长来说，都充满着诗意与新奇。那时，钱伟长心中也总是揣着一个美好的"文学梦"。苏州名胜古迹众多，钱伟长在读书之余，常常与同学们去参观游览，而闻名遐迩的沧浪亭最使他难忘。

沧浪亭是宋代名臣、文学家苏舜钦所建。苏舜钦本籍四川中江，晚年觅居于苏州，又在风景绝佳的古城修建了一处别墅，就是沧浪亭。苏氏在沧浪亭里还刻着"沧浪之水清兮，可以濯我缨；沧浪之水浊兮，可以濯我足"。沧浪亭的石柱上，刻有这样一副对联："清风明月本无价，近水远山皆有情。"游观沧浪亭的风景名胜，给少年钱伟长留下了深刻的印象，启迪他去探索自然的无穷奥秘。

钱伟长在苏中读书期间，家中十分贫穷。他以初中二年级直接考入高中一年级，数学、物理和化学基本上没有学过，所以初到苏中时成绩排名靠后。但是，钱伟长是一个聪明而又勤奋的人，家中贫困的生活也激发他向上进取，所以他的成绩很快便由班里的后几名赶到了中游。

钱穆在苏州中学教书时，对钱伟长的照顾十分周到，不论是学业上还是生活上，都处处关心，关爱备至。有时，他还带着侄子到苏州的郊外游玩，享受这里的山水田园风光。

钱伟长在苏州中学读书期间，由于受家庭特别是叔父钱穆的影响，对文史一类的课比较偏爱，所以成绩也非常优秀，特别是升到高三时，他还写过一篇《春秋日蚀考》，获得过江苏省高中组国文奖。但是，他对数学、物理、化学课的兴趣却不太大，以致后来在报考大学时这方面的成绩不大理想。对于自己在苏州中学读书时的情形，钱伟长在《八十自述》中曾有这样的记述：在苏州高中老师们的引导下，我走出了为解决个人生活而学习的小径，启迪了我追求真理、追求学术探索的无尽向往。

三、水木清华

1931年夏初,钱伟长在苏州中学已近毕业。他的祖母和母亲因考虑到家中生活困难,希望他中学毕业后能早点就业,并且希望他能找个邮政事务或铁路方面的工作,借以缓解家中的困境。但是,四叔钱穆和其他几位叔叔却鼓励他报考大学。钱伟长想到家中生活困难,自己成绩并不是太好,考大学不大有希望,即使能考上大学,到大学学习几年也得有一笔不菲的开支,所以心中很犹豫。

正在这时,钱穆告诉侄子一个意外的好消息:"味精大王"、化学家、上海天厨味精厂创办人吴蕴初先生设立的"清寒奖学金"留给苏州中学两个名额。

吴先生出身于清寒之家,早年家中生活十分贫困,但他致富后不忘教育,每年从利润中拿出三千大洋,为十二名品学兼优的清寒子弟提供助学金,采用公开考试选拔的方式,资助家境困难的高中毕业生进入大学读书。所幸的是,钱伟长在这一年也进入被资助之列。

钱伟长得到这一消息后,心情十分激动,信心也陡然增加起来,于是听从四叔等几位叔叔的意见,决定报考。

钱伟长报考了清华大学、中央大学、浙江大学、唐山铁道学院和厦门大学等五所高校。他之所以报考这么多学校,只是想多一些进入大学的机会。幸运的是,考试过后不久,这五所高校都给钱伟长寄来了录取通知书。

特别是参加清华大学的考试时,钱伟长的历史和国文几乎得了满分,弥补了数、理、化成绩不足的缺陷。最后,钱伟长在听取四叔钱穆意见的基础上,选择了清华大学。从此,钱伟长开始了在清华大学的六年读书生活。

早在1930年,钱穆因著名学者顾颉刚介绍,被北平的燕京大学聘为助教,教授本科生的国文等课。到了1931年暑假,钱穆收到了北京大学寄来的聘书,聘他到北京大学文学院教授历史,职称是副教授。与此同时,钱穆还被清华大学聘为兼职教授。

1931年9月10日,十九岁的钱伟长随四叔钱穆一起来到古都北平。10月16日,钱伟长去清华大学报到。

是年清华大学入学考试时的历史试卷是著名史学家陈寅恪出的,试题要求写出中国二十四史的书目、卷数、作者和注疏者的姓名。钱伟长后来得知,许多考生对这道题感到很意外,故考分都不高,但钱伟长却得了满分。这一年的国文试卷是写一篇题为"梦游清华园"的作文,据说是清华大学中文系主任朱自清和教授闻一多合出的。钱伟长此前虽未进过清华大学的校门,但他根据自己的想象,以及人们的口碑,竟在四十五分钟内写出了一篇颇为出色的赋,得了满分。

到清华园报到后的第一周,新生要选择院系和专业。清华大学历史系教授陈寅恪认为,钱伟长的历史知识基础较好,应该进入历史系;而中文系主任朱自清和教授闻一多却认为,钱伟长的作文写得十分出色,如果进入中文系读书,应该会有一个很好的前途。特别是朱自清教授,当他听说钱伟长是钱穆的侄子时,对这位出身于书香门第、家学深厚的少年格外看好,他还特地将钱伟长叫到自己家中,语重心长地劝他选择到中文系读书。钱伟长也是带着美好的"文学梦"报考清华大学的,于是就听从朱自清、闻一多两位教授的意见,选择了中文系。

就在钱伟长进入清华大学的第三天,震惊中外的"九一八事变"爆发,日军一夜之间占领了我国东三省的大片国土。面对民族危机,全国各地的救亡运动风起云涌,抗日情绪空前高涨。日本侵略者的铁蹄使清华大学的师生们警醒起来,而作为入学仅有几天的新生,钱伟长对自己的选择也有了新的考虑。他想,中国几十年来老是挨打,受外国侵略者的欺侮,就是中国太落后造成的。因此,他对自己的理想追求也有了更清醒的认识,从而将"文学梦"转化成了"科学救国梦"。钱伟长毅然决定放弃当一个文学家的梦想,弃文学理,用科学技术来拯救中国。

当时,清华大学的物理系主任是叶企孙教授。他是著名的物理学家,中国近代物理学奠基人之一,也是著名的教育家。叶先生是上海人,生于"百日维新"的清光绪二十四年(1898)。叶先生早年就读于清华学堂,后以优异成绩考取中美庚款资格赴美留学,先后入芝加哥大学、哈佛大学读书,1923年获哈佛大学博士学位,翌年归国后被东南大学聘为教授。1926年又被清华大学聘为教授,参与创建清华大学物理系并任系主任达十年之久。他担任物理系主任后,先后聘请了吴有训、周培源、萨本栋、赵忠尧、任之恭等著名学者前来任教,相继培养了钱学森、钱伟长、李政道、杨振宁、郭永怀等杰出的物理学家,为祖国科学事业的发展做出了巨大贡献。

钱伟长进入清华大学后,与叶先生也有过一些接触,特别是后来进入物理系之后,接触就更多了起来。叶先生对他日后的成长产生了巨大的影响。而对钱伟长影响更大的,则是物理学家、代理系主任吴有训教授。吴先生是江西高安人,生于清光绪二十三年(1897),早年毕业于南京高等师范学校,后赴美入芝加哥大学物理系读书,留学期间与导师、物理学家康普顿教授合作,用实验证实了物理学中有名的康普顿效应,后来被称为康普顿-吴有训效应,康氏因此而获得诺贝尔物理学奖,吴有训也因此名声大噪。1926年秋,吴有训毕业获得博士学位。归国后,吴先生相继执教于东南大学、中央大学和清华大学。

叶企孙、吴有训两位教授,对钱伟长在清华大学的读书乃至后来的成长影响巨大,他们后来的关系也最好。钱伟长对这两位先生一直都很敬重,他们的师生情谊也保持了终生。

在弃文学理决心下定后的翌日,钱伟长就去找物理系代主任吴有训先生,坦诚地说明了自己弃文学理的意愿。吴教授在了解了钱伟长入学考试的成绩后,觉得他弃文学理实在有些不合情理,于是就直言不讳地对他说:"你入学时的物理才考了十五分,但语文和历史都考得这么出色,所以我建议你还是仍留在中文系为好。"

但钱伟长却执拗地说:"我改学物理并非为了自己,而是为了将来能给祖国制造大炮、坦克,是为了拯救我们的祖国!"

"学文同样也可以救国呀!其实这并不矛盾。中文系的朱先生、闻先生不也是很爱国的吗?"吴有训反驳着眼前这位瘦瘦的新生。

钱伟长见吴先生不肯答应,就立在吴先生的办公室里不肯离去。

那天以后,钱伟长常到吴先生的办公室去,央求吴先生让自己转到物理系读书。

钱伟长决定弃文学理那几天,他的四叔钱穆也听说了,但他对侄子此举却不以为然,他原想让侄子攻读文史来继承家学的,孰料他却要弃文学理。所以,钱穆对侄子的想法反对尤甚。但素有远见的物理系主任叶企孙却对钱伟长改学物理之举甚是赏识,他还出主意让钱伟长去找顾颉刚,让顾先生去劝说吴有训、钱穆两人。时任燕京大学历史系主任的顾颉刚,分别找到吴有训和钱穆,对他们说:"我们国家站不起来受人欺侮,就是因为科学落后。青年人有志于科学研究,我们长辈就应该大力支持。"他还说:"青年有选择志向的权利,他愿意为国家民族学科学,尽管困难,但他愿学,坚持要学,他就能够克服困难。他清楚自己的条件,比别人学得晚,是很吃亏的。但他有坚定的志向,我们对年轻人的志向只能引导,不能堵塞!"顾先生这番话说服了钱穆和吴有训,吴有训教授这才略有松口。

虽然有所松口,但他对钱伟长的期望并不很高,所以对钱伟长转入物理系又附加了一个条件。

见吴教授答应了,钱伟长的精神不禁为之一振。但吴先生却笑着对他说:"现在想转入物理系读书的学生很多。这样吧,我先让你到物理系试读一年,如果在一年当中,你的高等数学、普通物理和普通化学这三门课都能考过七十分,就正式进入物理系。届时你如果有一门课未达到这个标准,就请转回中文系!"

"为了实现科学救国的志愿,我只能拼命苦读!"钱伟长心里对自己说。

转入物理系后,钱伟长开始精心制订学习计划:先用三个月时间补习中学的数理化知识,再用两个月时间攻读大学的数理化课程,努力赶上班上学习成绩好的同学。

清华大学的前身是成立于1911年的清华学堂,原是清政府用美国退还的部分"庚子赔款"办起来的一所留美预备学校。1912年,清华学堂易名为清华学校,1925年5月成立大学部和国学研究院,并对原有的留美预备部进行改组,翌年又在大学部成立了十七个系。1928年8月,国民政府接管清华学校并易名为国立清华大学,留美预备部和国学研究院先后停办，集中精力创办大学教育。1931年10月，曾任清华学堂留美生监督的梅贻琦出任清华大学校长，他常对人说："所谓大学者，非谓有大楼之谓也，有大师之谓也。"梅贻琦上任后，广延名师，民主治校，加强对外交流，积极引进世界最新科学技术，不遗余力提高教学质量和学术水平，从而使学校在短短的几年内便得以跻身全国著名大学之列。清华大学被收归国有后的十年，正是抗日战争全面爆发前的十年，这十年也是清华大学发展最快的时期。清华大学之所以能得以快速发展，与学校有许多一流的大师任教是分不开的。当时，其他院系不说，仅说钱伟长所读的物理系，就有叶企孙、周培源、吴有训、萨本栋、任之恭、赵忠尧等著名教授，这些都是我国近代物理学的开拓者与奠基人，是当时全国物理学界屈指可数的学者。

钱伟长转入物理系之初，也清醒地认识到，自己的理科知识实在太差了。为了能学到真正的科学知识，他发愤努力，用心苦读。一段时间之后，由于苦读太过，他的面色越来越苍白，身体也显得越来越瘦弱，远远望去，竟像是一株弱柳。

进入清华大学的第一年，钱伟长每天都睡得很少，全部心思都放在用功读书上面。每天很早便起床到图书馆去，但时常发现还有一些人更早地来到了图书馆，其中一个便是后来成为著名数学家的华罗庚。

在抗日救亡的那几年，清华大学的师生们为了能实现科学救国的理想，学到真正的知识去拯救祖国，几乎每个人的学习都特别地自觉和刻苦。

华罗庚与钱伟长是同一年进入清华大学的，他那时只是清华大学数学系负责杂务工作的文书。华罗庚初中毕业后失学，在父亲办的杂货铺里打零工。他坚持自学，于1930年在上海的《科学》杂志上发表了数学论文，被时任清华大学数学系主任的熊庆来看中而引荐到清华数学系当图书管理员。华罗庚进入清华大学数学系后，更是发愤攻读，决心利用工余时间完成大学本科的数学课程。华罗庚的苦学拼搏精神也激励着钱伟长，他们四年后大学毕业时，钱伟长成了清华大学物理系成绩最好的学生，华罗庚也成了清华大学数学系成绩最好的学生，两个差等生都成了优秀生,两人后来还成了知心朋友。

钱伟长转入物理系读书一年结束时,他的学习成绩达到了吴有训教授此前提出的要求,与他一同转入物理系的还有另外五个同学,仅有他成为吴先生所要求的合格生。

读书清华期间,钱伟长对物理系主任吴有训先生的教导一直铭记在心,多年后他还回忆说:"我以后学习所有的课都是这样,不懂就记下来。这个办法用了以后,我的物理很快就赶上来了。在第一年的第八个礼拜、第九个礼拜就开始慢慢恢复了。我要感谢吴有训,他教我怎么学。现在,我也用这种办法教学生。"

由于小时候家中贫穷,钱伟长的身体一直不是太好。进入清华大学后,仍比较瘦弱,再加上用心苦读,他的身体更显得弱不禁风,所以钱伟长留给清华大学师生们的印象便是发育不良且又体弱多病的样子。

钱伟长进入清华大学时,他的身高只有一米四九,与清华大学规定的入校标准一米五尚差一厘米。当时,体育系主任马约翰教授连连惊叹道:"Out of scale."(不达标)清华大学的青年教师夏翔目睹此景,也不禁脱口说道:"啊,来了个清华历史上从未有过的身高不达标的学生!"

马约翰教授在测量了钱伟长的其他几项身体指标后,发现他还有一些不达标的项目,诸如肺活量不足、篮球也投不进篮筐,等等。按校规,入学新生要沿着学校体育场跑道跑步,钱伟长刚跑了两圈,便上气不接下气。见此情形,马约翰便在一旁鼓励他:"坚持!要坚持住!"看到钱伟长坚持着终于跑完了最后一圈,马约翰告诫他:"要坚持下去,以后要多注意锻炼身体呀!"

在清华大学的第二学期,钱伟长参加了一年一度的越野长跑训练。在这项体育比赛中,钱伟长第一次在清华大学体育场上亮相。他咬紧牙关,坚持拼搏,结果他所参加的越野队争得了全校的团体冠军。

马约翰先生见此,不禁对钱伟长大加赞许。此后,马先生还对钱伟长刻意培养,特别是长跑训练,马先生更是亲自指导。在马约翰教授的热心指导下,清华大学越野队在北平市五所高校体育比赛中取得了最好的成绩,并获五连冠,钱伟长也与张光世、孙以炜、刘庆林、罗庆隆成了清华大学越野队的"五虎上将"。

早在钱伟长转入物理系之初,吴有训教授见钱伟长身材不高、体质瘦弱,就谆谆告诫他:"你要向马约翰教授多加请教,平时注意加强体育锻炼,增强体质,培养科学研究中所必须具备的持久力。"

钱伟长毕业时的身高是一米六五。对于马约翰教授的关怀和鼓励,钱伟长回忆:"马约翰老师不仅使我得到身体健康和体力精力的锻炼,更重要的是使我得到耐力的锻炼,使我得到夺取胜利的意志的冲刺。这对我一生在工作上能闯过不幸的困苦年代,能承受压力,克服种种艰辛,而不失争取胜利的信心和斗志奠定了良好的基础。"他认为自己"在清华大学物理系本科四年中,得到了终生难忘的教育"。

钱伟长在清华大学本科读书时,物理系的教师有吴有训、萨本栋、赵忠尧、周培源、任之恭等。在这些知名教授的指导下,清华大学物理系的学习风气特别好。在这浓厚学风的影响下,钱伟长与同学们都树立了远大的理想抱负,立志为国而学,学而有成。清华大学还时常聘请一些外国教授来校讲学,诸如爱因斯坦、波尔、笛拉克、郎之万等欧美学者,促进了教学质量的不断提高。

钱伟长在清华大学毕业时的留影

清华大学的校训是"自强不息,厚德载物"。这一校训对于清华学子的影响颇为深远。

1935年夏,钱伟长在清华大学的四年本科临近结束。他与同学顾汉章合作,完成了毕业论文《北京大气电的测定》。他用心苦读,坚持测量试验,所以当他在班级上宣读自己的毕业论文时,台下响起阵阵的掌声,也得到了教授们的一致好评。他与顾汉章的此次测定,得到了我国自行测定大气电量的第一批数据。

与此同时,钱伟长还参加了两个考试:一个是国立中央研究院物理研究所所长丁西林教授的实习研究员考试,但录取名额只有一个;一个是清华大学物理系的研究生考试。

这两场考试的结果是,钱伟长都在录取之列,而且他参加这两场考试的成绩也都名列第一。

按照当时这两家单位的录取规定,录取到中央研究院物理研究所后,每月可有一百元的收入,而清华大学物理系研究生在录取后只有六十元的补助费。钱伟长考虑到自己业已长大成人,不能再麻烦四叔他们照顾家中生活了,于是就想进入中央研究院物理研究所当实习生。就在此时,他在清华的指导老师吴有训先生又告诉他一个好消息:由于钱伟长本人的考试成绩优秀,学校特地为他申请了商务印书馆总编辑高梦旦设立的"高梦旦奖学金"(全国仅一个名额),此项奖金每年三百元,并且是连续三年。如果能留在清华大学读研究生,以此足可补贴家用。

鉴于自己是吴先生的门生,而吴先生此次也有意招他再读,故经再三考虑,钱伟长决定留在清华,仍师从吴教授读研究生。就这样,钱伟长于1935年秋又开始在清华攻读研究生的学业。

在读研究生期间,钱伟长仍然勤奋如昔,读书更是如饥似渴。此后的近三年时间,他主要完成了三项课题研究:一是与物理系的吴有训教授合作,研究 X 光衍射理论;二是与化学系的黄子卿教授合作,研究溶液论并撰写论文;三是与理学院院长叶企孙教授合作,研究分析铈的原子光谱学理论。

钱伟长自 1931 年秋到清华大学,在他读本科和研究生期间,正是日本帝国主义虎视中国之时,日本帝国主义加紧了对中国侵略的步伐。

1935 年 12 月 9 日,北平爆发了大规模的学生游行,抗议日本帝国主义的侵华暴行。"华北之大,竟不能安放下一张平静的书桌!"这一天,清华大学、北京大学等高校的学生都纷纷拥上街头,参加游行示威活动。

12 月 16 日,钱伟长和北平各大高校的学生再次走上街头,高呼"誓死不当亡国奴"等口号。游行队伍还未走多远,军警就开始袭击、抓捕学生,但钱伟长和同学们毫不畏惧,继续高唱着麦新、孟波谱写的《牺牲已到最后关头》等歌曲:"亡国的条件我们绝不接受,中国的领土一寸也不能失守,牺牲已到了最后关头……"当游行队伍走到宣武门附近时,军警竟然开枪,对游行学生进行血腥镇压,当场逮捕学生三十名,打伤学生四百余名。这就是中国学生运动史上的"一二·一六"事件。

"一二·一六"事件发生后,为了唤起全国民众的救亡意识,钱伟长与清华大学的一些热血同学一起,于12月25日自发组织了一个自行车社,从北平出发沿津浦路南下,准备到南京向国民政府请愿。沿途,他们高唱《义勇军进行曲》等爱国歌曲,高呼"打倒日寇""恢复失地""誓死不当亡国奴"等口号,积极宣传抗日救亡,鼓舞中国人民的抗日斗志。

1936年1月13日,钱伟长他们的自行车队到了南京,向南京的市民们宣讲北京"一二·九"运动的实况。但是,钱伟长与同行的几位同学却被军警抓进了监狱。四叔钱穆得知这一消息,心中十分焦急,他与清华的师生们多方奔走,设法营救。清华大学校长梅贻琦与著名物理学家叶企孙、吴有训、丁西林等,也加入营救行列。

在社会各界的积极营救下,钱伟长和他的同学终于在1月16日被全部释放。

1月下旬,钱伟长与同行南下的同学们返回清华园。这一天,他们还未踏进校门,大家都已热情地奔向他们。对于此次参加南下请愿团一事,钱伟长多年后还回忆说:"1935年'一二·九'运动爆发,我投入运动,骑自行车南下宣传抗日,在南京被拘。四叔多方奔走,设法营救;清华大学梅贻琦校长也出面交涉,不久我们被押送回北平,终于获释。"

钱伟长和自行车请愿队的同学们被潮水般拥来的师生抬着举了起来。他们欢呼,他们跳跃,他们高呼着充满激情的口号,晶莹的泪水充盈着每一位爱国师生的眼眶。人群中,钱伟长看到了一双热情的熟悉而又令他终生难忘的眼睛,这是清华大学中文系二年级学生孔祥瑛的。

孔祥瑛是孔子的第七十五代后裔,时年十九岁。孔祥瑛的父亲孔繁霱,原籍山东滕县,出身望族,早年曾到日本陆军士官学校留学,归国后一度赴山西太原佐阎锡山办理军务,其以才而颇受阎氏器重。孔繁霱是世家出身,他虽然喜好清谈,却是一个正直爱国的读书人。受孔氏家教的熏陶,孔祥瑛自小就喜欢读书,十八岁时以优秀的成绩考入清华大学中文系。

钱伟长虽然个头不高且显得清瘦,但他的学习成绩在全校名列前茅,而且还是一个体育健将,全校师生对他都很熟悉。而孔祥瑛则文静自然,外表看来更像一位大家闺秀,故也颇得清华园男生们的好感。两位清华学子,两颗年轻的心,在抗日救亡的热潮中渐渐地贴到了一起。他们相识相知,开始恋爱了。

1937年7月7日,"七七事变"爆发,揭开了中华民族全面抗战的序幕。之后,北平、天津相继失陷,清华大学、北京大学和南开大学分别南下并在湖南长沙组合成临时大学。钱伟长经张子高教授引荐,与葛庭燧等为国立编译馆翻译《葛氏物理学》。不久,他又在何汝楫等人的介绍下,到天津耀华中学临时谋职,担任该校物理教师兼女生班班主任,以期积攒下盘缠后再南下与清华师生会合。

1937年冬,时令渐渐到了旧历年关,钱伟长借耀华中学放假之机,决定走出天津租界,随后乘太古怡和轮船前往上海,准备回无锡荡口镇探望奶奶、母亲和弟妹。到达上海后,钱伟长改乘一条运煤货船转回无锡。当煤船驶到张家港附近时,甲板上有个潇洒的年轻人立在晚霞的余晖里。钱伟长觉得这个人似曾相识,走近一看,原来是在无锡荣巷公益学校时的老同学荣毅仁。

钱伟长与荣毅仁在船上陡然相见,两人都分外高兴。半年以前,荣毅仁已大学毕业,此次回乡过年,为了安全,便从上海乘家中的运煤货船回无锡老家,因他一直在船舱中,故一路上未能与钱伟长照面。算起来,他们两个也有近十年未见面了。

两人兴高采烈地谈起自公益学校分别后的经历。最后,荣毅仁善意地对钱伟长说,时下日本人横行霸道,兵荒马乱,为了安全,出门在外不可太过张扬,衣服穿着都要扮作乡下人模样才较安全。钱伟长心领神会,对老同学的提醒称谢不已。

在荣毅仁的帮助下,钱伟长顺利地回到无锡荡口镇的家中,而他与荣毅仁的再次相见,则又是若干年以后的事了。

1938年旧历新年过后,钱伟长又回到天津的耀华中学任教。转眼又是一年倏忽将过,是年12月20日,钱伟长与几个同学聚会商量,各自的盘缠都已经积够,于是决定结伴南下。

此次南下,钱伟长与汪德熙等四位好友同行,准备远赴昆明。此时,清华大学已与北京大学、南开大学组建为西南联合大学,且已迁到春城昆明。

离开天津以后,钱伟长一行从塘沽上船走海路经香港到越南,最后由陆路转往昆明。

1939年元旦,钱伟长与几位同学终于顺利到达昆明。当他的恋人孔祥瑛飞奔到他的面前时,两人都情不自禁地喜极而泣。与他分别两年的孔祥瑛如今已是西南联大的大四学生了。

钱伟长到昆明时,适逢担任西南联大物理系热力学课的叶企孙教授拟调往重庆,行将就任中央研究院代理总干事一职。钱伟长到来后,正好接替叶教授留下的物理系热力学的教课任务。叶教授离开学校时,留下了自己的教学备用讲稿,这份教案便成了钱伟长教课的范本。

半年时间很快过去了,1939年7月,钱伟长在吴有训、叶企孙等教授的推荐下,与林家翘、郭永怀等同学参加了当年的第七届中英庚款公费留学考试。当时,考场分设于上海、重庆、昆明三地,钱伟长报考的是弹性力学专业。这一年的中英公费留学名额只有二十个,报考者却有三千余人,而且,钱伟长所考的弹性力学专业仅有一个名额。考试过后,尽管钱伟长自我感觉良好,但一颗心始终悬着。

中英庚款董事会成立于1931年4月,由十名华人和五名英国人组成,朱家骅任董事长,杭立武任总干事,办公地点设于南京城北颐和新区的山西路①,每年录取二十名学生赴英留学。1933年夏举行的首届赴英留学考试,由于种种原因仅录取了九名,其余名额留于下一年。1934年举行第二届考试,录取十六名。钱伟长他们参加的是第七届。

此时,孔祥瑛已从清华大学文学院中文系毕业。8月1日,在清华理学院汪德熙、傅承义、林家翘等同学操持下,钱伟长与孔祥瑛在西南联大

---

① 其旧址即今江苏省南京市鼓楼区山西路124号,现为鼓楼区政府所在地。

物理系教室举办了简单的婚礼。

钱伟长、孔祥瑛均出身书香门第,又都是清华大学的学生,两人分别来自于文、理两科,所以他们的结合在战时的昆明传为佳话。

在钱伟长和孔祥瑛的婚礼上,西南联大中文系主任朱自清担任主婚人,物理系主任吴有训担任证婚人,冯友兰、王竹溪、罗庸、赵忠尧、闻一多等教授也都作为嘉宾前来助兴。

钱伟长与孔祥瑛结婚还未及一月,中英庚款公费留学通知便到了钱伟长的手中。

此次考试,钱伟长与同学林家翘、郭永怀的成绩难分轩轾,不但清华大学理学院的教授们觉得难以取舍,中英庚款董事会也觉得难判高下。在多次研究之后,破例增加两个名额,将三人同时录取。于是,这一年的中英庚款留学名额也就成了二十二人,其中西南联大就占了九人。

在清华大学的六年中,钱伟长不仅完成了本科和研究生的学业,而且还登上了著名学府清华大学的讲坛。他从一个乡村穷孩子变成了一名年轻的大学教师,完成了人生中的一个飞跃。在专业上,对他帮助最大的莫过于吴有训、叶企孙两位教授,而在体魄与意志的锻炼方面,对他影响最大的则是马约翰教授。尤其是吴有训教授,对钱伟长的帮助更大。对于吴先生的诸多恩情,钱伟长一直铭记于心,直到多年之后,钱伟长在《怀念我的老师吴有训教授》一文中还不无感念地写道:

我逐步理解了什么是科学工作,什么是一个现代中国青年对民族和祖国的责任,也更理解到从事科学工作对一个人的一生将要付出的代价是无法想象的。接触得越多,向他学习的心意越坚定。是鼓励、是诱导,没有说教,没有训斥,而吴老师自己的言行品德,却在起着教育作用,深刻地影响着青年们。①

对于叶企孙教授,钱伟长自然也是无比敬重的,他由衷地感激这位前

---

① 《钱伟长文集》,上海大学出版社,2013年版,第860页。

辈。1998年,叶企孙先生诞辰百年之际,钱伟长和李政道在上海敬业中学为叶企孙铜像揭幕。在《怀念我的老师叶企孙教授》的发言中,钱伟长盛赞叶先生"是对我影响最深的老师之一","是一位伟大的爱国者,他的一生是一个解放前出生的现代中国知识分子为爱国事业尽了应尽责任的一生"。他还说:

> 叶老师不是我所想象的那样是一位西装革履的教授,而是一位身穿灰色长袍,脚上穿着一双布鞋,身材不高的和蔼长者。说话有些口吃,一听见我的诉说,就安慰我,说不要着急,你这点要求可以慢慢研究,当听说我的数学物理考得不好时,就鼓励我说,听说你文史考得很好,如能学好文史,只要有决心,同样也能学好数学物理。他还举例说学《史记》就要弄清为什么司马迁要用"本纪"、"列传"这样的体系框架来描写这一段社会历史的发展,司马迁用了叙述代表人物的方式反映这一时期的社会兴衰盛亡的内涵,用"太史公曰"来总结评论某一人物在社会历史发展(中)的作用,读史贵在融会贯通,弄懂它,不在于死背熟读某些细节。学物理也是一样,也是重在弄懂,不要死背公式,熟记定律,懂了自然就记得,会用就肯定忘不了。所以,能学好历史,同样也能学好物理。他这场谈话,使我学物理的信心倍增,而且也是从此以后,成为学习各种科学的指导方针。①

叶企孙先生是中国物理学最重要的奠基人之一,对清华大学的建设和贡献尤大。对于叶先生的这些贡献,钱伟长在《大学与大师》中写道:

> 叶企孙先生还是清华大学理学院的创始人,他一手筹建了理学院七个系,他善于培养年轻人。我国两弹研究的创始人都是他的学生,其中最有名的如王淦昌,现科协主席朱光亚,已故的邓稼先、钱三强都是当年他物理系的学生。著名数学家华罗庚,当年是个中学生,在金坛一个杂货铺

---

① 《钱伟长文集》,上海大学出版社,2013年版,1100页。

当伙计,在《中学生》刊物上发表了文章,对中学数学教育很有见解,叶企孙见了这篇文章,说此人应培养,亲自到金坛把他弄到清华。我与华罗庚同一年入清华,我当大学生,他留在数学系当文书,却允许他听所有的课,我读三年级时他所有数学课都听完了,而且已写出非常有名的文章。叶先生就是这样不拘一格选择人,清华有好多人才就是这么出来的。他亲自培养的学生现在当科学院院士的有七十多人,不光是物理,在数学、化学、生物、气象等各个领域都有。第一任气象局长也是他培养的,建立气象网,所以中国气象建国初期就并不落后。叶企孙先生的事迹很多,现在上海准备出版各方面人回忆他的生平事迹和崇高品德的纪念刊物。他是我国科学界和教育界的一代师表。一个学校要有大师,这个大师牺牲自己,一辈子为国家培养栋梁,而且是非一般的培养,不是一切循规蹈矩的,过分的循规蹈矩反而没有希望。在座的各位都是大师,你们出身也不一定是循规蹈矩出来的,我的出身也不太循规蹈矩,我在中学以前毕业文凭一概没有,从未毕业过。所以我们要办一个着眼点为上海经济、文化、学术服务的学校,为上海21世纪提供强有力的人才,这种人才能干事情。所以教学要深化改革,要不断地改。①

对于清华大学体育系主任马约翰教授,钱伟长对他的印象也是至深难忘的。晚年的钱伟长仍有一个健康的好身体,这与马教授的教诲与督促是分不开的。他永远忘不了马教授向奔跑的学生高呼"快!快!Do your best"的声音,这声音一直萦绕在他的耳旁,提醒他不断锻炼身体,保持一个良好的体质。钱伟长原本是个体弱的江南少年,自从进入清华大学以后,由于马先生的指导与督促,他竟然成了校内外有名的体育健将。

马约翰教授是福建厦门人,是著名的体育家和杰出的体育教育家。他早年毕业于上海圣约翰大学,1914年入清华学校任教,此后一直在清华大学担任教授和体育系主任。他担任清华大学体育系主任后,在大力提倡体育普及的同时,还特别强调"普遍的、活跃的、自动的、勇敢的精神,

---

① 《钱伟长文集》,上海大学出版社,2013年版,第1082—1083页。

奋斗到底、绝不松劲的精神",坚持将体育列为必修课,建议校方将"体育不及格不得毕业"列入校规。

从马教授那里,钱伟长不仅学会了使体魄强健的方法,而且也懂得了锤炼意志的方法。在《毕业七十载,报国六十年》中,钱伟长激动地写道:"缅怀往事,马约翰教授那洪亮的声音'Boys of victory'宛然如昨,回荡在我心头。体育锻炼,不仅使我得到耐力,冲刺、夺取胜利的意志,更使我懂得团队与合作对于胜利的重要性,也使我在困苦的年代,能承受压力,克服种种艰辛,昂扬斗志,去争取胜利。"而在生命的晚年,钱伟长还在《深切怀念我的老师马约翰教授》一文中,不无动情地写道:

> 马老师不断教导我们:体育运动不仅锻炼体力,更重要的是锻炼意志;要带着脑袋锻炼,正视自己的缺点,不断努力克服缺点,就战胜了自己得到进步。每个人也都有特点,发挥所长就提高了成绩。不论做什么工作,都要遵循这个原则,就是"自强不息"。要记住"不息",一辈子都要克服自己的缺点,坚持战胜自我就能成功。他是这样说的,也是帮助我们每个人这样做的。经过这样训练的越野队,我们在北平市五大学运动会连续五年夺冠军。①

四、留学北美

钱伟长与孔祥瑛新婚过后,借暑假之机,他们夫妇还到在云南宜良北山的岩泉寺看望四叔钱穆,并小住月余。其间,钱穆在撰写《国史大纲》的间隙,还带他们到附近观光游览,给他们留下了美好的印象。

1939年9月2日,钱伟长与另外二十一名中英庚款留学生同赴香港。当他们到达香港时,因英国客轮此时全被征为军用,中英庚款委员会不得不决定将这批留学生送回昆明,等待时机再行出国。

返回昆明后,钱伟长仍在清华大学理学院教书。教课之余,他继续从

---

① 《钱伟长文集》,上海大学出版社,2013年版,第1240页。

事理论力学研究。此时,他从拉夫著的《弹性力学理论》中,发现当年国际上对弹性板壳理论的研究有些混乱,许多学者不仅将板和壳分开,而且各种不同形状的板壳,也都有不同的方程。于是,他决心研究出一种统一的弹性板壳理论。他以三维弹性力学为基础,运用内禀理论,利用高斯坐标表达张量,以微分几何表示变形相应力分量。经过一段时间的努力,他终于完成了前所未有的统一内禀理论。

1940年1月底,由于第二次世界大战,德国时常轰炸英国,又因当时的加拿大还未独立,尚是英国的殖民地,故不少英国皇家学会会员和教授先后移往加拿大避难,所以中英庚款委员会决定将钱伟长这批留英生送往加拿大留学。钱伟长这批留学生在接到中英庚款委员会的通知后,便齐聚上海并乘"俄国皇后五号"邮轮赴加拿大。

钱伟长他们登船时,发现护照上有日本的签证,大家无不义愤填膺,都狠狠地将手中的护照扔到了黄浦江里。

中英庚款委员会的英国负责人见此情景,连忙过来承认错误,并以自己不懂中国人的爱国感情为借口,让他们复转昆明再候通知。钱伟长他们这一等,又是大半年过去了。

是年8月,钱伟长与留学生们终于等到了中英庚款委员会要他们赴加拿大留学的通知。钱伟长离开昆明时,孔祥瑛已有孕在身,他只得将爱妻托付给时在成都居住的岳父母照料。

1940年夏,钱穆(前中)送钱伟长(前右)赴加拿大留学时合影

从上海登船出发前,四叔钱穆特意从苏州赶赴上海为侄子送行,前来送行的还有钱伟长的大妹钱舒琇,钱伟长的同学兼好友胡嘉、华燮和等人。

看到四叔风尘仆仆地到上海来为自己送行,钱伟长既开心,又觉得过意不去,他高兴地对四叔说:"我此次西行,决不是为了自己,也不是为了家庭,而是为了寻找一条可以科学救国的道路!"

见侄子有如此胸襟和抱负,钱穆心里更加高兴,赞赏之余,又语重心长地告诫侄子:"中国是一个好学的民族,昔日唐僧能去天竺取经,我们今人为什么不可以卧薪尝胆,深入西方,去寻求现代科学技术。位卑未敢忘忧国,小小精卫能填海,当今年轻人又岂能苟安?愚公移山,精卫填海,夸父追日,这些神话故事都说明中国是个有意志力的民族。"

四叔这一席话,说得钱伟长心里热乎乎的,他含着眼泪与四叔告别。1940年8月17日清晨,钱伟长与同伴在上海黄浦码头乘坐"俄国皇后五号"邮轮,向着太平洋东岸进发。

经过二十八天的航行,"俄国皇后五号"邮轮终于在9月14日安全抵达加拿大的温哥华港。下船后,大家各自到留学的大学报到,钱伟长则与郭永怀等另外几位同学转乘火车前往多伦多市。

9月17日,钱伟长与林家翘、郭永怀顺利抵达多伦多市,并办好了留学手续。9月20日,他们到多伦多大学报到,成为多伦多大学有史以来第一批入校就读的中国公费留学生。

多伦多是一座美丽的城市,经济发达,环境优美,气候温和宜人,濒临北美五大湖之一的安大略湖而与美国的底特律、芝加哥等城市遥遥相望。多伦多是加拿大最大的城市之一,当时人口就逾百万,还是加拿大的经济、文化和交通中心。

多伦多大学创办于1827年,是一座历史已逾百年的高等学府,也是加拿大规模最大、学科最多、师资最强、教学试验设备最为齐全而且最先进的综合性大学。

进入多伦多大学后,钱伟长、林家翘、郭永怀三人都进入辛祺教授主持的应用数学系,林家翘、郭永怀两人选择的是流体力学专业,钱伟长选择的则是弹性力学专业。

多伦多大学应用数学系主任辛祺教授是爱尔兰人,著名的应用数学家,英国皇家学会会员。第二次世界大战爆发后,德军大规模空袭英国首都伦敦,伦敦的许多市民都疏散到乡间,许多专家教授也都纷纷出国避居到加拿大、美国等各大学任教,其中尤以多伦多大学为多,辛祺教授就是此时转到多伦多大学任教的。辛祺到多伦多大学不久,即为该校创建了北美洲第一个应用数学系,对该校的建设与发展厥功甚伟,故颇受当地人尊重。

对于导师辛祺教授,钱伟长十分敬重他的人格,对他的治学精神更是佩服有加。关于这位异国导师,钱伟长后来在《八十自述》中写道:"记得1940年冬,我第二次见到导师辛祺教授,详细汇报了我在昆明研究的弹性板壳内禀理论。首先说明我选用以板壳中面为基础的高斯坐标,他立刻就指出宏观理论用同样的坐标,并指出正确选用坐标系,是解决实际问题的重要基础。"

进入多伦多大学不久,钱伟长即发现导师辛祺教授也在研究与自己相同的弹性板壳的统一内禀理论。只不过,辛祺教授研究的是宏观理论,而钱伟长研究的是微观理论。

基于弟子与自己的研究方向基本相同,且又知钱伟长在弹性板壳统一内禀理论方面的研究颇为扎实,辛祺教授当即决定在一个月时间内用他们二人已取得的成果,分两段合作写成一篇论文,提供给美国加州理工学院航空系的冯·卡门教授,作为卡门教授六十岁的祝寿论文。

钱伟长与导师辛祺教授合写的论文题目是"弹性板壳的内禀理论"。这篇论文后来被收录在冯·卡门教授六十岁寿辰纪念文集中。

这部论文集于1941年夏出版,共选录论文二十余篇,作者二十六人,都是第二次世界大战时期集聚在北美的知名教授和科学家,诸如相对论的发现者爱因斯坦、麻省理工学院弹性力学家赖斯纳、电子计算机发明者冯·诺依曼、板壳弹性力学教授铁木申科、应用数学权威柯朗等,而时年只有二十八岁的钱伟长,则是其中唯一的青年学生,也是当中唯一的中国人。作为一个如此年轻的中国留学生,他的论文受到了世界级大科学家爱因斯坦等人的高度重视与赞扬,为中国赢得了巨大的声誉。

对于弟子所取得的成就,作为导师的辛祺教授自然也是十分欣喜,他高兴地对钱伟长说:"你已经是一个合格的应用数学家了,并且已经懂得了重视物理观念的深化认识,同时也懂得用现代的数学工具简洁地描绘物理观念的认识。"

进入多伦多大学理学院应用数学系一年之后,钱伟长与同来的林家翘、郭永怀都获得了硕士学位。此后,林、郭二人转赴美国加州深造,师从美国加州理工学院的冯·卡门教授攻读博士学位,钱伟长仍留在加拿大,继续师从辛祺教授攻读博士学位。此后,他就以"弹性板壳的内禀理论"作为自己的研究方向,并以"弹性板壳的内禀理论"作为自己的博士学位论文,对理论进行深入的研究与探索。

不知不觉中,半年时间过去了,钱伟长提前完成了自己的博士学位论文。当时,多伦多大学规定,研究生必须在三年后方能进行博士学位论文答辩,故钱伟长在1943年才能获得博士学位。他的这篇论文于1944年发表在美国的《应用数学季刊》上,分三次连载后,在国际上引起很大轰动,从而成为有关薄板薄壳理论的经典文献。在这篇论文中,钱伟长提出的"扁壳的非线性方程组"(又称"浅壳大挠度方程"),于1958年被美国斯福坦大学举行的海军结构力学研讨会评为"钱伟长方程",1977年被美国出版的力学专著《板壳渐近解》评价为"划时代的工作"。1973年,荷兰工程力学专家哈里·鲁登教授在他的名著《壳体渐进理论和设计》中,也对钱伟长的内禀理论推崇备至,并称:"辛祺和钱的工作,继承了19世纪早期柯西和布桑的工作,在西方力学文献中重新注入了新的生命力。"

1942年底,钱伟长顺利完成了预定课题研究,辛祺教授便将他介绍给美国加州理工学院的冯·卡门教授。冯·卡门教授对钱伟长自然也早就知道,并知道钱伟长是自己的得意门生林家翘、郭永怀的同学,所以对这位才气不凡的中国青年特别赏识,希望这位中国青年早日到来。

翌年春,在导师辛祺教授的大力推荐下,钱伟长南赴美国加利福尼亚州,正式到了冯·卡门的门下。当时,冯·卡门教授正在加州理工学院主持喷射推进研究所,钱伟长到达后被任命为该所工程师,一面师从冯·卡门教授，一面协助老师进行专项课题研究。

美国的加州理工学院是一所名闻遐迩的高等学府，钱伟长在清华大学读书时的老师周培源教授十年前曾在此留学并获博士学位。

冯·卡门教授是20世纪最杰出的科学家之一，犹太人，1881年生于匈牙利，早年入德国的哥廷根大学，师从该校著名教授、应用力学创始人、空气动力学先驱普朗特先生并获博士学位。1911年，他完成了著名的"卡门涡列"等多项气体动力学研究，影响甚巨。1930年，在德国法西斯所推行的反犹太人逆流中被迫移居美国，不久即被美国加州理工学院聘为教授。冯·卡门教授到美国后，他的许多研究成果使得喷气式飞机、导弹、星际火箭成为现实，因此被誉为"航空航天时代的科学奇才""世界航空航天之父"等。冯·卡门所开展的一系列科学研究创造出了惊人的奇迹，同时也培育了一大批杰出的科学人才，他的门徒弟子被称为"卡门科班"或"卡门班底"而誉满全球，中国的"两弹一星"元勋钱学森、郭永怀、林家翘等人也都名列其中。

钱伟长加盟冯·卡门的团队后，与中国留学生郭永怀、林家翘再次成为同学，而钱学森此前已在冯·卡门这里工作。在冯·卡门教授的指导下，钱伟长主要从事弹道计算和各种飞弹的空气动力学设计研究，为美国的早期人造卫星轨道计算和火箭、飞弹的设计试制做出了巨大的贡献。

在冯·卡门的研究所工作期间，钱伟长除从事具体研究外，还做了一些纯理论方面的研究，并撰写了一些很有影响的论文，其中的两篇在发表后产生了很大影响。一篇是被称为世界上第一篇关于超声速对称锥流摄动法论文的《超音速对称锥流的摄动理论》，另一篇则是关于弹性力学基础理论的《变扭的扭转》。

在冯·卡门教授的指导下，钱伟长还从事关于薄壁柱体变扭的课题研究。一天晚上，冯·卡门教授特意将钱伟长叫到家中，让自己的妹妹为这位异国弟子做了一道丰盛的晚餐。席间，冯·卡门教授与钱伟长一边喝酒，一边讨论"变扭的扭转"问题。不久，钱伟长与冯·卡门教授合作的这篇《变扭的扭转》论文发表了。关于这篇"经典式的力学论文"，冯·卡门后来在回忆时写道："自从喷射推进研究所成立以来，我已经顾不上基础理论方面的工作了。这篇论文也许是我一生中最后一篇关于固体力学的文章了。"

后来，尽管钱伟长回到了中国，但他对加州理工学院的导师冯·卡门教授仍时有所念，他感叹冯·卡门教授的远见卓识，也敬佩导师的雄才大略，同时对导师的器重更是感念于心，不能忘怀。多年以后，他在《八十自述》中写道：

在1943年初，我曾在冯·卡门教授指示下研究了薄壁柱体的变扭问题。有一次晚上，我去他住处汇报工作，当我明确提出闭截面薄壁柱体不能用略去轴向应力作用的假设，而应该认识截面变形很小，可以略去不计，从而轴向应力和剪应力之间应该满足应力平衡方程时，他就说，这一物理认识很明确，你已经突破了时兴的"二次剪应力"的束缚，你在这个问题的研究上，一定能突破目前的困境，你先从物理角度看透问题的本质，你有很好的应用数学的训练。那时已经很晚，冯·卡门教授毫无倦色，拿出两个玻璃杯和一瓶酒，和我一起一边喝酒，一边伏在地毯上一页页地审查讨论了那篇有关"变扭的扭转"的我们联合署名的论文。他越看越高兴，最后他说，这是他一生所署名的弹性力学中最富有经典味道的论文，一切解方程的过程，充分体现了经典的应用数学的完美和简洁。他问我在大学所学的课程中哪一位教授的讲学你最满意，我简单介绍了吴有训、叶企孙、周培源等教授的特点。他说你们的物理系的教授很不错，可惜他在1935年到清华大学航空系讲学的几个月中，没有访问一次物理系。他对林家翘也很满意，希望清华多来几个研究生。这样一直谈到半夜2点多，临走时，他说，他在弹性力学方面，有这样一篇富有经典应用数学风味的论文，已非常满意，以这篇论文作为对弹性力学的告别作品，对得起同道了。在这一晚谈话中，我充分理解了哥丁根学派的风格和追求，对我以后的科研工作有深刻的影响。①

---

① 《钱伟长文集》，上海大学出版社，2013年版，第976页。

钱伟长与冯·卡门教授合作的论文《变扭的扭转》发表后,他受到了当时数学界和力学界的高度重视。直到四十年后的1982年,美国著名学者葛拉克教授来中国并在一次演讲时还特别提及:"钱伟长教授关于板壳统一内禀理论,曾经是美国应用力学界研究院在40年代至50年代必读的力学教材。钱的贡献,对以后的应用力学发展影响深远。"

《变扭的扭转》是钱伟长的第一篇有关板壳内禀的论文,成功与荣誉又使他增强了自信,并决心以更大的努力向科学尖端发起冲击。

1941年6月22日,法西斯德国撕毁《苏德互不侵犯条约》而向苏联发动了突然袭击。苏德战争爆发后,英、美、苏等国结成联盟,第二次世界大战升级。是年12月7日,日本偷袭珍珠港,太平洋战争爆发,第二次世界大战进入白热化状态。

1941年6月,钱伟长获多伦多大学应用数学硕士学位,并参加由加拿大国家研究会主持的应用数学特种委员会雷达组工作。翌年10月12日,钱伟长又圆满地通过了博士论文答辩。作为一个留学北美的中国学子,年轻的钱伟长不仅得到了"世界导弹之父"冯·卡门教授的赏识,而且还取得了惊人的成绩。因此,在钱伟长尚未拿到博士学位之前,冯·卡门即热情地邀请他到自己身边工作,从事飞弹动力学的设计工作。1943年6月,多伦多大学授予钱伟长博士学位,而此时的钱伟长,已在冯·卡门教授手下工作了整整一年。由于钱伟长在力学上的特殊贡献,海外媒体后来还将他誉为"中国力学之父"。

有一次,冯·卡门教授以开玩笑的口吻对钱伟长等人说:"世界上最聪明的人是匈牙利人,其次便是中国人。"冯·卡门教授如此自负的弦外之音,透露出他对中国人智慧的赞赏。

在加拿大留学毕业时的钱伟长

进入冯·卡门的研究室后,钱伟长积极地协助钱学森从事美国第一批"下士导弹"的研制。此时他还被任命为美国火箭研究理论组副组长,与钱学森一起被称为美国导弹事业的奠基人之一。

钱学森是钱伟长的同族,其祖先也是吴越王钱镠。按照钱氏家族宗谱的排序,钱学森与钱伟长只是同族远支,但钱伟长却与另一位科学家钱三强是同族近支。钱学森、钱伟长和钱三强,后来被誉为中国科学界的"三钱"而名扬天下。

1943年2月,苏联红军在斯大林格勒(伏尔加格勒)一举将入侵的德国侵略军击败,扭转了第二次世界大战的战局。与此同时,美英联军也驱逐了在北非的德意联军。是年9月3日,意大利被迫宣布无条件投降。翌年6月6日,美国的艾森豪威尔将军又率英美联军在诺曼底登陆,在欧洲开辟了第二战场,从背后给希特勒的德军以沉重一击。于是,第二次世界大战进入反攻的决战阶段。

为了扭转不利的战局,希特勒又丧心病狂地将战争胜败的赌注押在了新式武器的研制上,他先后下令用"V-1"和"V-2"飞弹隔海轰炸英国首都伦敦,给英国造成了极大的恐慌。当时,英国首相丘吉尔连夜电请美国,请他们研究对付希特勒的飞弹。美国方面迅速做出决定:立即委托冯·卡门等人,用最快的速度研制对付"V-1"和"V-2"的中远程导弹。

1943年5月,美国国家情报局获知法西斯德国正在佩内明德镇试制一种无人战斗机的喷气飞行物,这便是所谓的"V-1"飞弹;不久又获知德国在研制一种火箭,也就是后来被称为"V-2"的飞弹。

美国国家情报局在得到这些情报后,当即与军方商讨对策,他们同时看中了加州理工学院的冯·卡门及其弟子所从事的火箭动力学研究。

接到研究课题之后,冯·卡门将钱学森、钱伟长、马林纳等人召集起来,开始着手分工研究,钱学森负责理论组工作,并由钱学森提名由林家翘、钱伟长共同参与。钱学森与马林纳积极合作,共同研究火箭发动机推进导弹这一课题,而钱伟长则从事弹道计算和飞弹的空气动力学设计研究。有了林、钱的加盟,导弹理论研究工作进展很快,他们首先进行弹道分析,接着进行燃烧室热传导与燃烧理论的研究,并将研究成果及时地提供给美国的五角大楼。

钱学森、钱伟长、林家翘、郭永怀等人的研究卓有成效,这项被誉为"美国导弹先驱"的计划被迅速推上研制轨道,一批"下士导弹"很快被研制出来并运往欧洲战场,变成了实实在在对付法西斯德国侵略者的有效武器。

在冯·卡门教授的指导下,钱伟长与钱学森、林家翘等人密切合作,顺利地完成了美国第一枚导弹的设计工作。钱学森、钱伟长被称为美国导弹事业的奠基人。

1943年冬天,清华大学理学院的周培源教授,应邀到美国加州大学做访问学者,其研究课题就是与冯·卡门教授共同探讨湍流力学理论。

周培源是江苏宜兴人,著名的流体力学家、理论物理学家和教育家,1924年赴美留学,1928年获得博士学位,归国后相继在清华大学、西南联大担任教授。周培源再次来到加州后,每逢周末他家就成了中国留学生的聚会场所。每当周家聚餐之时,钱学森、钱伟长都是周家的帮灶人,大家相处在一起,共同讨论世界局势的变化,谈论科学发展的进程,而谈论更多的则是将来如何报效祖国。让钱伟长记忆最深的是,有一次周教授对大家说:"近百年来,中国的确是落后了,但是,我们中国却不乏有识之士,不乏有志之士,不乏杰出之士。只要我们大家齐心协力,中国的落后面貌终究是会得到改变的。"周先生的爱国情怀感染了身边的这些中国学子,他这一席话也使钱伟长等中国留学生为之深深感动。

1945年秋,美国航空工程学会如期进行。会上,作为该会正式会员的钱伟长,宣读了他新写的论文《超音速对称锥流的摄动理论》,这是当时国际上第一篇有关奇异摄动理论的论文。后来,美国的《应用数学》季刊还分三期将这篇论文予以刊登,引起了相关学者的高度重视。

在北美留学的六年中,钱伟长先后师从辛祺教授和冯·卡门教授,这两位著名科学家对他的学业产生了巨大的影响。钱伟长在《毕业七十载,报国六十年》一文中曾写道:"在北美的六年里,我逐渐融入欧洲哥丁根学派并深得其精髓。哥丁根学派是应用数学的倡导者,强调对物理本质的认识,但在数学方法上,要用得准确、朴素和简洁。为解决实际问题,要善于在数学海洋中寻找最合适的工具,甚于创造新工具。辛祺教授甚至说:要有捏着鼻子跳进海洋的勇气,但更应该懂得避免淹入海底,懂得在完成任务后爬上岸来。不要迷恋数学本身之谜,要着眼实际问题,不是去完善许多数学方法。应用数学应该使我们成为解决实际问题的优秀'屠夫',而不是制刀的'刀匠',更不是一辈子欣赏锋利的刀而不去解决实际问题的刀匠。导师辛祺以及冯·卡门教授和我的多次交谈、聊天,使我更加理解了哥丁根学派的风格和追求,以至于这些科研文化的思想一直影响我至今。"

正是辛祺教授和冯·卡门教授这两位科学大师的引导,加上钱伟长本人的聪明与不懈奋斗,才使他取得了一系列的成绩与殊荣。不少科学史研究者认为,中国力学的奠基人多来自于清华大学,而这些人物又几乎清一色是从北美留学回来的。年岁稍长的周培源教授早年曾就读于美国加州理工学院,早于钱伟长他们整整十年;而钱伟长、郭永怀、林家翘均在加拿大的多伦多大学留过学,是辛祺教授的高徒;钱学森、钱伟长、郭永怀、林家翘后来又同师从美国加州理工学院的冯·卡门教授,均是冯氏的高足。二钱和郭在归国后也都成了中国力学的奠基人。

逆境报国

一、迎接解放

1945年8月,中国军民在经过了长达八年的奋力抗战后,终于取得了抗日战争的最后胜利。当胜利的消息传到加州理工学院时,钱伟长与中国留学生们无不欢呼跳跃,欣喜若狂。

钱伟长无日不在思念着祖国,思念着远在成都的爱妻和未曾见面的儿子。他渴望着能够早日回到祖国,报效祖国,与亲人们团圆。

1945年冬,钱伟长正式向他的导师冯·卡门教授提出了回国的请求,但由于他在美国研究的火箭、导弹等高级尖端技术实属秘密,所以美国有关方面坚决不放行,并劝说他留下来继续为美国服务,他的恩师冯·

卡门教授也始终不肯点头。钱伟长无奈,只好以特别思念六年未曾见到的儿子为由,要求早日回国探亲。

1946年5月6日,钱伟长终于在洛杉矶登上了一艘驶向上海的货轮。经过整整二十天的远航,钱伟长在5月26日安全抵达上海,当日晚上便赶往无锡荡口镇与母亲和家人团聚。7月初,钱伟长接到了母校清华大学聘他为机械工程系教授的来信。8月6日,钱伟长偕七妹纪珍同赴北平。

自1940年出国后,钱伟长在加拿大的多伦多大学和美国的加州理工学院,前后共待了六年时光。对于这段异国求学的生活,钱伟长后来时常忆及。抗日战争胜利后,原在昆明的西南联合大学于1946年5月4日正式解散,清华大学、北京大学和南开大学的师生们纷纷北上,并在各自的原址复校。清华大学在陈岱孙教授的带领下清整北平的校园,以迎接从远方回归的师生。

1946年9月初,当钱伟长行色匆匆地回到阔别八年的清华大学校园时,他的妻子孔祥瑛已提前带着儿子元凯从成都赶到北平准备与他团聚。

此前,钱伟长离开昆明赴加拿大时,孔祥瑛便到成都的父母身边待产。长子元凯顺利出生后,孔祥瑛又经四叔钱穆引介,被时任四川省立图书馆馆长的蒙文通安排到该馆上班。

钱伟长的长子钱元凯,1940年9月生于成都。孔祥瑛后来到四川省立图书馆上班时,儿子便由她母亲帮着照看。此次回来,元凯已经六岁了。钱伟长与家人团圆,又第一次见到儿子,心情自然十分高兴。

1946年10月10日,清华大学正式复课,钱伟长被任命为理学院机械工程系教授,主讲力学等课,每月薪金十四万元法币。由于当时物价入涨,他的工资入不敷出。为了贴补家用,他只得到北京大学和燕京大学兼课,"'承包'了三校工程学院力学课程","同时还义务担任了三个学报的编委"。当时,钱伟长在三校主讲材料力学、应用力学、理论力学、弹性力学和振动力学等五门课,一般教授每周只讲六次课,他每周则要讲十七次课,是其他教授工作量的近三倍。同时,他还担任《清华工程学报》的主编,以及《中国物理学报》《清华物理学报》等学术期刊的编委。钱伟长异常繁忙,总是要到深夜才能上床休息。

1947年夏,孔祥瑛又生了一个女儿。钱伟长见到爱女降临人间,心情更是高兴,于是就给女儿起名"开来",取"迎接美好未来"之意。

由于物价上涨,家中又新添一女,钱伟长一家的生活十分拮据。就在这时,钱学森回国与蒋英完婚,他到钱伟长家中看望时,才了解钱伟长一家的生活状况。

钱学森此次回来,还带来了美国加州理工学院喷射推进研究所亟愿钱伟长回去工作的消息。钱学森得知钱伟长家中生活窘困,也劝他到美国工作一段时间,借以改善家中的生活。

早在回国之前,钱伟长想的就是要用自己的知识报效祖国。现在既已回国,又怎能再言出国呢?但家中生活是如此的困难,上有白发苍苍的老母,下有嗷嗷待哺的儿女,他此时不免又有些心动,所以就在钱学森等人的劝说之下,向美国驻华使馆申请赴美。

在美国驻华使馆申请签证一路皆顺,但美国使馆人员最后问他:"若中美交战,你是否忠于美国?"

钱伟长斩钉截铁地回答:"No!"遂以拒绝赴美了事。在钱伟长的心中,自己既然是中国人,当然要忠于自己的祖国!美国使馆人员见钱伟长如此回答,也都奇怪地摊开双手做不可理解的无奈之状。

1948年,钱伟长与清华大学的一百一十名教授联合署名,在《清华旬刊》第八期上发表"严正声明",反对美国的扶日政策,拒绝接受"美援",表现出一个知识分子的爱国情怀。

此时,钱伟长还结识了在清华大学工作的进步教授,诸如吴晗、孟庆基、陆琳等,并受他们的影响,积极参加各种爱国活动。

1948年12月18日,国民党政府要求清华大学的教授南迁,并派来飞机迎接。当时的清华教授基本上都反对南迁,所以政府方面只接到三位教授和两位讲师,其余的二百六十九名教师仍留学校,照常上课。

12月23日上午,钱伟长正给学生们上应用力学课,零星的枪声忽然从外面传了进来。钱伟长灵机一动,便临时调课,讲授"射击弹道计算"。二百多名学生全都端坐在教室里,聚精会神地听他上课,直到12时结束时,也没有一人离开讲堂。对此,钱伟长还在回忆中说:"我在讲应用力学,枪声已在墙外,我镇定自若,讲起了射击弹道计算,枪声不断,讲课声也同样不断,二百余名同学无一惊慌离座,师生的心心相印至今让我记忆犹新。"

就在这堂课结束后,钱伟长未来得及吃饭,就与同事董寿莘骑着自行车,急忙赶往位于石景山的中共城工部驻地。中共城工部负责人孟少农立即派车将他们送到良乡的解放军司令部驻地。晚上8时,钱伟长、董寿莘在解放军驻地,向叶剑英、陶铸、钱俊瑞等首长汇报了清华大学师生生活困难等事,叶剑英当即指示钱俊瑞,迅速为清华大学师生调拨部分军粮应急。

此时,钱伟长才见到在解放军司令部工作的同族兄长钱俊瑞。

钱俊瑞也出身于无锡钱氏家族,家住七房桥西不远的鸿声里,与钱伟长家仅一河之隔。钱俊瑞不但是钱穆的学生,若论钱家谱序,还与钱伟长是同门族兄弟。

钱伟长告诉钱俊瑞,孔祥瑛的父亲孔繁霱老先生此前已受中共中央军委之命,从东北专程赶到北平,动员傅作义将军起义,准备以和平方式解放北平。

钱俊瑞听后,心情很激动,他高兴地对钱伟长说:"北平和平解放的日子不远了,光明即将出现了!"

12月25日黎明时分,钱伟长从良乡回到清华园家中。刚一进门就听到家中传出婴儿的哭声,原来他的第三个孩子已于24日晚顺利出生了。后来,钱伟长为这个孩子起名"歌放"。"歌放",也就是"放歌"的意思,乃为了庆祝解放即将到来而要引吭放歌。

1949年元旦这天,清华校园里欢乐异常,师生们载歌载舞,共同庆祝胜利的到来,庆祝清华的新生。看到师生们欢聚在校园里,钱伟长的兴奋之情溢于言表。

是年1月底,北平和平解放,千年古城从此焕发了青春。

3月,清华大学成立了校务委员会,叶企孙教授被任命为校务委员会主任,著名爱国人士张奚若、吴晗两位教授被任命为校务委员会副主任委员,周培源被任命为教务长,钱伟长、费孝通皆被任命为校务委员会常委兼副教务长。

北平和平解放了,钱伟长准备大干一场,以实现自己的宏伟抱负,为新中国的建设出力流汗,为祖国的建设增砖添瓦。此后,他先后参与了许多重大的社会工作和社会活动,诸如参加抗美援朝慰问团、参与起草新中国第一部宪法等。

由于钱伟长的才华和影响,他还先后担任中国科学院数学研究所力学研究室主任、北京市人民代表大会代表、中华全国民主青年联合总会常委兼副秘书长、中华全国自然科学专门学会联合会常委兼组织部副部长等职。

在新的工作岗位上,钱伟长坚持不懈地努力工作着,赢得了方方面面的赞许之声。

二、并誉"三钱"

新中国成立后,钱伟长除担任清华大学教授和兼任清华大学副教务长外,还担任了许多重要的社会职务。尽管十分繁忙,但他总是精神焕发,心情舒畅,一天到晚都为新中国的建设而努力地工作着。

1951年2月,时任教育部副部长的钱俊瑞,带领北京大学教务长曾昭抡、清华大学副教务长钱伟长等人前往东北地区,对那里的工业建设和文化教育进行全面考察。在对东北地区的哈尔滨、长春、沈阳、抚顺、鞍山、大连等六大城市考察之后,钱伟长与曾昭抡等联合撰写了考察报告,向教育部提出了改进高等教育的意见,旨在推动新中国教育事业特别是高等教育的发展。

是年9月20日,钱伟长参加了以物理学家丁西林为团长的访问印度、缅甸代表团。这是新中国成立后组建的第一个大型代表团,出国时间前后达四个月之久,受到了印度、缅甸两国政府和人民的热情欢迎,促进了中印、中缅之间的文化交流与合作,加深了中印、中缅之间的友谊。在中印、中缅协会成立时,钱伟长还被任命为中缅友好协会会长。

1952年6月,为了适应新中国的建设,教育部对全国高校进行了全面调整。调整之后,清华大学成了一所工科大学,成了重点为国家培养工程技术方面人才的基地,并被誉为"工程师的摇篮",钱伟长被教育部和清华大学任命为清华大学教务长。是年秋季开学后,钱伟长也开始招收新中国成立后的第一批力学专业研究生,所带的叶开沅、顾求琳、陈至达等,后来都成了著名的专家。

新中国成立之初,百废待举,钱伟长以自己的才华服务于新中国的各项建设事业,他在严格执行党和国家各项政策的基础上,又提出了很多中肯的建设性意见。当时,教育界也开始实行以苏联为模式的教学改革,为了迅速适应改革的需要,钱伟长还带头坚持学习俄语,并能用俄语同苏联专家进行简单对话。

钱伟长(中)指导科研人员时的留影

1955年,钱伟长当选为中国科学院学部委员(科学院院士的前身),并被任命为科学院自动化研究所所长和力学研究所筹办负责人,同时兼任中国科学院数学研究所力学研究室主任等职。

同年10月28日,钱学森一家终于冲破美国各方面的阻挠回到了祖国。这一天,钱伟长与中国科学院副院长吴有训等二十余名科学家前去迎接钱学森。

翌日,钱伟长参加了中国科学院院长郭沫若为钱学森举行的欢迎宴会。席间,吴有训先生代表中国科学院正式宣布了由钱伟长协助钱学森组建中国科学院力学研究所的决定,两位冯·卡门教授的入室弟子欣然受命。

早在钱学森归来之前,时任中科院数学研究所力学研究室主任的钱伟长,即马不停蹄地奔波于全国各大高校之间,与一些教授、学者畅谈筹建新中国力学研究所的宏伟架构。同时,他还应北京各大高校物理教师的请求,开设了弹性力学的讲座。他这些讲座的讲义于1956年出版,这

中国科学院颁发给钱伟长的学部委员证章

是我国第一部弹性力学专著,其后多次再版重印。

为了新中国的建设,时不我待!钱学森、钱伟长受命之后,立即开始着手工作。对于力学研究,钱伟长与师兄钱学森曾有过多次的晤谈和设想,两人的意见竟不谋而合。钱伟长与钱学森有三个重大构想——

第一个构想:扩大力学研究领域。力学的内容不但应包括应用力学的创始人克莱因时代的固体力学和流体力学,随着科学技术的不断发展,也应包括弹道力学、物理力学、稀薄气体力学、化学流体力学、电磁流体力学(等离子力学),而且还应包括自动控制理论、原子能利用、工程经济理论、运输理论等。

第二个构想:力学研究应走在工业发展的前面,为新中国的建设和工业生产指引方向,而不是老跟在人家后面回答那些很被动的问题。

第三个构想:科学理论研究应与科学实验和生产实践密切结合起来,强调科学理论在科学研究中的重要作用,特别是在工业生产中所发挥出来的理论指导作用。

在钱学森归国两个月后的12月下旬,他就与钱伟长向中国科学院提交了关于创建力学研究所的构想方案。翌年1月5日,中国科学院召开

院务会议,讨论了他们两人所提出的创建力学研究所的方案,并一致认为,创建力学研究所的条件业已成熟,不必再按常规先成立筹备小组,而是即刻宣布力学研究所成立,同时决定由钱学森出任力学研究所所长,钱伟长等人出任副所长。

中国科学院力学研究所的成立,还凝聚着吴有训、周培源、郭永怀等众多科学家的心血。他们在参与筹办力学研究所时,既确定了我国力学的发展方向,同时又为我国力学人才的培养发挥了举足轻重的作用。

中国科学院力学研究所成立之初,设立了弹性力学、塑性力学、流体力学、物理力学、化学流体力学、运筹及自动控制等七个研究室,自动控制研究室后来很快发展为自动化研究所,运筹研究室后来则发展为自成体系的系统科学研究所。

著名数学家华罗庚在评论力学研究所的成立时曾说:"力学研究所,可能是科学院成立速度最快的一个研究所,这也是科学院工作作风的一次突破。"对于此次突破,海外媒体还有如下的报道:

> 世界著名空气动力学家冯·卡门的两位超级入室弟子,在中国大陆开创了建立力学研究所的奇迹。中共何以如此重视冯·卡门这两位弟子?乃是因为他们看到了这两位盖世奇才的价值⋯⋯

1956年5月,上级决定钱伟长以中国科学院力学研究所副所长的名义,赴波兰参加国际固体力学研究会和流体力学研究会组织的会议;同年8月,钱伟长又以代表团副团长的名义,出席在比利时首都布鲁塞尔举行的第九届理论力学和应用力学国际大会,并在会上做《长方板大挠变问题》和《浅球地壳的跳跃问题》的力学报告。他的这两个报告,均站在了当时国际力学研究的最前沿,深受国际科学界特别是力学界的高度重视。直到20世纪六七十年代,国际上有许多专家学者及其论文研究,也都是以这两篇报告为根据的。前者有关"大挠变的系统摄动法"被国际公认为"钱伟长法",而后者有关"浅壳大挠度(变)方程"则被誉为"钱伟长方程"。

鉴于钱伟长的这一杰出贡献,波兰科学院于1956年12月特别授予钱伟长波兰科学院院士称号。而这一年,钱伟长还以他提出的以中心挠度为小参数的摄动法而荣获国家自然科学奖二等奖。

1956年春,对于中国科学界来说,是一个最值得怀念的春天。1月30日,周恩来总理在全国政协二届二次会议上发出了"向现代化科学大进军"的号召,吹响了"向科学进军"的号角。

这一年,钱伟长被教育部任命为清华大学副校长。

全国政协二届二次会议过后,钱伟长与钱学森、钱三强等人一起参加了周恩来总理亲自主持的我国自然科学十二年远景规划的制定工作。当时,国家成立了"十二年科技规划"工作领导小组,小组中的十名科学家分别从全国各学科中抽调而来。而来自全国的四百多位科学家,也先后投入这一宏大的规划制定之中,他们先后提出了八千余条积极的建议,所有人都想将自己的科学研究项目纳入国家的长远规划中来。鉴于这样庞大的建议计划,周恩来又将钱学森、钱伟长和钱三强等人召集到了中南海西花厅。

担任清华大学副校长时的钱伟长

周恩来先是微笑着让他们坐下,接着便开门见山地说:"我将你们请来,是想听一下你们对此次长远规划的看法。我看了此前的简报,还是存在着一些老问题。我个人认为,意见有些太过分散!"

钱伟长说:"搞规划要走群众路线,四百多人,八千多条建议,人人都强调自己的学科重要,因为他们都是各自学科的带头人,也都想为祖国的建设多出一些力,所以这也难怪。"

周恩来接着说:"我这次就是要你们来理出个主次先后的头绪来。"

钱学森、钱伟长、钱三强分别谈了各自对长远规划的设想。最后,他们一致认为：在发展科学技术的十二年规划中，除首先要制定出数十项重大科学研究任务外，最重要的还是要确定十项左右的重大紧急项目，作为未来科学研究和国家建设的重中之重。

在众说纷纭的情况下，钱伟长与钱学森、钱三强先是从八千多条建议中理出了一个大纲，然后确定出五六项重要科研项目，并建议再确定六项紧急项目，即原子弹、导弹、电子计算机、半导体、无线电和自动化技术。这个建议得到许多科学家的积极拥护，但同时也遭到一些科学家的反对。最后，周恩来总理一锤定音："'三钱'的建议是对的，我们国家需要这个！"

对于周恩来总理所提出的中国的"三钱"，钱伟长后来在回忆时曾说："只有两个人支持我了，他们都是刚回来。一个是钱三强，他是搞原子弹的，他本身就需要这个东西；一个是钱学森，他是搞航天的。他们两个人帮我们谈判，吵了一年多了，最后周总理说，'三钱'说的是对的，我们国家需要这个。"就这样，根据钱伟长、钱学森和钱三强所提的建议，确定了新中国十二年科学技术远景规划的基础，也确定了年轻的共和国发展高端科学技术的基础。这个"远景规划"当年也被称为发展我国科学技术的"宪法"。中国科学界的"三钱"称谓也由此传播开来。

比钱伟长年长一岁的钱学森，1911年12月11日出生于浙江省杭州市一个书香之家，其父是曾经留学日本的教育家钱均夫先生，其母章兰娟则是一位知书达理的大家闺秀。

钱均夫与后来成为著名军事家和保定陆军大学首任校长的蒋百里，早年为杭州求是书院的同窗学友，后来两人一同在日本留学三年，既是同乡，又是同学，还是挚友。蒋百里的第三个女儿蒋英，先是成了钱均夫、章兰娟夫妇的干女儿，后来又成了钱学森的妻子。

1912年，中华民国成立后不久，钱学森的父亲钱均夫便应教育总长蔡元培之邀赴北京到教育部任职，钱学森的小学和中学都是在北京读的。从北京师范大学附属中学毕业后，钱学森以优异的成绩考入国立交通大学机械系。四年后的1934年，钱学森在清华大学王助、王士倬的指导下顺利地考取了清华大学公费留美生，之后便赴美国麻省理工学院航空系读书。在麻省理工学院航空系期间,钱学森以自己的聪明才智,再加上学习刻苦,所以只用一年时间便取得了硕士学位,因此得为知名科学家冯·卡门教授所激赏,并被破格引入门下攻读博士学位。1939年,钱学森以《高速动力学问题的研究》等四篇论文同时取得了航空、数学两个博士学位,以其出众的才华震动了美国物理学界。在麻省理工学院博士毕业后,钱学森留在该院任教,同时作为冯·卡门的助手和同事从事科学研究,其间多次取得令人瞩目的科研成果,被美国科学界誉为"一匹来自于东方的黑马"。尤其是他与导师冯·卡门合作的"卡门-钱学森公式",成为世界航空科学发展史上光辉的一页。第二次世界大战爆发后,钱学森又与导师冯·卡门一起,共同研究出了令德国法西斯胆战心惊的"下士导弹",从而成为美国导弹事业的重要奠基人之一。第二次世界大战结束后,美国空军在一份绝密情报中写道:"钱学森为战争的胜利做出了卓越的贡献。"1947年初,刚满三十六岁的钱学森被麻省理工学院聘为该院历史上最年轻的终身教授。1949年新中国成立后,钱学森归心似箭,渴望能早日回故乡报效祖国。但在此时,一向将钱学森视为"科学界宠儿"的美国,却百般阻挠,阻挠不成,即施以种种迫害,甚至还有人主张将钱学森"悄灭其迹"。当时,美国海军次长金波尔曾说:"钱学森无论到哪里,都抵得上五个师的兵力。"

在得知钱学森归国受阻的消息后,周恩来总理通过外交途径予以大力协助,终于使钱学森在1955年10月顺利回到祖国。钱学森归国后,为我国的科学事业和教育事业做出了巨大贡献,被科技界称为"中国导弹之父""中国火箭之父"等。

与钱伟长也为同一家族的钱三强,原籍浙江湖州,1913年10月16日出生于古城绍兴,其父便是在"五四"新文化运动中爆得大名的钱玄同。钱三强的家族与钱伟长的家族同是一个大家族,按族谱排序他们还能排到一起,而且他们是同辈,只不过他比钱伟长小一岁。

钱三强谱名钱秉穹,他的家境较为富裕。父亲钱玄同早年留学日本,并拜著名国学大师章太炎为师。受章太炎、秋瑾等浙籍同乡的影响,钱玄同在日本留学时即参加了孙中山领导的同盟会,归国后一度在湖州中学担任国文教师,后任北京大学、北京师范大学的教授,是"五四"新文化运动的倡导者和领导者之一,与陈独秀、李大钊、胡适等共同创办编辑《新青年》杂志,同时担任北京各大高校白话文的主讲人,在革命文学、音韵学、文字学等领域都颇有建树。鲁迅先生的第一篇白话文小说《狂人日记》便是经钱玄同编辑才得以发表的,故鲁迅先生称钱玄同为益友。

钱三强的母亲徐琯贞是一位知书达理的新女性,虽然出身于官宦书香之家,但其思想并不守旧,她幼承家教,稍长即到上海读书。1906年,徐琯贞在与钱玄同结婚后,便全力支持丈夫的事业。她是一位知识型的贤妻良母,对儿子钱三强的成长产生了很大的影响。

钱秉穹在中学读书时,因身体强壮、学习成绩优秀和品格出众而被同学们取了个"三强"的绰号。其父钱玄同觉得这个绰号颇为符合儿子,于是就正式将儿子易名为"三强"。1930年,十七岁的钱三强考入北京大学理学院预科,两年后又考入清华大学理学院,师从美国留学归来的叶企孙、吴有训、赵忠尧、萨本栋等知名教授。1936年,他在清华大学以论文第二名的成绩毕业,第一名则是后来成为他妻子的何泽慧。后来,钱三强在导师严济慈教授的帮助下考取中法教育基金会的公费生资格到法国留学。钱三强赴法后入巴黎大学,师从居里夫人的女儿伊莱娜和女婿约里奥夫妇。1939年1月,钱三强协助约里奥-居里夫妇,发现了铀和钍受中子打击后所产生的裂变反应,并用摄影机拍摄下来,人类从此进入了原子时代。1940年,钱三强获得法国国家博士学位;1946年,钱三强与何泽慧一起发现了铀核裂变的"三分裂""四分裂"现象,将人类对核裂变的认识向前推进了一步;1947年,钱三强撰写的《论铀的三分裂机制》发表于法国科学院院报,他后来也因此而与妻子何泽慧被称为"中国的居里夫妇"。1948年4月8日,钱三强与何泽慧在法国首都巴黎举行了婚礼,约里奥-居里夫妇是这对新婚夫妇的证婚人。钱三强、何泽慧婚后不久,两人携手归国。回国后,钱三强担任清华大学物理系教授、北平原子学研究所所长等职。新中国成立后,钱三强又担任中国科学院近代物理研究所第一任所长。后来,钱三强还先后担任过中国科学院原子能物理研究所所长、中国科学院副院长、核工业部副部长等职。特别是在出席世界和平大会时,钱三强又借此机会,通过自己昔日的导师约里奥-居里夫妇这层关系,为祖国购到了第一批核物理试验仪器,为新中国的原子能科学事业做出了宝贵的贡献,同时也为新中国在1964年成功试爆第一颗原子弹奠定了基础。因此,钱三强后来还享有"中国原子弹之父"的美誉。

钱伟长与钱学森、钱三强这三位科学家,都是浙江杭州钱镠的后裔,在当时的中国都是屈指可数的科学家。他们三人本是同族,此后又相处融洽,配合默契,保持了终身的情谊,在我国科学史上谱写了一段美好的篇章。

三、遭受打击

新中国刚成立后的20世纪50年代,我国的各项建设几乎都是照搬苏联模式,中国的高等教育和科学发展等也毫不例外地选择了苏联模式。对此,曾留学加拿大和美国的钱伟长,虽然从大局上服从国家的政策,但他却又有自己独到的看法。

"为应对科技日新月异的发展",作为一线的教育工作者和领导者,钱伟长主张教学必须和科研相结合,并在教学中让学生了解这门学科存在的问题和发展方向,反对照本宣科。同时,他还主张大学教育应以打基础和培养学生的自学能力为主,提高他们分析问题和解决问题的能力,进一步提出"工科学生要有理科基础,大学不应分得过细,在实践中培养工程师"等主张。但是,他的这些主张和提法,却遭到了一些人的反对和质询。

1957年1月31日,钱伟长在《人民日报》上发表了《高等工业学校的培养目标》一文,对于一味背离国家的实际,完全照搬苏联模式的高等教育提出了质疑,同时对苏联模式中的一些不合理现象提出了自己的看法,以回答一些人特别是清华大学内部一些人在各方面对他的责难。

钱伟长的这篇文章在全国引起了强烈的反响,在他读书的母校和任教的清华大学,反响更是激烈,进而引发了为期三个月的大讨论。

就在钱伟长这篇文章发表后的两个月,最高国务会议第十一次(扩大)会议在北京隆重开幕,毛泽东在会上做《关于正确处理人民内部矛盾的问题》的讲话。他在讲话中说,在共产党和民主党派的关系上要实行"长期共存、互相监督"的方针,在科学文化工作中要实行"百花齐放、百家争鸣"的方针。3月,毛泽东在中国共产党全国宣传工作会议上再次做重要发言,并对上面两个方针重新做了进一步的阐述。

是年4月27日,中共中央发出了《关于整风运动的指示》,号召在全党范围内进行一次普遍深入的反对官僚主义、宗派主义和主观主义的整风运动。数日后的5月1日,《人民日报》全文刊登了这篇指示。中共中央号召党外人士向党提意见,要求"知无不言,言无不尽"。

作为民盟中央常委和科学规划组召集人的曾昭抡,积极响应这一号召。为解决当时科研工作中存在的一些问题,他和科学规划组的千家驹、华罗庚、童第周、钱伟长等著名学者和科学家一起,经过调查研究和座谈,向国务院科学规划委员会递交了《关于有关科学体制问题的几点意见》的报告。报告中就关于保护知识分子的问题,关于科学院、高等院校和业务部门的研究机关之间的分工协作问题,关于社会科学的问题,关于科学研究领导和培养新生力量等五个问题,提出了很多宝贵的建设性意见,《光明日报》在未经作者同意的情况下,刊发了这份报告,并特加《为互相监督开拓了新路》的短评予以称赞。

曾昭抡、钱伟长等人所提出的这些宝贵意见及观点,与我国后来制定的《科研工作十四条》和现在所贯彻的科技政策的基本精神基本上是一致的。但是,他们所提的这些意见当时不仅未被采纳,反被视为"反党反社会主义的科学纲领"。

6月8日,中共中央发出组织力量反击右派分子进攻的党内指示,《人民日报》也于同日发表了《这是为什么》的社论,一场全国规模的急风暴雨式的反右运动便轰轰烈烈地开展起来了。

6月下旬,随着反右运动的狂风暴雨,曾昭抡、钱伟长等人都成了批判和讨伐的对象,先后被划成"右派"分子,并被撤销各种职务。

7月中旬,中国科学院在北京饭店召开了声势浩大的批判曾昭抡、钱伟长等六教授的"反党反社会主义的科学纲领"大会,对曾昭抡、钱伟长等"右派"分子进行"愤怒声讨"。

在清华大学的校园里,钱伟长被推到了风口浪尖上。

面对一声声的责骂,面对一张张的大字报,钱伟长心中有些想不开。他曾怀着沉重的心情一度试图跳湖自尽,但最后,他决定到校园里再走上一遭,再看一看美丽的清华校园。

迎着黄昏的晚风,钱伟长在清华园里游荡,不知不觉走到了自己的家门口。这时,他才发现爱妻孔祥瑛早已在家门口等候他的归来。在家中坐下之后,妻子又将热气腾腾的饭菜端了上来。看到妻子强作欢颜,想到家中几个还未成年的孩子,在妻子的劝解之下,钱伟长又坚定了"活下去"的决心。

不久,毛泽东听说钱伟长等人都被打成了右派,就对身边的人说:"钱伟长这个人我知道,他讲课很好,是个好老师。"毛泽东的话对保护钱伟长起到了不小的作用,使他没有像其他右派那样被下放劳动,但清华大学副校长是当不成了,学校分配的住房也被强行收回,而且还从一级教授降为三级教授。1958年夏初,长子钱元凯高中毕业,虽然他学习成绩优秀,但受父亲的牵连而不能升入大学。对此,儿子也埋怨,有意见,钱伟长更是替儿子不平,但孔祥瑛却安慰钱伟长说:"不要紧,要相信你儿子的能力。不上大学,照样会成才。"后来果如孔祥瑛所料,钱元凯在逆境中坚持自学,终于成为照相器材等方面的专家。对于这段人生的磨难,钱伟长在《八十自述》中写道:

接着就是1957年6月的反右运动,没有想到这种教育思想论争,竟以政治结论而告终,我被错划为右派,撤销一切职务,停止一切工作,虽保留教授,(但)从一级降为三级。我的儿子竟也受到牵连,高考成绩优异而"不予录取",被分配到工厂当搬运工。[1]

钱伟长虽然被打成了右派,但他仍然希望能为祖国的建设多出一点力,为祖国的教育事业多尽一份情,他自始至终保持着自己的本色,让品

---

[1] 《钱伟长文集》,上海大学出版社,2013年版,第981页。

德去书写自己的尊严,让才能去书写自己的威望。

当广大群众和科技人员来信和登门造访时,他无不欣然接受。自1958年到1966年,他无私地奉献了自己的许多研究成果,计有一百余项。其中较为重要的有下面几项:

钱伟长替叶祖沛教授起草了加速推广转炉的建议书,并设计了高炉加压顶盖的结构和强度计算,还为叶先生在首钢试验做了理论设计。

地质部李四光部长来到钱伟长的家中,与他共同研究和探讨测量地应力的初步设想和措施。钱伟长推荐被下放到北大荒的"右派"研究生潘立宙从事这一研究,李四光求贤若渴,亲自将潘立宙调入他创建的地质力学研究所,而潘立宙也没有辜负两位科学家的期望,此后还成为我国地应力测量最重要的开创者。

钱伟长还对北京十大建筑从力学角度提出了自己的方案,诸如为人民大会堂眺台边缘"工"字梁的稳定提出了以栏杆框架承担其增强作用的议案;建议北京工人体育馆采用网格结构的设想,同时提出了计算方法;为北京火车站球形方底屋顶的边框强度设计提供了计算方法;等等。

从1960年起,钱伟长从校内的"极右分子"变成"摘帽右派",此后便名正言顺地当一个"保留教授"。正是从这年开始,钱伟长除了完成每周十二节课的教学任务外,还加班加点撰写了六百余万字的学术论著,这些论著中有许多后来成了大学的物理教材,成为宝贵的知识财富。

时任《力学学报》主编的郭永怀先生,很理解钱伟长的处境,但他更相信这位老同学在学术上的造诣,仍旧请钱伟长做学报的社外编审。从1960年到1966年,钱伟长为该学报编辑稿件三百余篇。

可惜的是,1966年"文化大革命"爆发,钱伟长再次遭到了冲击。

在这次运动中,钱伟长不但被归为"黑五类",而且还被戴上"反动学术权威"的帽子。他这个"双料"的"牛鬼蛇神",在"打倒钱伟长"的口号声中,经常被造反派拉去批斗,以致被折磨得鼻青脸肿,遍体鳞伤。

钱伟长在被残酷批斗的一百多天里,始终咬紧牙关坚持着,不肯屈服,更不会哀哀求饶。就在他被造反派批斗的同时,清华大学的不少教授学者也都遭遇了与他几乎相同的命运,一些教授还因不堪忍受这样的虐待而自尽身亡,但钱伟长却始终坚持着,坚决不去自叩地狱之门。他一遍又一遍地告诫自己:"作为一个中国革命的斗士,理应珍惜自己的生命。坚决不能选择逃避,不能选择死亡!"

造反派见钱伟长拒不低头认罪,就将他关进了"牛棚"。对于钱伟长遭受的这些磨难,他的学生黄黔在《我的老师钱伟长》中曾这样写道:

他常常标新立异,发表与众不同的见解。由于顾虑少,讲真话,有时他的话具有更大的科学价值。过了二十年,批判过他的人可能也不自觉地持有和他相似的观点。例如,当年他建议理工合校,认为没有坚实的理科做基础,办不好像清华大学这样的学校。在建议书上签名的几百人大都被打成"右派"。现在,不同观点已经被看作是工作中的正常现象。

我从学生的角度猜想,先生敢说话,大概是因为他在科学上取得的成功和快乐,都是从敢想、敢做开始的。他探索、创新的冲力从未止息。他已经发表了一百多篇科学论文,现在一直还在继续做。每一篇都有新的构想,每一篇都要呕尽心血,都要克服困难,又带来新的欢乐和动力。学得多,需要有毅力。做得多,必定要有勇气。①

不久,清华大学内的两派武斗开始了。由于钱伟长是著名的科学家,又是清华大学的副校长,而且在全国影响较大,所以这两派人都将钱伟长作为斗争的对象,以提高他们的"政绩"。在1968年夏季这段日子里,钱伟长多次遭到批斗,备受折磨,并连累他的家人也陷入极度不安之中。

随着斗争的不断扩大升级,清华、北大再加上北京的六个工厂,被作为运动的重点,"六厂二校"于是成了全国的样板。1968年7月27日,军宣队、工宣队进驻清华大学,校内的两派武斗方才告一段落。8月,钱伟长被定为"资产阶级反动学术权威";10月29日,时年五十六岁的钱伟长与四十余名清华教授一同被下放并送到首都特种钢厂劳动,接受改造和锻炼。

---

① 本社编辑部:《智慧之泉 〈我的老师〉征文选》,教育科学出版社,1986年版,第34页。

钱伟长到首都特种钢厂后，当了一名三班倒的普通工人，与年轻工人"同吃同住同劳动"。在厂里参加劳动时，时常还要操起重达五十二公斤的铁钎，在高大的铁炉前伺候炉火。起初，一个炉工将他看作来这里接受改造的劳改犯，对他百般歧视。对此，钱伟长也不辩解，而是以自己的实际行动感化了这名炉工，其他工人也都认为这位"老实的工人"还挺能干的。时过不久，工人们终于知道这位"年近花甲的工人"就是大名鼎鼎的科学家钱伟长，敬重之情不禁油然而生。特别是厂里年轻的小伙子们，对钱伟长更是十分同情，坚决不让他干较重的体力活。

月余之后，与钱伟长一同进厂锻炼的老师差不多都回校了，但有关方面认为钱伟长没有过关，仍将他留在厂里接受锻炼。他这一留，就又留了近一年的时间。

时间久了，钱伟长与首都特种钢厂的工人们还成了知心朋友。这些工人在得知了钱伟长的遭遇后，也都对他寄予同情，双方建立起了友谊。有了良好的关系，钱伟长便利用这些条件，在工作中进行技术革新。

特别是当钱伟长看到炉前那根重达百余斤的铁钎时，他就利用自己的所学，发明了一个支架，极大地方便了工作，节省了劳力。后来，工友们亲切地称这个支架为"钱氏支架"。

1969年夏，清华大学工宣队通知首都特种钢厂，准备让钱伟长与一些教授赴江西鄱阳湖边的鲤鱼洲农场参加劳动改造。特钢厂领导早就知道鲤鱼洲农场是血吸虫病的重灾区，于是就以钱伟长还未改造好仍应留下接受改造为由，没有将钱伟长放走。

四、逆境报国

1957年反右开始后，钱伟长一直遭受不公正待遇。在后来的一连串运动中，钱伟长也一直处于逆境之中。在"英雄无用武之地"的情况下，他虽然保持着沉默，但也总是尽自己的最大努力，最大可能地发挥出自己的才干，争取为国家多出一分力量。

在沉默了十余年后，机会总算是到来了。

1970年，美国作家韩丁将来华访问，要求了解清华大学在"文化大革命"期间红卫兵运动的情况。

对于韩丁的此次来华专访,有关方面觉得这是一件事关国家外交的大事,所以都不敢掉以轻心。周恩来总理在征求各方面意见的前提下,毅然亲自点将:请学有专长且留美数年的科学家钱伟长全程陪同接待。

有了周恩来的指示,也因重大外交工作的需要,清华大学很快将钱伟长抽调回校,并立即给他家调换了住房。1970年5月,钱伟长正式从首都特种钢厂回到清华园。不久,韩丁即从美国来到清华大学访问。

在韩丁访问中国的一个月当中,钱伟长一直都陪同着他。

此前韩丁曾来过中国,并在中国生活过很长一段时间,他在离开中国后还以中国为背景写过一本书——《翻身》。此书于1966年在美国出版,先后被译成八种语言,发行数十万册,故在美国和其他西方国家影响甚大。韩丁此次到华再访时,他的女儿卡门正在北京101中学读书,此前还参加过该校的红卫兵组织。

韩丁在结束此次访华回美以后,撰写并出版了反映中国现实状况的书——《百日大战》,并畅销于美国和其他西方国家。

陪同韩丁访问刚过,美国作家、进步记者、中国人民的好朋友斯诺又来到中国访问,钱伟长又奉周恩来之命予以接待。

不久,荷兰籍著名电影导演伊文斯、英国记者格林等来华,钱伟长均奉命陪同接待,对国家的外交工作出力不小。

1972年前后,受美国总统尼克松来华访问的影响,一大批世界各地友人也来华访问,钱伟长先后接待了以任之恭为团长的二十四位美籍华人教授,还接待了来自美国的李政道、杨振宁、吴健雄、袁家骝、陈省身等世界级华裔科学家回国访问。

1972年10月初,钱伟长应毛泽东、周恩来委派,参加了中国科学家代表团,出访英国、瑞典、加拿大、美国等四国。当时,这个访问团由生物学家贝时璋任团长,白介夫任副团长。在临出国门前夕,周恩来语重心长地对钱伟长说,希望他到国外后能多考察一下西方国家的环保问题,回国后更好地服务祖国。

带着周恩来的嘱托,钱伟长与贝时璋、白介夫等人走出了国门,他们此次到达西方的第一站是英国。

到达英国后,钱伟长多次到英国首都伦敦各地考察访问,参观那里的环境,并拜会了时已九十二岁高龄的英国环保权威洛德斯爵士。当这位世界级环保大师得知眼前这位科学家就是大名鼎鼎的钱伟长时,竟不顾年老体衰,特意亲自陪同他参观了牛津大学附近的皇家气象中心,之后还安排钱伟长观看了治理泰晤士河污染和伦敦空气污染的详细资料。

钱伟长他们访问的第二站是瑞典。

瑞典素以教育发达而闻名全球,当时全国有百分之九十二的公民是大学毕业生。瑞典人都很重视环保,瑞典的优美环境给钱伟长留下了极为深刻的印象。

钱伟长他们访问的第三站是加拿大。

加拿大是钱伟长曾经留学之地,他对这里的情况比较了解。但随着历史的变迁,这里变得比他当年留学时更美了,环境也更好了,这些日新月异的变化让他不胜唏嘘,感慨万端。

钱伟长他们访问的最后一站是美国。

美国也是钱伟长曾经留学的地方。他曾在美国西部加州理工学院的冯·卡门教授麾下从事研究达数年之久,对加州的各种情况自然是了解颇多。但他此行最主要的任务是考察华盛顿、纽约、波士顿、密歇根、芝加哥和旧金山等六个地方的环境保护问题。

美国总统尼克松在白宫亲自接见并宴请了中国代表团,美国国务卿基辛格也宴请了代表团成员。

钱伟长随代表团在参观美国旧金山时,上海籍企业家刘女士还特意独资承办了一千五百余人参加的盛大告别宴会,与会者皆是来自于美国各阶层的重要人物。

在此次出访过程中,钱伟长一直担任中方代表团的发言人,接受沿途各国政府和新闻界的采访。每次,他都以出众的口才赢得了人们的交口称誉,各界人士每每报以热烈的掌声。

在结束访问回到北京后,钱伟长将一路上的所见所闻及自己考察的结果进行了全面的梳理,最后写成一份五万余字的《出访四国环保报告》,交给了周恩来。周总理看后十分高兴,称赞钱伟长真是做得太好了!根据钱伟长在这篇考察报告中所提出的我国环保管理和政策的建议,国家不久特别成立了环保局和环保研究所。

在报告中,钱伟长说:为了中国的子孙后代,为了中国的经济发展,要重视环境保护。破坏生态环境容易,而再加治理就难了。在发展建设的同时,要充分尊重自然规律,尊重科学,走人与自然和谐相处的道路,这才是国家建设发展的"正路"。

钱伟长在报告中反复指出:乱砍滥伐,破坏森林,将会给生态环境造成极大的危害,所以一定要有节制;对于捕杀野生动物,一定要禁;对于开发矿产资源,一定要缜密计划,开采有序;对于地方自主采矿,应予绝对禁止。否则,后果将不可收拾。

最后,钱伟长还特别强调:"环境保护的精髓是人与自然的和谐。"

此后,在周恩来总理的支持下,钱伟长又到北京大学、清华大学、绵阳清华大学分校和四川成都等地,做访问欧美四国和环境保护的巡回报告。每到一地,钱伟长总是苦口婆心地对大家说:

一位名叫帕斯卡的西方科学家说,人本来是动物,也可叫作漫长的"裸猿"。在自然与人类的关系上,人类当属现阶段最为"恶劣"的动物,可以说是大自然的"谬种"。人类最致命的弱点是永不满足地追求享乐。科学的发展使得这种贪婪的欲望受到激发。人类为了满足自己的过度奢欲,争相掠夺自然资源。大自然如同没有锁的宝库,人们争相从这座宝库中窃取东西,掠夺宝物,愈是富国,愈是贪婪,他们的原则是:怎样掠夺得多,就怎么干,完全不顾环境,不顾后果。疯狂地糟蹋资源,任意地挥霍资源,肆意地破坏资源,为所欲为。

人类在恣意地挥霍人类自己的"祖产"。……为了一时的享用,我们人类可在几百年之内便将其挥霍殆尽。人类不仅自毁家园,也在危及人类的基本要素——日光、空气和水源……

我们人类过分地强调征服自然,乃至破坏了自然界的和谐与均衡。

这些具有前瞻性的生动演讲,受到社会各界人士的广泛赞誉。每当地方上在听了他的报告后,来向他讨教环境保护的经验教训时,他觉得自己的演讲是起到了作用的,也总是尽其所能地对地方政府和有关人员所提出的问题予以圆满的解答。

除了上述活动外,钱伟长还参与了一些国防科研活动,为保卫国家的安全做出了贡献。

1969年,在中苏珍宝岛战役期间,解放军将俘获的一辆苏联坦克运到了北京。钱伟长在认真看过之后,对身边的人说:苏联的坦克十分笨重,它的前面装甲一定特别坚固。如果从它的侧面去打,击中率应该是百分之百。后来,清华大学将他的意见转述给中央军委。不久,解放军又从前线运回两辆苏制坦克,并说明都是从侧面击中的。鉴于此,钱伟长积极建议有关方面,要研制复合装甲护板,借以提高装甲抗弹能力。他的这些建议得到有关部门的重视并迅速付诸实施。

同时,钱伟长还在积极关注坦克、汽车等的电瓶研制与开发。此前,钱伟长曾听人说起,我军的坦克只能走几十公里,再远就走不了了。因为我军的坦克用的是铅酸电瓶,坦克在启动时损耗的电量很大,需要四个铅酸电瓶,且只能启动十五次,再多电就不够了。所以,坦克打打停停就成了常有的事。钱伟长找到一位化学教师,与他一起研制新型高能电瓶,获得了成功。

新研制出来的机车高能电瓶,用一个和原来同样大的电瓶,足够一辆坦克发动使用两千次。这种新型高能电瓶还可用于野外作业,更可用于作战。1975年,钱伟长他们研制的这种新型高能电瓶获得了北京市科技进步奖。

1976年10月,祸国殃民的"四人帮"被粉碎,祖国获得了新生。年过花甲的钱伟长,此时也焕发了青春,雄心勃勃地等待着再次复出,准备为国家建设发挥出生命的余热。

1977年,钱伟长为五百名首都高校教师和科研所的研究人员举办了一次公开讲座,主题是"变分法有限元"。

紧接着,钱伟长又公开进行了两次讲座,分别讲授"张量分析"和"奇异摄动理论"。

钱伟长做上述工作的时候头上尚顶着两顶"帽子",故他既不能正式登上大学的讲坛,他所参加或主持的科研活动也只能"悄悄"地进行。

1978年3月,全国科学大会在北京隆重召开,郭沫若在会上发表了《科学的春天》的讲话。钱伟长、钱学森和钱三强也都参加了会议。此时,钱学森已是"中国航天之父",钱三强也成了"中国原子弹之父"。这是"三钱"最后一次公开聚首。

1979年夏,中共中央公布了当年五十五名党外人士被错划为右派分子一律改正的通知,为他们恢复名誉,钱伟长也在其中。只是,这五十五人中,此时幸存于世的也只剩下七人了。

1980年6月30日,民盟中央做出决定,撤销1958年1月20日"关于钱伟长被划为右派"的决定,恢复其民盟中央常委和文教委员等职。

同年7月16日,中国力学学会理事长钱学森亲自到钱伟长家中拜访,并给钱伟长送来一份通知:恢复钱伟长被停止二十余年的力学学会副理事长和《力学学报》编委等职,同时还对以前受高压影响而违心声讨钱伟长的过激言论当面道歉。科学春天的到来,使中国科学界的"三钱"重聚在一起,为新时期的科学事业而并肩战斗。

1981年7—9月,钱伟长在江西九江庐山编写了讲义《穿甲力学》,长达四十万字,这期间还做了一次公开的讲座。此后,他又做了两次公开讲座,一次是"广义变分原理",一次是"格林函数和变分法在电磁场和电磁波计算中的应用",都受到了学术界的一致好评。

1981年9月,《人民日报》、新华社发布消息:民盟中央六教授错划右派,全部改正。这六人名单中,排在首位的便是钱伟长。

同年10月,中国科学院通知清华大学恢复钱伟长为学部委员。但是,清华大学在对该校四百六十九名右派分子重新审查时,除三人下落不明外,四百六十二名都予以改正,但钱伟长等四人未予改正。清华大学此举,使渴望早日公开工作的钱伟长不免有些失望,更多的人则为钱伟长大鸣不平。尽管如此,但钱伟长还是不顾年老体迈,仍然到处讲学。

许多人的"问题"早就解决了,钱伟长的"问题"却由于种种原因,一直拖到1983年元旦尚未完全解决。对此,他本人焦急,他的亲戚朋友焦急,许多熟知他的人也都为之焦急……

桑榆晚照

一、执掌上大

1983年元旦假期,钱伟长的事惊动了中共中央总书记胡耀邦。在胡耀邦的亲自过问下,钱伟长的右派问题终于得以迅速彻底解决。1月12日,中共中央研究决定:正式调钱伟长任上海工业大学校长。

翌日,钱伟长终于收到了清华大学对他错划右派的改正文件,他长长地吁了一口气。

就在这同一天,钱伟长正式宣布辞去在清华大学的教职,准备前往上海。

1983年1月15日,正是一年一度的寒假来临之际,已逾古稀之年的钱伟长,风尘仆仆地登上了直达上海的飞机,正式到上海工业大学上任。

钱伟长被任命为上海工业大学校长时,已是七十二岁的高龄。对于此次任命,他认为是党和政府对自己的高度信任,于是也就毫不犹豫地应承了下来。钱伟长深深地知道,这不仅是又一次挑战,甚至还可能是自己生命中的最后一站。所以,他暗下决心:要一如既往地埋头苦干,做出一番成绩来,谱写生命中最后和最美的篇章。

上任伊始,通过多方走访和调查研究,钱伟长才明白,上海工业大学仅有千把学生,充其量不过是个四流大学,甚至有人称其为"不入流的高校"。更让人不理解的是,这所高校长期处于落后状态,不仅两年多没有校长,而且给人的印象是风气不正,学风不纯。

尽管不尽如人意的事情多多,但钱伟长既然到了这里,他就决心彻底改变上海工业大学的面貌,而且,他也有信心、有能力实现自己的这一愿望。

此时,钱伟长心中,既对党中央和国务院的信任充满着感激,同时也明白:就任上海工业大学校长,将这所高校建设成为一所崭新的、一流的大学,对于日近暮年的自己来说,也是一次挑战。对此,他在《八十自述》

中就真切地写道:"当日我即辞去任职达三十八年的清华大学教授,并且于翌日只身赴沪,向上海工业大学报到,我终于挣脱了牢笼,重新获得了全心全意为党和国家的教育事业不懈奋斗的全新条件,从而开始了新的起点。"

如何在生命的晚年,将上海工业大学建设成为一所崭新的大学,建设成为一流的大学,这是钱伟长此时关注与思索的精要之所在。

上海工业大学怎样为祖国的现代化服务?怎样加强教育与社会实践的联系?怎样消除大学教育与社会的隔阂?怎样提高高等教育的基础理论水平?怎样提高教师和学生的实践能力?怎样提高学生德智体美全面发展的素质?怎样提高教师的业务能力和教学水平?怎样为国家培养出更多更优秀的科技人才?

带着这一系列问题与思索,钱伟长来到了上海工业大学。他采取的第一项举措是拆除上海工业大学的"四堵墙"。

第一堵墙——学校与社会之间的"墙"。

钱伟长之所以首先要拆除这堵上海工业大学与社会之间的墙,是因为当时有名牌高校领导提出要向参观者收取门票,从而在社会上引发了争议。

钱伟长在清华大学毕业后曾先后留学加拿大与美国,他深知西方教育之所以发达,乃是因为学校本身就是开放的。一个成功和富有影响力的大学,需要有开放与包容的学术精神,让大学精神穿透围墙,使更多的人受益,大学文化也应当辐射至社会的方方面面。就中国来说,蔡元培先生在民国年间执掌北京大学时,就积极倡导开门办学,凡有听课能力的可任意听课,而这些旁听生中的许多人后来也都成了著名的学者和教授,当年在北京大学听课的华罗庚就是其中的一个。

第二堵墙——学校内部各系科、各专业、各部门之间的"墙"。

钱伟长认为,现代科学技术的生长点都是跨学科的,具有交叉学科的特点,因此必须逐步打通这些学科之间的人为界限,拓宽专业。他还认为,此前的工业大学的专业过于狭窄,综合性不够,工程教育的综合性尤其不够,不能满足国家建设的需要。因此,他要求学校的每一个学科,都要把电子技术和计算机技术渗透到自己的学科发展中去,借以全面提高教与学的综合水平。

第三堵墙——学校的教育与科研之间的"墙"。

在钱伟长看来,一个高校教师在大学里能否教好书,与他能不能搞科研关系很大。教师水平的提高,主要不是靠听课进修,而是靠研究,边研究边学习,缺什么学什么,边干边学,这是主要方法。教师只要能进行科学研究,便能提高教学水平,他反对照本宣科的教书匠式的教学。他说科研要从小题目做起,凡是对国家建设有利的题目都可以做,科研题目多得很,科研做出成绩并不难,也不神秘,科研是培养教师的重要途径。

第四堵墙——学校的"教"与"学"之间的"墙"。

钱伟长认为,当今世界科学技术与文化学术飞速发展,人们的新知识很快老化过时,那种学生只有通过老师"教"才能"学"的传统教育思想,已不能满足当前高等教育的需要,应该逐步加以废除。大学的宗旨就是要把学生培养成无师自通的人,如果学生毕业后还是不教不会,那就证明你办教育失败了。

因此,钱伟长要改革传统的教学方法,培养学生的自学能力,使学生在工作中能不断更新知识,面对新条件能解决新问题。

经过一番努力,钱伟长终于拆除了上海工业大学遗留下来的"四堵墙",并根据上海社会发展和经济建设的需要,对学生进行强化基础和加强基础技能及实践能力的训练,及时调整专业培训计划,发展新兴学科专业,增加了第三产业所需要的专业,改造或淘汰传统的专业课程,加强教学、科研、生产和贸易的联系,促进学生素质的全面提高,彻底改变了上海工业大学的落后面貌,使之飞速提升为一个崭新的大学而屹立于黄浦江岸。

在一次公开演讲中,钱伟长曾说:大学就像是大海,老师和学生就是水里的鱼。小鱼跟着大鱼游,游着游着,小鱼也就变成了大鱼。学生在大学里读书,就是随从老师长知识,并提高自学能力,增长科研能力,最终目的就是成为社会上的有用之材。

1988年,国家教育委员会主持的全国高等教育评估,给上海工业大学做了如下评定:"上海工业大学办校二十九周年,几经周折,直至党的十一届三中全会以后才真正走上较快发展的道路。钱伟长校长高瞻远瞩地对学校的改革和提高起到了积极作用,在教学改革、学科建设、教师队伍建设、开拓国际学术交流渠道等方面,做出了重要贡献。上海工业大学适应经济发展的需要,培养输送高级专业人才,承担科研任务,选送科研成果,开展科技服务,办学指导思想是明确的。"这些,都是对钱伟长开放式办学指导思想的充分肯定。

上海工业大学经过近十年的发展,获得了很高的社会评价。用钱伟长本人的话说就是:"上海工业大学在上海乃至全国获得了良好的社会效益,为社会输送了大量急需人才,科研成果获上海市科技进步奖的数目连年保持在前四名。全校的科研经费在全国一千零四十五个高等院校中名列前三十名。"

1994年5月,上海工业大学、上海科技大学、上海科技高等专科学校和原上海大学合并,并定名为上海大学,时已年逾八旬的钱伟长被任命为上海大学校长。

担任上海大学校长的钱伟长

这四所高校合并之后,上海大学成为名副其实的全国重点高校,成了"211工程"重点建设的高校之一。

钱伟长就任上海大学校长后,为了使上海大学真正成为名牌大学,他殚精竭虑,费尽心血,首先围绕着建立一支强大的教师与科研队伍狠下了一番功夫。

平时,钱伟长十分注意对学生道德思想的教育。他说:大学是大学生的"精神家园"和"知识家园"。大学精神首先是科学精神、人文精神、民族精神和人类精神的总称。当代大学生应该有社会责任感,勇于担负起社会的责任。他还以比尔·盖茨的观念告诫大学生们:现代人的概念是,要有创造精神和前瞻意识。现代人不应该随波逐流,不应该缺少独立见解,不应该人云亦云,不应该安于守成而无意进取。总之,上海大学应该成为培养现代人的大学。现代人应该有民族意识,有独立意识,有创新才学,有开创新天地的坚定信心。

特别是在2003年,教育部对上海大学的本科教学工作进行评估时,学校总评获得优秀。就在这一年,上海大学创收达十六亿之多,在全国高校中名列前茅。

钱伟长"视学校若家庭,视学生若子弟"的观念也是深得人心的。他在担任上海工业大学和上海大学校长期间,虽然年事已高,但总能坚持不断学习。他认为,只有永远学习,才能跟得上时代发展的需要,否则就会被社会所淘汰。

1991年10月11日,钱伟长在与上海工业大学学生的谈话中,曾谈及自己学习计算机的经历与体会。他说:"祖国需要我学力学,我就学。"他还说:当年,我受周总理的嘱托,到外国考察环保问题,出去的时候连一件好衣服都没有,我就出去了,但回来时却写了一本厚厚的考察报告。此后,国家根据这个报告成立了环保局,又成立了环保研究所。而国家现在需要学习计算机技术,我作为一校之长,自然也不能落后于人!

钱伟长是这样说的,也是这样做的。有什么样的教师,便有什么样的学生。所以,他所在大学的老师们,他身边工作的人,以及他的学生们,也都时刻以钱校长为榜样,十分重视对计算机的学习与运用,以适应时代的发展。

1980年,钱伟长应邀赴香港参加国际中文计算机会议。在港参观过后,他大受启发,回到内地后即开始对计算机输入法进行研究。1981年6月,在钱伟长等科学家的建议下,中国成立了中文信息研究会,他本人还被推为研究会理事长,他虽年近古稀,但还是一头埋进了发展中国计算机的事业之中。

1985年,钱伟长提出了宏观字形编码,也就是后来众所周知的"钱码"。这项发明曾获上海科技发明奖,翌年又在北京的全国编码比赛中获甲等奖。"钱码"汉字输入法诞生后,美国的IBM公司很快予以采纳使用,使这一成果享誉国际。

钱伟长此后还常以学习和研究计算机这件成功的范例,鼓励学校的师生,要他们抓紧时间坚持学习。他说:"我……四十四岁学俄语,五十八岁学电池知识,不要以为年纪大了就不能学知识。我学计算机是在六十四岁以后,我现在也搞计算机了。"

二、老骥伏枥

1980年,钱伟长已是近古稀之年的老人了,但他却时刻保持着一个年轻人的心态,不但以旺盛的精力投入学校的各项事务管理当中,还要抽出时间学习、读书、撰写相关的文章和专著。他这种从不服老的精神也感染了不少的老专家和年轻学子。

"老骥伏枥,志在千里;烈士暮年,壮心不已。"钱伟长从小就喜欢文史,此时虽然到了暮年,但他还时常吟诵起曹操的诗句,借以勉励自己。

1983年12月,钱伟长当选民盟中央副主席。1987年4月,钱伟长当选全国政协副主席。1988年6月,钱伟长与费孝通不顾年老体弱,亲自带领民盟成员奔赴青海、甘肃、陕西、宁夏等西北偏远省区,进行了一个多月的考察,为当地的经济发展提出了许多建设性的建议。

1987年4月8日,钱伟长(右)与钱学森(左)在全国政协六届五次会议闭幕式上亲切握手

在钱伟长看来,一个人的学术生命能否持久,关键在于自己的思想能否经得起考验。他曾讲过关于留学生的例子:

在研究生读完后,应该是一辈子思索,永远做下去,对社会永远有贡献。但现在有些研究生,甚至留学生,他们在国外工作得不错,有成就。因为在那里,导师会告诉他怎么做。但回来以后,拿到博士学位了,有名气了之后,问题却没有了。因为他的研究做完了,以为问题都解决了。所以回来之后也就是当个研究室主任什么的,不再有科研成果了。我认为这是没什么用的,有用处的人应该有满肚子题目,应该永远去探索,永远去做。因此我告诫大家千万不要做那种回来后就没事干或者老师教他怎么做就怎么做的人。

…………

我一辈子就是这样,所以有人骂我,说我不务正业,今天干这个,明天又干那个。我说我是看国家哪方面需要,我就力所能及地去干。我的基础好一点,有这个能力可以这样做。我可以临时开一个题目,保证三个月内就可以开展。我会查资料,看书也快,各方面的基础理论也有一点,因此我转行转得快,今天干完这个,明天就可转到另外一个题目去。我的题目很杂,什么都有,因此,有人说我是"万能科学家"。其实不是万能,不过我会去学一类东西,我会看人家的东西,看懂了我自己能下结论,并在这个基础上再做下去。我懂得爬在人家肩膀上,我要永远爬在人家肩膀上。①

随着改革开放的不断发展,高校难免也被社会上一些不良风气所侵袭感染,但钱伟长却自始至终地教导身边的工作人员,要他们注重当代教育的方式方法,注重对教育成果的综合培养,以身作则地成为学生的楷模,为国家培养出更多、更有用、更具发展前途的全面人才。他说:"我们培养的学生,首先应该是一个全面发展的人,是一个爱国者,一个辩证唯

---

① 柯琳娟:《以国家需要为专业的科学家:钱伟长传》,江苏人民出版社,2009年版,第136-137页。

物主义者,一个有文化艺术修养、道德品质高尚、心灵美好的人;其次才是一个拥有学科专业知识的人,一个未来的工程师专家。"他还说:

> 教的主要目的不单是为了培养人才,更重要的是为了提高全民族的文化素质。……我们是一个工程学院,从某种意义上看,工程学院出去是当工程师的,专门搞技术的。我认为他首先是社会的人,要适应社会上人与人之间的关系,懂社会学、经济学、心理学,还有国家的历史、地理、文学、美术,要有一定的素养……人才需要有文化素质的修养。
>
> 要为社会干一件事,光靠一种专业知识肯定是干不好的。社会本身就是综合化的,必须要有综合知识。一个青年进入社会,知识基础要有一点,若太专了,你不懂其他专业的话,你无法适应。……我们学校培养的首先是一个全面的人、跨世纪的人,能肩负起跨世纪责任的人;其次才是一个有知识的人、一个专家。……各专业之间要互通,工科大学不能只有工,文科大学不能只有文,应当以某种为主,文、理、法、工都要有一点,互相交叉,为国家培养出大批自然科学与社会科学交叉类型的人才。①

钱伟长不但上过名牌大学,又出过国,留过洋,获得过外国名牌大学的正宗"博士"学位。他学有专攻,攻有所获,在诸多方面均有建树,但他常对人说自己是"自学成才"。如果仔细考究他的经历以及所取得的这些成就,就会相信他所说的话了。钱伟长从小没有完整地上过小学、中学,高中时也有些偏科,在进入大学之前一直以文史见长,数理化成绩都很差。但自从考入清华大学后,为了抗日救国,他才弃文学理。在加拿大多伦多大学留学时,他读的是应用数学;到美国加州理工学院时,从事的则是火箭、导弹弹道的研究。归国以后,他在清华大学机械工程系担任教授,教的是力学。新中国成立后,他在创建力学研究所的同时,又创建了自动化研究所和全国自动化学会,20世纪70年代又成功研制出高能化学电池,80年代发明出"钱码"输入法并创建中国中文信息学会。他四十

---

① 柯琳娟:《以国家需要为专业的科学家:钱伟长传》,江苏人民出版社,2009年版,第142-143页。

四岁学俄语,六十岁学电化学……一直到九十岁目力尚可时,还经常翻看专业杂志。他总是在纠正人们习以为常的说法:什么叫建立终身教育体系?应该叫建立终身学习体系!他常对人说"祖国的需要就是我的专业",借以鼓励师生以学为本,而这个"本"就是以国家的建设为出发点。

在谈到高等教育改革的根本问题时,他说:"大学教育应该重视学生自学,大学教育就是要学生都会自学。"

还是在清华大学工作之时,钱伟长对自己当年准备赴美时的思想曾有过这样的回忆:

美国大使馆注册,好多问题,我都无所谓,你信什么教?我说我没教,他说不行啊。因为没教在美国人看来是野蛮人。后来他让我填孔教。最后一条,我填不下去了。问中国和美国开战的时候,能不能忠于美国。我当然忠于中国了,我是中国人,我不能忠于美国人。我就填了一个 NO,我不填 YES,我决不卖国。结果就因为这个,我没能去美国。当然,我在填这个"NO"的同时,也就意味着我告诉他们我不去了。也许有人要说,你的目的就是去美国,为什么不变通一下呢?但我做不到,我忠于我的祖国,时时刻刻,心口如一。①

早在 1957 年 1 月 31 日,钱伟长就在《人民日报》上发表《高等工业学校的培养目标》的文章,回应人们对他的种种责难。他在文中写道:

今天的教学工作中有一个明确目标是好的,但是目标定得过高过死是造成学生学习负担过重的主要原因之一。由于过分地强调了学生出门就要做某某工程师的要求,专业课就显得庞大复杂,把一切纯经验性的生产知识不加选择地搬进了课堂。另一方面,忽视了基础理论课和基础技术课必须有足够的课外时间让学生进行独立自学的原则……同时,过分地强调了专业课,以致基础技术课这样重要的环节,不论在师资上,还是

---

① 柯琳娟:《以国家需要为专业的科学家:钱伟长传》,江苏人民出版社,2009 年版,第 67—68 页。

在教学工作上都过分地削弱了。①

钱伟长的这篇文章发表后,引起了全国教育工作者的关注。可以说,在反右之前,他的人生一直是向前的;在反右后的二十余年里,他虽然也做了不少有益于国家的事情,但身不在职,头上还戴着几顶"帽子",所以可以说是处于沉寂时期。而复出后这十五年来的工作,可以说钱伟长完成了他人生中的又一个飞跃。对于这一飞跃,他在《八十自述》中还有如下小结:

从1978年起到1992年止,我在科研战线上奋力拼搏,夜以继日,形成了一生中的又一科研高潮。15年中在中外杂志发表了约100篇中外文的科学论文,涉及面很广。其中涉及环壳、波纹壳、轴对称壳的论文29篇,关于广义变分原理的论文22篇,关于有限元的论文24篇,关于三角级数求和的论文5篇,关于薄板大挠度问题的论文7篇,关于中文信息处理的论文4篇,关于其他弹性壳的论文2篇,塑性撞击和穿甲力学的论文3篇,其他论文4篇。其中环壳和波纹壳的工作是机械工业部弹性元件科研课题,广义变分原理的工作曾获得1982年国家科学进步奖,中文信息方面的工作曾获得1985年上海市科技发明奖。

....

在这15年内,一共出版了15本书,除了前面谈过的《变分法有限元》等7本外,还有:①《钱伟长科学论文选集》(1989,福建教育出版社);②《电机强度计算的理论基础》(1993,安徽科技出版社);③《钱伟长文选》(1992,浙江科技出版社);④《应用数学》(1993,安徽科技出版社);⑤《微分方程的理论及其解法》(1993,国防工业出版社);⑥《钱伟长1988—1993年科学论文选集》(已交稿,山东科技出版社);⑦《波纹管、波登管、弯管、膨胀接头、环壳和旋转壳文献目录》(与冯思慎合作,1978,清华大学材料力学教研组印);⑧《应用数学和力学论文集》(1980,江苏科

---

① 柯琳娟:《以国家需要为专业的科学家:钱伟长传》,江苏人民出版社,2009年版,第83页。

技出版社)。基本上实践了1980年提出每年写本书的誓言。①

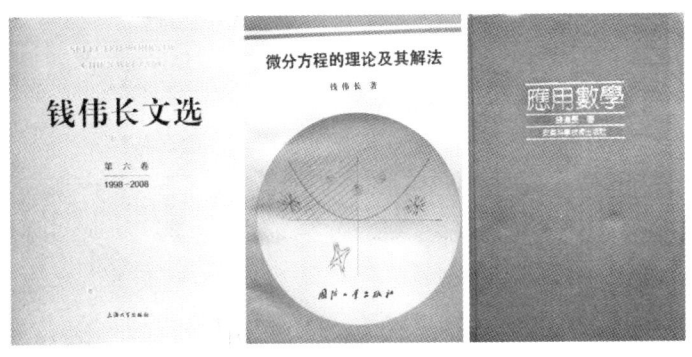

钱伟长的部分著作书影

2002年5月19日,钱伟长在南京接受记者采访时说:"现在都提倡素质教育,我觉得素质教育首先要重视体育教育。(因为首先,体育运动培养一个团队精神,比如球队,球队要的是团队精神,光靠个人奋斗是不行的。不光是球队,其他方面也是这样。其次是拼搏精神,做什么事情都要拼搏,不能想着慢慢地成功,这是不可能的。这两个都是体育训练中最重要的东西。)"

钱伟长还时刻以清华大学体育系教授马约翰为榜样,鼓励学校的师生热爱体育运动,增强体质,保持身体健康,提高综合素质。与此同时,他还特别重视学校里的体育教师,并说:"帮助那些体弱生,要根据他们的不同情况给予辅导,尽可能地通过体育运动的过程,由自身的持续锻炼获得健康的体格。"

钱伟长还常现身说法,鼓励学校的师生积极进行体育锻炼。"体育运动能增强体质",这是清华大学体育系教授马约翰当年对毛泽东主席所说的话,钱伟长也时常用这句话来教育和鼓励师生们。

复出后的十五年,繁重的教学和行政工作,众多的政治社会活动,广阔的学术天地,使钱伟长的生活充沛而有意义。虽然岁月催人老,但欣逢

---

① 《钱伟长文集》,上海大学出版社,2013年版,第990-992页。

盛世，钱伟长却"愿夜以继日地奋发工作，以补偿二十年来失去的珍贵年华；愿以自己的点滴汗水，汇入祖国建设社会主义的波澜壮阔的奔腾洪流中去！"

1987年，钱伟长在接受《瞭望》杂志社记者何砚平的采访时说："积几十年的经验、教训，我越来越坚定一个信念，就是每一个炎黄子孙都要做中华民族补天的女娲。"

作为一名有声望的科学家、教育家，钱伟长不仅时刻关注着大学教育，同时也很关心中小学教育。"文化大革命"过后，钱伟长复出，他曾多次回到无锡七房桥老家，还有他曾经居住过的荡口镇，以及他读过书的各个学校。2005年春，九十四岁高龄的钱伟长再次回到了他出生的地方——七房桥。看到小时候生活过的地方，他百感交集，深情难抑。钱伟长的堂侄钱煜后来对记者说："从1978年开始，钱老每年10月都会返回故乡七房桥看望同族亲人，和他们一起过自己的生日。他每次回去都会去我家，给我的印象总是很慈祥。他对每个小朋友都会记在心上，每次都会给他们带糖果。"

晚年的钱伟长，总是不顾年老体衰，除了应酬社会上方方面面的事务外，又在妻子孔祥瑛的鼓励与帮助下，开始着手撰写自传——《八十自述》。在这篇自传里，他记录了曾带给他幸福与苦难的时光，用来温习自己的历史，借以警示后人。虽然有时写得很辛苦，但为了能给后人留下一份珍贵的纪念，为了不让历史的悲剧重演，他总是用一颗真诚的心向世人诉说，字里行间流露出他对祖国的真诚，对人民的热爱。虽然岁月匆匆，却不能遮掩他那份珍贵的赤子之心。

2001年1月11日，正是旧历新年即将到来之际，钱伟长的妻子孔祥瑛却因病辞世，享年八十六岁。爱妻的突然去世，使暮年的钱伟长泣不成声，悲痛难抑。

钱伟长与孔祥瑛自1935年在清华园里相识以来，由相恋到结婚，数十年相濡以沫，互敬互爱。平时，钱伟长总是忙于科学研究，忙于教书、著书和讲学，家务之事几乎全让孔祥瑛承担下来。孔祥瑛后来担任清华大学附属中学校长，身上担子也不轻，但她总是能妥善处理好自己的事情，回到家中时再帮助丈夫,以解除丈夫的后顾之忧。

钱伟长与夫人孔祥瑛合影

在钱伟长被打成"右派"后的艰难岁月里,聪明贤惠的孔祥瑛善识大体,她不但自己默默地承受人生的苦难,而且还不断地鼓励丈夫,终于携手走出了人生的低谷。

在办理好夫人的丧事后,钱伟长又投入学校繁忙的事务中去了。但在夫人去世三周年的祭日,他写下了一首小诗,献给他的爱妻,以寄托自己的哀思。诗曰:

返魂无术恨悠悠,一点灵犀竟此休。
相思忧伤交织夜,似珠情泪滴床头。

中国古人常说,"大音稀声,大爱无边"。钱伟长就是这句话最完美的实践者,他将自己的爱都献给了他所爱的家人,他所爱的中国人,其中包括众多的学子们。

在《谈教书育人》一文中,钱伟长说:"为了我们的民族,我们个人吃点亏不要后悔,不值得后悔。我们历史上有很多英雄人物靠这么点精神,为我们中华民族立了大功绩!这就是公而忘私,要是为私的话就成为历史的罪人。……我们的先哲对我们的教育是很多的,譬如像范仲淹那句'先天下之忧而忧,后天下之乐而乐'的名言就是很精彩的!换句话说,就是我们要为天下着想,这个天下现在就是中华民族,为党的事业着想,其他个人地位应该放在第二位。"

三、赤子之心

1994年,上海工业大学、上海科技大学、上海科技高等专科学校和原上海大学组建为新的上海大学,钱伟长被任命为新的上海大学校长。钱伟长是当时全国在职的最年长的大学校长。就任上海大学校长的翌年,钱伟长就开始对教学进行改革,并将在上海工业大学时的教学机制引入新上海大学,全面推行学分制、选课制、三学期制。这一重大教学体制的改变,使上海大学迅速"成为华东地区规模最大、学科齐全、特色鲜明的综合性大学",得到了教育部的认可与赞扬。

无论在何时何地,钱伟长都一贯坚持严以律己的原则,以身作则,从而成为师生的表率。他曾说:"我自己以身作则争取各种机会和学生、学生干部、教师、研究生见面、谈话和做报告。不断教育学生要热爱祖国,要做有志气的中国人,对祖国的前途负有不可推卸的责任。1986年率政协代表团出访英国时,在曼彻斯特大学与王大珩一起和留学生三百余人见面,即席以自身的经历和认识,恳切地叙说人民多么期望着祖国儿女学成归来参加建设,使不少听众动容落泪。"

钱伟长认为,中国的知识分子绝大多数始终是爱国的,他在《我国科学技术发展的展望》一文中说:"因为知识分子比较敏感,他们不但接触国内,而且接触到国外,他们对于世界各个社会制度、各个民族之间的斗争有所认识,一般人是很少有这种知识的,而他们有。他们看到我们祖国那么落后,他们……都想为祖国多尽点力。他们懂得一个人的生存的目的和价值。他们懂得只有跟人民联系起来,才有自己的前途。"

在谈到国家教育和出国与归国这些问题时,钱伟长在《和青年朋友谈学习问题》中说:"我并不是在那儿没饭吃,我饭吃得很好,待遇也很高,但我还是回来了。我觉得作为一个中国人我有责任回来致力于发展我们国家的科教事业。我早就认识到,一个国家的教育不发达,那是没希望的。我的同学郭永怀和钱学森也一起回来了,那时我们回来是受到阻碍的,美国人不让我们回来,但我们放弃一切回来了。我觉得中国人就有这个长处,中国古代的所有教育都有这一条,那就是要忠于民族忠于国家。……所以我觉得,我们现在应有爱护民族的教育,应有爱护国家的教育,这就是说应加强爱国主义教育。……我们还应牢记一条,一个民族跟一个人的生存都靠自己,而不应靠其他人。"

钱伟长不但是一个杰出的科学家,还是一个著名的教育家,他一生的学习、工作几乎都是在学校里,特别是在当了教授以后,多年来又一直工作在领导岗位上,他不但将学校当成了自己的家,还将学生们当作自己的子女,用心良苦,感人至深。他时常对人说:"上海大学就是我的孩子,提携后辈是一种责任。"

"上海大学就是我的孩子",多么感人至深的话啊!2007年,当《百年潮》的记者对他进行采访时,他还真切地对记者说:"我不考虑自己,到现在也不考虑。"对此,记者动情地叹道:"对您有种感觉,就是您好像没有自我。"钱伟长正是以这种无私的真诚,时刻感动着人们。

榜样的力量是无穷的。钱伟长的模范行动也时刻感染着他身边的工作人员。2007年10月8日,李雪林在《文汇报》上发表了《校长钱伟长》一文,他在文章中不无激动地写道:

他(指钱伟长)下棋所在的房间就是他平日里饮食起居的场所,坐落于上海大学延长校区的乐乎楼,仅七八十平方米。房间的布置非常简洁,桌椅仍是十几年前的风格,隔壁的书房摆满钱老主编的杂志和各种书籍。钱老在上海没有房产,他说他喜欢住在学校里,因为可以随时随地看他一手创建和发展起来的上海大学。

他经常在校园里散步,他说最喜欢看学生穿梭在校园里,步履匆匆地赶往教室上课,每当这时,他会兴奋地点头说,"很好!"一旦看不到人,他会马上嗔怪道,"人都到哪里去了?"等到旁人告诉他,学生们放假了,他才放下焦急的心情。学生们看到钱老都会热情地上来打招呼,对于学生拍照的请求,他从不会拒绝,总是展露微笑,积极配合。

身边的学生、工作人员更愿意这样评价他:一个拼搏不息的可爱老头。

为了工作,为了教学,为了科研,为了国家建设,为了中国的经济发展和繁荣昌盛,钱伟长不顾年迈,一天到晚都在不停地忙碌着。他说:"我只要事情办得对国家好就行,没有别的要求。我希望祖国强大起来,强大需要力量,而这力量就是知识。教育是振兴国家最重要的力量和手段。"于是,便有人在背后说他"傻"。是的,相对于那些时时都在自己的"小我"里精打细算的人来说,他的确是有些"傻";但对于已将自己的思想升华到一个"大我"高度的钱伟长来说,他却以为自己的所作所为既是心甘情愿的,更是为人所道的。

早在1977年,还是邓小平刚复出后不久,他就交代给钱伟长三个任务:第一是宣传四个现代化,第二是宣传和平统一政策,第三是参加《不列颠百科全书》的出版工作。

在接受邓小平同志的嘱托后,为了做好这一系列的工作,钱伟长时常要工作到深夜,干劲一点都不减。尽管他此时还未被完全"解放"出来,但还是全力以赴地"扎"进了工作之中,而且工作效率高得令年轻人都为之咋舌。

钱伟长在晚年时曾这样真切地写道:"虽然已是耄耋之年,两鬓霜华,但依然壮心不已,总觉得还有许多事情尚待完成。"即使到了生命的最后,钱伟长仍然不甘人后,始终坚持着一个明确的信念,决心为社会的发展多尽一分力量,为祖国的建设多尽一分义务。生命不息,奋斗不止,这也是他晚年一直追求和奋斗的目标。他还将"自强不息"定为上海大学的校训,鼓励全校师生勤奋学习,积极上进,勇于攀登,奋发有为。正如他在《毕业七十载,报国六十年》一文的最后所说的那样:"桑榆未晚,欣逢盛世;爱我中华,奔驰不息!"

老当益壮的钱伟长

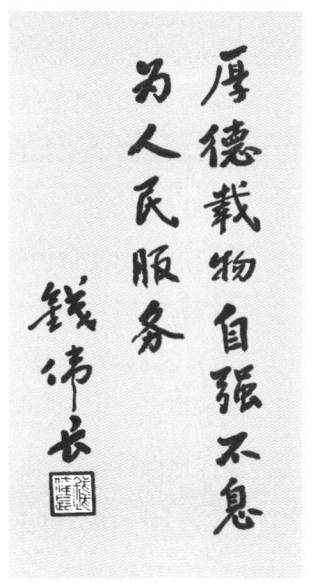
钱伟长的手迹

学校以学为主,但学习为了什么?这是一个至关重要的话题。特别对高校中的爱国主义教育工作,钱伟长总是大会宣传小会讲,每当与会,他都会将爱国主义的教育理念贯穿到会议当中,从潜移默化中诱导师生们的爱国主义情愫,启发他们热爱祖国,热爱中华民族。他多次语重心长地对师生们说:

我们要培养学生对国家、社会、民族有责任感。我们的学生如果没有责任感,整天只是考虑自己的小的利益,如经济生活好一点,地位高一点,那就不能担起跨世纪的重任。我们要学习革命老一辈,他们牺牲个人,牺牲一切,为了民族的斗争获得胜利。我们要培养一大批大公无私的人。个人、家庭是私,国家并不是没有考虑,但大公更重要,要考虑整个民族和国家。如果学生不能很好理解这一条与做到这一条的话,我们的教育是失败的。

钱伟长不但是一位杰出的科学家,同时又是一位著名的教育家和社会活动家。他在"文化大革命"后复出的几十年中,除了自己的科学研究外,几乎将全部心血都贡献给了祖国的教育事业和国家的经济建设,成为世人心中的楷模。他在科学研究中,既讲究实际,也讲究创新。改革开放后,钱伟长的科研涉及诸多领域,有人戏称他是"万能科学家"。对此,他解释说:"我的专业就是祖国的需要,国家需要什么,我就搞什么研究。"在科学研究上,他特别注重创新,并时常对人说:"创新主要有三个方面:一是思想的创新,革新某个学科的根本思想;二是方法的创新,包括数学方法和实验方法;三是开拓已有思想和方法的新应用领域。不管做什么研究,都应该努力在这三个方面有所创新。"钱伟长对科学研究的感悟最深,因为他深深地懂得:科学研究的精髓和生命力就在于创新!

2010年7月30日凌晨6时20分,一代科学巨匠、著名教育家和社会活动家钱伟长在上海瑞金医院不幸逝世,享年九十八岁。消息传出后,人们不禁扼腕慨叹。

8月7日,这天正是传统节令的立秋之日。上午10时30分,钱伟长遗体送别仪式在上海龙华殡仪馆隆重举行,来自北京、上海、江苏等全国各地的各界人士,纷纷从四面八方汇集到了这里,与这位为中国的繁荣富强奋斗一生的科学巨匠挥泪作别。在长龙般的告别队伍里,每一个人都静静地等待着进入灵堂,满怀无比的虔诚来拜谒钱先生最后一面,从而为他送上人生最美好的一句祝福——钱老一路走好!

苍天垂泪,江河鸣咽;大地无语,人声轻泣。

在上海龙华殡仪馆最深幽处的告别大厅里,一生忙碌不停、奋斗不止、钻研不辍的钱伟长,终于合上了他那双睿智而又明亮的眼睛,安详地躺卧在百合花、玫瑰花丛中,宛若熟睡而沉入梦乡……

享誉中外的中国科坛"三钱"——钱学森、钱三强、钱伟长,他们所代表的不仅是一个时代,更代表了一种理想,一种典范,一种那个时代集体力量的象征。1992年6月28日,"中国原子弹之父"钱三强最先驾鹤西去;2009年10月31日,"中国航天之父"钱学森也告别了人世;而随着"中国力学之父"钱伟长的最后辞世,中国科坛"三钱"从此成了一个时代最清雅的绝唱。虽然中国科坛"三钱"均已陨落,但"三钱"一生追求知识、不懈进取、献身科学、报效祖国的精神却永存世间,垂范后世,为人景仰,并永远召唤着后来者。

哲人已萎,薪尽火传。作为一代科学巨匠的钱伟长,他的一生不仅给人们留下了众多的传奇故事,同时也留下了弥足宝贵的创新精神。在许多人的心目中,钱伟长不仅是一位卓越的科学家、教育家和社会活动家,更是一种精神寄托,一种人格表率,一种能够安抚与启迪人心的强大力量。但在今天,这位科坛巨人的身影行将融入历史……

2011年12月20日,钱伟长的儿子钱元凯等钱家后人,将钱伟长与孔祥瑛合葬于风景秀丽的上海滨海古园。2012年5月15日上午,钱穆、钱伟长故居纪念馆在无锡新区鸿山街道七房桥村隆重开馆。在五千七百平方米的宏大展厅中,楼上是钱穆的生平及其事迹展览,楼下是钱伟长的生平及其事迹展览。钱穆、钱伟长故居纪念馆开放后,络绎不绝的人们来到这里,纪念一代国学大师和一代科学巨匠,在寄托自己的哀思之余,也领略了钱氏叔侄高尚的爱国情操和对祖国的教育、科学和文化所做出的重大贡献。

熟知钱伟长的人都知道,他一生都在不停地为工作而到处奔波,为祖国的经济建设和繁荣富强而忙碌不停。尽管他一生有过许多的坎坎坷坷,但他对这些苦难与伤痕从未有过牢骚与埋怨,他总是以一颗赤子之心,去正视社会,去面对未来。邓小平同志热情地称赞钱伟长:

> 钱伟长这个人是好人,他虽然不是共产党,但他是一个爱国主义者!

第四章 环保专家，工程院士——钱易

◎

一代国学大师钱穆育有三子二女。三子分别是钱拙、钱行和钱逊，二女分别是钱易和钱辉。

七房桥钱氏家族，算是世代书香门第，钱穆的父亲钱承沛曾为塾师，钱穆兄弟四人均以教职为业。而钱穆的五个子女，基本上也都是以教师为职的。

钱拙是钱穆的长子，1931年生于北平，中学毕业后考入无锡的江南大学，1948年底因参加共产党并与同学陈秉基等参加学生运动而被校方开除。新中国成立后，钱拙在苏州大学任教，"文化大革命"时被下放劳动改造。1980年夏，钱拙曾与弟弟钱行、钱逊和妹妹钱辉同赴香港与父亲见面。1981年，五十周岁的钱拙积劳成疾，因患淋巴癌而英年早逝。

钱行是钱穆的次子，1932年生于北平。抗日战争全面爆发后，钱行随母亲回苏州生活，并在苏州读书。1948年，钱行高中毕业即参加革命工作，成了一名国家干部。"文化大革命"期间，他与全家下放到苏北。1980年春落实政策后被分配到苏州第五中学任教。1980年夏，钱行与兄妹赴香港与父亲见面，1984年又在香港得与父亲重晤。

钱逊是钱穆的第三子,1933年生于苏州,在苏州小学毕业后考入苏州中学高中部,之后又考入清华大学读书,后长期在高校从事哲学、文史研究。

钱辉是钱穆最小的女儿,1940年生于苏州。钱辉在苏州师范学校毕业后即参加工作,从事教育事业整整30年,后担任江苏省吴县市人大常委会副主任,直至退休。现居苏州。

钱易是钱穆的长女,在兄妹中排行第四,1936年生于苏州,小学毕业后就读于苏州的新苏师范学校,后相继就读于同济大学和清华大学,大学毕业后一直在清华大学执教,长期从事环境保护与污染防治研究,并因对水污染防治技术及处理方面的杰出成就,于1994年被中国工程院吸收为院士。

少年时代

1936年12月27日,钱易出生于风景如画的苏州古城,当时钱家住新桥巷耦园。

钱易出生时,钱穆正在北京大学教书,他考虑再三,在回到苏州后还是为女儿起名"钱易"。北宋初年的钱氏家族中就有个吴越王的后裔叫"钱易",此人系钱倧之子,字希白,博学多才,在宋真宗年间高中进士,并担任过翰林学士等职,颇得宋天子之信任。也许是为了纪念这位前辈,钱穆给女儿起名为"钱易"。

钱易的母亲张一贯是苏州人,生于清光绪二十七年(1901),是苏州名士张一麐、张一鹏的族妹。张家是苏州城中一个世代书香之家,张一贯从小受到良好的家庭教育,稍长即考入苏州女子师范学校,毕业后曾担任苏州北街小学校长。1929年,二十八岁的张一贯与时在苏州中学任教的钱穆结为夫妇。

张一贯兄弟姐妹五人,张一贯居长,两个妹妹是张一鸿、张一飞,两个弟弟是张千里、张旭人。兄弟姐妹五人在成年后也都从事教育工作,分别在无锡、苏州两地任教,在当地的文教界都很有声望。

1937年7月,震惊中外的"卢沟桥事变"爆发,钱易此时尚未足周岁。全面抗日战争开始后,钱穆于是年10月中旬随北大师生南下,后在西南联大任教,他与时在北平的家人一别就是两年,直到1939年秋天才在苏州的耦园团聚。

1938年,张一贯与儿女们在北平东安市场明明照相馆合影
前排自右至左为钱拙、钱易、钱行、钱逊,后立者为张一贯

钱穆离开北平后,钱家老小便由其夫人张一贯全力支撑。当时,钱穆的长侄钱伟长也在北平,后又去天津耀华中学教书,不时到钱穆家中看望,有时还在这里小住数日。

钱易比钱伟长小二十四岁。钱易曾说与这位堂兄"年龄差距太大,我们不像一代人,他跟我父亲更亲近些"。钱易还说,1949年之前,她跟母亲生活在苏州,钱伟长却早在她出生前就上了清华大学,此后又出国留学,所以生活并无太多交集。直到1957年,她考上了清华大学的硕士研究生,才真正接触到在清华任副校长的堂兄。然而,没过多久,反右运动开始,钱伟长被错划为极右分子,师友亲属都被要求与之划清界限,钱易"就不能再去他们家了"。

谈及父亲钱穆和堂兄钱伟长,以及他们同时代的学人,钱易教授曾感慨万千地说:"'三钱'已成绝响,但他们留下的精神财富,依然值得我们这些后来者去学习、追慕和深思。"

1981年,钱易以钱伟长秘书的名义,随堂兄赴香港见到了睽违三十余年的父亲钱穆。对于那次香港之行,钱易回忆说,当时,父亲钱穆知道钱伟长在内地事业很成功,他特别欣慰。钱易与钱伟长的交往虽然有限,但钱氏家族的血脉联系和同处于文教圈的亲近感,却让钱易对钱伟长的许多传奇都了然于心。在这些传奇中,钱伟长"弃文就理"的故事让钱易感触颇深。从一定程度上来说,她与堂兄一样,从小都有过"作家梦",但后来都改学理科,从事科学研究和教育事业,兄妹两人的生活道路可谓如出一辙。

钱易出生后刚半年多,"卢沟桥事变"就爆发了。她不满一周岁,父亲便从北平奔赴西南,由母亲张一贯带着一家人在北平苦苦支撑,后来又从北平南迁到苏州。当时,钱易一家住在苏州耦园的东花园楼下。因为战乱,父亲的薪水不能按时寄回家中。为了养家糊口,维持全家人的生活,母亲只得重操旧业,到一所小学去教书。等到钱易记事时,钱家在苏州耦园已住有时日了。在忆及童年时代的生活时,钱易在《无法报答的恩情》一文中写道:

> 我能追寻到的记忆,最早就是东花园了。从北平南迁到苏州时我两岁,我们住在耦园东花园五楼五底的房子里。当时处于国难中,家中又因父亲远离、经济拮据、祖母病重,我和兄妹都还年幼,似乎应是十分凄凉困苦的。但我除了记得夜晚常常有灯火管制、漆黑一团的情景,也记得祖母病逝后的遗体放置在我们中间屋内,我们一一向她告别等情景以外,却不记得有什么特别的痛苦,反记得不少欢乐的事:妈妈常常带领我们兄妹在花园里漫步,我们则调皮地藏来藏去;每当夏夜皓月当空之际,我们兄妹常躺在院子里的一张竹榻上,听大哥讲北斗星在哪里,牛郎、织女星又在哪里;每当秋风已凉,妈妈总是带领我们把一条条床单铺在桂花树下,个头不高的她举起长长的晾衣竹竿,轻轻地敲打着树枝,金黄色的桂花立即像下雨一般洒落在床单上,我们高兴地帮助妈妈收起床单(也许是越帮越忙),知道妈妈会把它们变成又香又甜的桂花糖浆,够我们吃好一阵子;过

年的时候妈妈特别忙,她坐在火炉前做鸡蛋饺的情景,至今历历在我眼前,妈妈还会自己做年糕,我等着这些美食,心中觉得妈妈无所不能;妈妈每天从学校下班回来,还要为邻居的一大群孩子做家庭教师,三个哥哥已经有资格参加了,我却只能在一旁看着妈妈,听着妈妈,我没有觉得枯燥,因为我眼中的妈妈很美,妈妈的声音很好听……①

1939年暑假期间,钱穆因要出版《国史大纲》一书,前往香港和上海。他在赴上海后,顺道回家住了一年时间,一家人在苏州的耦园终于有了暂时团聚的机会。而在此时,小钱易已能略微记事了。翌年秋天,钱穆应齐鲁大学国学研究所主任顾颉刚之邀,前往成都任教,遂在苏州与家人分别。这一别又是六年,待到再次相见,已是抗日战争胜利后的1946年秋天了。

1943年秋,侵华日军继续向中国的腹部纵深地区发动进攻,形势更加紧张。这一年,钱易一家生活过得十分艰难。当时,父亲任职于齐鲁大学国学研究所,母亲张一贯在苏州耦园一个人拉扯着五个孩子。父亲远在成都,薪水有时寄回家中也有困难,生活日益拮据。恰在此时,钱易的大哥、二哥先后都得了伤寒,钱易也被感染,被迫卧床,母亲忙得不可开交。所幸,在钱易两个姨母张一鸿、张一飞的帮助下,钱易和两个哥哥先后恢复了健康。

钱易天资聪慧,酷爱学习,因从小受到父母的熏陶,少年时代的钱易酷爱文史,并且还做过好一阵子的"作家梦"。1946年,十岁的钱易因跳级而提前在苏州的一所小学毕业,考进了她母亲张一贯当年读书的学校——新苏师范学校。

钱易在新苏师范学校读书期间,正值解放军南下,江南一带的国民党军队风声鹤唳,闻风南逃,苏州、无锡两地的一些大龄学生也都纷纷参加地下活动,准备迎接解放军南下。此时,钱穆正在无锡的江南大学任教,他的长子钱拙也在江南大学读书。钱拙在参加共产党后担任学校地下革

---

① 钱志仁、钱国平主编,无锡市历史学会编:《无锡鸿声里钱氏六院士》,2008年版,第255页。

命活动负责人,因与共产党员陈秉基等同学参加地下活动而被校方开除。钱穆的三子钱逊也因与邱仁宗、徐功敏等同学参加地下活动而被特务盯梢,其中一个同学还被抓进了牢房。此时,不但外面风声很紧,钱家内部的空气也十分紧张,明事达理的张一贯便让钱逊与同学到苏州郊区的一个寺庙里暂行躲避,待到解放军进入苏州城后,他们方才安全地回到家中。

钱易在新苏师范学校读书期间,又爱上了文艺,并被推荐到学校的广播室当播音员,在一年级时她还被苏州文联文工团吸收为团员。不久,她在新苏师范学校毕业,正式进入文工团,在此工作了一年有余。1952年,刚满十六岁的钱易以调干身份进入同济大学的卫生工程系读书。

大学生活

1951年,钱易的母亲张一贯因病辞去苏州北街小学校长一职回家养病。翌年,钱家所居耦园的东花园住进了很多从朝鲜战场下来的伤兵。张一贯看到这些可爱的小伙子躺在床上不能行动,心中很替他们着急,于是就抽空担任他们的文化教员,帮助他们做些写家信和缝补衣服等事。对此,钱易在《无法报答的恩情》中写道:

> 她哪里像一般人想象中的残疾人?她哪里像一个半身不遂又年过半百的病人、老人?她不仅可以自主生活,还在周围的人需要的时候为人们做事。1952年后,一大批抗美援朝归国志愿军伤病员住进东花园,妈妈竟成了他们的文化教员,还常常帮助这些年轻人写家信。我这时已经不在家中住,每次回家总可以看到妈妈周围有一些年轻的军人,他们需要妈妈也愿意帮助妈妈,妈妈好像又多了好些儿子。①

在女儿的心中,母亲永远都是体贴子女的。张一贯出身于书香门第,

---

① 钱志仁、钱国平主编,无锡市历史学会编:《无锡鸿声里钱氏六院士》,2008年版,第257页。

又受过良好的教育,她从事过多年的教育工作,在对子女的教育问题上,她与丈夫钱穆一样,既充满爱心,又善于因材施教。钱易在回忆母亲对自己的教育时曾说:"在我记忆中,妈妈从不骂孩子,更不打孩子。直到我自己当了妈妈,我才体会到妈妈对孩子的爱有多深,妈妈的修养又有多深。"也许受先辈和父母熏陶的缘故,钱易在走上工作岗位以后,在科研和教育两个方面,也都继承了父母的优点,并得到了师生们的诸多好评。

1956年春末夏初,母亲带着一家人从耦园迁到了苏州的洗马巷。这一年的夏天,钱易在上海同济大学即将毕业,面临分配问题。

对于自己在同济大学时的学习生活,钱易在她的《自述》中曾这样写道:

> 大学一年级是我最紧张的一年,我既要补习高中课程,又要跟上大学课程进度,还被大学中多彩多姿的文化体育生活所吸引,对于出黑板报等社会工作也十分热心。令我不能忘怀的是老师们对我的关怀和耐心,当我以第一名的成绩结束一年级学习时,他们甚至比我自己还高兴。以后三年可说是我青年时代的幸福期。我追求着身体好、学习好、工作好的目标,我享受着友谊和集体的温暖,我对专业知识越来越感兴趣,我憧憬着到祖国建设前线去大干一场。①

钱易在同济大学读书的第一年,便考得了全班第一名,她也因成绩突出而被学校师生看好。依照她毕业前的想法,她"憧憬着到祖国建设前线去大干一场",并在分配志愿上填写了希望能到兰州等地去接受锻炼,到祖国的大西北去搏击一番,借以施展自己的才华,服务于新中国的建设。

但就在此时,年过半百的张一贯见自己常年有病在身,行动日渐不便,且生命也将步入晚年,所以特别希望女儿在毕业后能留在上海工作,这样距苏州家中近一些,彼此也能相互照料一下。为此,张一贯专门致信时在同济大学任教的胡家骏教授,让胡先生去劝说女儿毕业后能留在上

---

① 钱志仁、钱国平主编,无锡市历史学会编:《无锡鸿声里钱氏六院士》,2008年版,第252-253页。

海工作。胡家骏是胡达人先生的公子,胡达人与钱穆是昔日的挚友,钱穆早年进入苏州中学任教就是经胡达人先生推荐的。胡达人后来还担任过苏州崇范中学的校长,钱易的三个哥哥此前也都是在这所学校读中学的,她的大阿姨张一鸿还在该校担任过一段时间的教职。所以,胡家与钱家也算是关系颇密的世交。胡家骏教授知道钱易的学习成绩向来优秀,于是在接到张一贯的来信后,反倒劝说钱易去报考清华大学的研究生。

正巧,学习成绩素佳的钱易在同济大学毕业论文答辩时的主任是来自清华大学曾获美国哈佛大学卫生工程硕士学位的环境工程学家陶葆楷教授。此时,钱易的堂兄钱伟长又在清华大学担任教务长。所以,在钱易的论文答辩会上,陶教授对这位家学渊源深厚的青年才俊自然赏识有加,因此他特别希望钱易能报考自己的研究生。

就这样,钱易如愿以偿地考上清华大学的研究生,并成为陶葆楷教授的门生。此后,她在陶教授的指导下,一直从事环境保护的研究工作,并在这一领域做出了不凡的成绩。但对于自己当年未能听从母亲要她留于上海的劝告,钱易一直都怀着无限遗憾,她在《无法报答的恩情》一文中不无内疚地写道:

> 大学毕业那年,我又一次没有听妈妈的话。我填报的志愿是去西北兰州参加大建设。妈妈舍不得,曾给胡家骏教授写过一封信,希望我能留在上海。胡先生的父亲胡达人老先生是父亲在苏州中学任教时的同事,还是很相知的朋友。胡老先生还曾任苏州崇范中学校长,大阿姨曾在那里做过教师,几个哥哥又都是崇范中学的学生。同济大学的胡先生知道这些渊源,对我有着超过一般学生的关爱,妈妈写信这件事也告诉了我,我对妈妈这样做大不以为然。后来胡先生鼓励我报考清华大学研究生打动了我,我决定迎接新的挑战,也希望到远处去看一看更广阔的世界。我当时一点都没有想到妈妈的心愿和妈妈的需要,妈妈一年年衰老起来,妈妈一定希望女儿离她近一点,回家的次数能够多一点,而我却只想远走高飞。妈妈知道了我的决定之后,又是什么都没有说。我后来才觉悟过来,

当时的我怎么还是不懂事,不会体贴妈妈呢?①

1959年10月,钱易在清华大学研究生毕业并留校任助教,成为她的导师陶葆楷先生的得力助手,一直致力于环境保护事业和教育事业。

不久,钱易与上海青年张忠祥相恋并结为夫妻。进入"大跃进"时期,丈夫张忠祥奉命赴苏联进修深造,钱易在清华大学教书。此时,她正有孕在身,行动不便,远在苏联的丈夫担心妻子,于是便在来信中叮嘱她到上海候产。钱易听从了,就请假赴上海公婆家中候产。后来,钱易先后有了两个孩子:张宁和张宇。

正当钱易奋发向上进行搏击的时候,她却与堂兄钱伟长一样,遭受了意外的挫折。当时,钱易的父亲钱穆被认定为"中国三大反动文人"之一。有一次,钱易和同事们一起到学校的大礼堂看大字报,只见一张大字报上赫然写着:"老子英雄儿好汉,老子反动儿混蛋!"钱易看后,心有不平,就脱口说道:"这不对!"身边一位老师赶忙善意地提醒她说:"算了吧,有什么话我们回去说。"

过了些日子,钱易接到上级的命令,要她在三天之内收拾好行装到江西鄱阳湖畔的鲤鱼洲农场参加劳动。

在鲤鱼洲农场,钱易一待数年,不要说从事科学研究,就连平时看书学习也不可能,每天干的都是插秧割稻这些繁重的体力活,但她一直坚持着,相信自己的处境总有一天会得到改善,一定有机会从事自己心爱的研究事业。

直到1971年,钱易才结束在江西农场的改造回到清华。

荣膺院士

"文化大革命"结束后,钱易回到了她挚爱的教学与科学研究岗位。尽管那时已逾不惑之年,但她充满信心,决心把这些年来耽误的时间夺回

---

① 钱志仁、钱国平主编,无锡市历史学会编:《无锡鸿声里钱氏六院士》,2008年版,第258页。

来。对此她还特别写道：

> 终于盼来了中国人民的春天，科学的春天，知识分子的春天，我又回到了大学讲台上，又工作在实验室中。使我不敢想象的是，我这个被认为靠不住的人居然得到了出国进修的机会。先去了美国，又去了荷兰，我珍惜这些机会，更为重新得到信任而感动。[①]

不幸的是，钱易的母亲张一贯于1978年病逝于苏州。得知妈妈去世，钱易悲痛至极，她在回忆文章中写道："妈妈走了，妈妈终于离我们远去了。她已经为我们耗尽了心血，她已经圆满地写完了她自己朴实无华的但又是光辉灿烂的历史，她应该安息了。妈妈一生七十八年，前三十年的情景我们不大知晓，只知道妈妈读书成绩很好，还是学校运动会上的短跑运动员；妈妈结婚后，曾经有过近五年的欢乐时光，虽然接连生孩子很辛苦，但我相信这段时光的妈妈是快乐的，幸福的；然后就是与丈夫的分离，独自承担家庭的重任并从事光荣的教育事业，长达十余年；最后是病后的二十余年，不断抗争，不断奉献，直到生命的最后一息。妈妈啊，你在我的记忆中，几乎是完美的，外形美、心灵美，善良、能干、坚韧、宽容；不论是苦是甜，你对生活的态度始终如一，只想为他人奉献自己，从不想取回报；永远乐观、坚强、决不灰心失望，就像你的名字一样。"

1981年至1983年，钱易曾赴美国的康奈尔大学做访问学者。1988年，钱易在荷兰阿姆斯特丹的德福特大学从事研究工作。此时，她的小姨妈张一飞因病在苏州去世，家人为了不使她在国外的工作受到影响，当时并未告诉她。等到钱易从荷兰归国以后，方知小姨妈业已亡故，回想起两位姨妈对自己的养育之情，她不禁失声痛哭。

在荷兰时，钱易得知父亲患病住院，两个月不能起床，也不能正常进食，心中十分焦急。是年11月初，台湾当局正式出台了"大陆同胞赴台探病、奔丧"政策，钱易得知这一消息后，即于11月9日直接从荷兰飞往台

[①] 钱志仁、钱国平主编，无锡市历史学会编：《无锡鸿声里钱氏六院士》，2008年版，第253页。

北探望父亲。

钱易到台北后,父亲钱穆的身体在夫人和女儿的精心护理下竟奇迹般地很快得到了恢复。钱易此次赴台,是在台湾出台消除禁令的第五天,于是她也就成了海峡两岸开禁后大陆首位赴台探亲的人。作为一个知名学者和当代国学大师的女儿,她自然而然地也就成了大陆和台湾媒体争相报道的热点人物。对于自己这个"第一"的名分,她笑着平静地对记者说:"我并不是想成为第一人,只是想早日见到父亲。"

风华正茂的钱易

钱易此次赴台探望父亲,前后只有一个月时间,其间与父亲有了更多的接触与交流。对此,她在《回忆严父的慈爱》一文中这样写道:

> 这段日子里,我们父女谈家常的时间更多。父亲能清楚地描述家乡七房桥的旧宅,更喜欢和我一起回忆在苏州度过的时光。那里的书房虽小,却是他完成得到史学界高度评价的早期著作《先秦诸子系年》的地方。书房外有一小花园,池塘、假山俱全,正是散步休憩的好处所。父亲关心地问及这些房子的近况,黯然地说:"看来我是回不去了。"我听了心酸,安慰他说:"好好保养身体,父亲是能够回去的。"父亲告诉我,他在江南大学执教期间,常爱驾小舟在太湖荡漾,"那才是人间最惬意的事啊!"一脸喜悦,心向神往,我也仿佛随他重游了太湖的绮丽风光。有一次,父母亲陪我去游阳明山,父亲远望着层层叠叠的山景,又一次对我讲起他当年游览泰山、庐山的情形。父亲告诉我,他登泰山时,学生们曾为他租了轿子,他却一口气自己爬上了山顶。又谈及曾在庐山住过的几夜,结识了一位老和尚……听着父亲动情的追忆,我不禁想,谁说父亲远离故土、不爱祖国,父亲的心一天也没离开过他为之奋斗了毕生的故土山河。他对

祖国的爱,又是多么具体、深沉!①

钱易此次赴台探望父亲,台北一些小报竟然对钱易进行了无端的猜疑、指责和控告。当时的民进党揭发钱易申请赴台时掩饰了共产党员的身份,要求当局予以立即处理,并且还说钱易在国立大学教书,她参加的是台湾方面的"叛乱组织"。陈水扁等人也具状控告钱易曾是共青团员。钱易赴台探父一事遂在台岛引起了轩然大波,有的人甚至别有用心地指摘钱穆"知匪不报",并声称要诉诸"法律"。钱穆深知这些人对他不怀好意,什么事情都干得出来,气愤地说:"这些人已完全抛弃了中国的文化传统,他们不能理解为什么我的女儿会从这么远的地方来看望父亲,他们是不承认父女之间的亲情的。"虽然台湾的"高检署"已对各单位的控告做出不起诉的决定,但钱穆最后还是让女儿早早打起行装,提前两天离开了台湾。

这次离别以后,仅仅过了一年半,钱穆即在台北新居中去世,正如钱易所说,这次离别竟是他们父女的永别。

早在"七五"规划期间,钱易曾主持了由十七个单位近百名科技人员参加的国家重点科技攻关项目——"高浓度有机废水的厌氧处理技术研究",研究成果达到了国际先进水平,部分成果还居于国际领先地位,获得了国家教委科技进步一等奖、国家科技进步三等奖。1987年,钱易与同事们一起进行氧化沟曝气转刷的研制和生产,所开发产品的转刷性能达到了国外同类产品的先进水平,又形成系列产品被推广使用,从而填补了我国在这一关键技术上的空白。1989年后,钱易相继到英国帝国理工大学、香港大学、香港理工大学和香港科技大学等高等学府讲学并进行学术交流。1990年以来,她率先研究含难降解有机物工业废水的处理技术,研究成果达到国际先进水平。

1994年,钱易率先提出加强对工业废水中难降解有机物的控制,引起学术界普遍关注。她所提出的鉴定可生化性的方法,至今仍被广泛应

---

① 中国人民政治协商会议江苏省无锡县委员会编:《钱穆纪念文集》,上海人民出版社,1992年版,第156页。

用。也正是在这一年,钱易因成绩显著而得以进入中国科技界最高殿堂,成为中国工程院首批院士,也是当时清华大学唯一的工程院女院士。

三年后的1997年,钱易在国际环境工程大会上任主持人,聆听各国学者对环境保护的呼吁,更有一种紧迫感和使命感。她常对人说,"为保护人类唯一的家园——地球而献身,是责任也是光荣"。

中国工程院院士钱易

成名后的钱易,不但是清华大学环境科学与工程系教授、博士生导师,还担任了全国人大环境与资源保护委员会副主任、国务院环境保护委员会的科学顾问、环境模拟与污染防治国家重点实验室主任、中国环境与发展合作委员会委员等社会职务。1996年她当选国际科学联盟委员会委员,1997年又当选世界工程组织联合会副主席,以及北京市政协副主席、全国妇联副主席。

对于自己所肩负的各种重任,钱易也有多方面的考虑,她曾经写道:"为人类的根本利益,为地球的光明前途,必须改变发展模式;可持续发展是人类的必由之路,既符合当代人的需求,又不致损害后代人满足其需求能力的发展。可持续发展……鼓励经济增长,不仅重视经济增长的数量,更注意追求经济增长的质量;可持续发展的标志是资源的永续利用和良好的生态环境;可持续发展的目标是谋求全社会的进步,包括人类在保障健康、接受教育、享有自由平等方面的权利。"

2006年3月,在全国人民代表大会第四次会议上,钱易做了新农村建设要注意保护环境的发言,引起了与会者的广泛关注。在发言中,钱易强调在建设新农村时,应该注意建设资源节约型、环境友好型社会,大力提高资源利用率,减少污染排放量,应该从每一个人、每个单位和从点滴做起。

在国家经济发展与环境保护这两个重大问题上,不少人对经济发展与环境保护之间的关系有着模糊的认识,但钱易却明确表示:

经济增长和环境保护是完全可能协调起来的,我们既可以提高人民生活水平和国家竞争力,又可以使生态环境的质量逐步好转。如果发现经济建设和环境保护发生矛盾,那一定是增长的模式有了问题,或者是环境保护的方式有了问题,应该从改变增长模式和改进环保工作两方面去解决,而前者是更为根本的。

在江南钱氏家族中,钱学森、钱伟长和钱三强被人称为我国科技界的"三钱"。"三钱"之中,钱伟长和钱学森在晚年尤为关注教育。钱伟长在古稀之年执掌上海工业大学,此后又执掌上海大学,并在学校大胆改革,成绩显著,闻名中外;而钱学森的"钱学森之问",至今仍在深刻地拷问着我们这个时代。

钱易说,她也时时在思考"钱学森之问"。"回顾清华的历史,可以列出很多文科和理工科方面的大家,但现在这样高水平的人物已经不多了。现在可以列出来很多中科院院士、工程院院士,但跟那个时代的大师比,还是差了一个档次。我也在反思,为什么现在培养不出大师级人物?"

作为一位现代知识女性,钱易自幼受到家庭熏陶,同时也继承了钱氏家族的秉性,她不仅在自己的领域做出了令人刮目相看的成绩,而且还以直爽、敢说敢为的性格颇得学界的好评。2005 年,围绕怒江水电开发该不该上马等一系列重大问题,国家环保总局邀请钱易等全国各界的三十六位专家展开讨论。会上,国家发改委的一位官员强调说:"环境保护固然重要,但毕竟发展是硬道理啊!"钱易听后,心中颇为不服,于是就率直地说:"难道环境保护是软道理吗? 不能一讲经济开发,环境保护就得让步。不能为了搞工程就修改保护区的规划,甚至把保护区的核心区挪地方,这是违法的!"

作为一个正直的科学家,钱易深深地知道,当下学风比较浮躁,教学方式、绩效评估体系都不太科学,行政干预影响也太大,"部里的一个处长,对项目申报、评奖等能起到很大作用。更有甚者,商界的一些不正之风也蔓延到了政界、学界,假冒伪劣现象日趋严重"。面对"干部出数据,数据出干部",学术论文抄袭、编造这些不正常的现象,钱易认为,这些都需要进一步的改革。至于评估体系,她认为,"我们希望不要拘泥于发表多少文章,而要鼓励独立思考,一个方面有独到之处就可以了。追求文章多不是正确的评估标准,反而可能造成年轻人出现抄袭现象"。对目前社会上很多与求真务实背道而驰的现象,钱易也焦虑不已。

钱易的父亲钱穆在做小学、中学教师时,对于学术完全是发自内心的热爱,所以才坚持自学,经过十八年的努力,才发表了《刘向歆父子年谱》并获得学界的认可。对此,作为女儿的钱易说,"那时候并无考核,完全是出于对研究的热爱"。而堂兄钱伟长,上大学时在毫无基础的情况下转学物理,竟然也能做出骄人的成绩,"现在,我们中国这么多人,科技投入这么大,学术研究还难在世界上占到一席之地。我们这个时代仍然需要大师,父兄们的成长之路,有太多值得我们今天思考的地方"。

中国古代常常形容事业型的女子为"巾帼不让须眉"。作为国学大师的女儿和海内外知名的科学家,钱易时常对人说:"在工作中我常忘记自己是女人,而在家庭中却牢记自己是一个女人。在外面我要做一个好师长、好领导,在家里更要做一个好妻子、好母亲。"

自1959年以后,钱易历任清华大学环境工程系助教、讲师、副教授、教授、教研室主任、环境模拟与污染控制国家重点联合实验室主任。1981年,她翻译出版了《实用废水处理系统》。1982年至1984年,她以清华大学副教授的身份赴美国康奈尔大学做访问学者。1987年,她出版了专著《水污染及其防治》。1989年,已取得教授资格的钱易又出版了《工业性环境污染的防治》等专著。

投身教育事业五十余年,钱易以自强不息的精神,影响和培养了我国环境科学与工程领域的几代人,造就了大批的学术骨干。作为中国高等院校环境保护与可持续发展素质教育的先行者,她是倡导建设"绿色大学"的第一人。她在清华大学开设的环境保护与可持续发展课程还被评为国家级精品课程,并荣获第三届国家级教学名师奖,为我国环境科学与工程教育事业的发展做出了重要贡献。2009年,钱易获得"清华大学突出贡献奖"。至今,作为清华大学博士生导师的钱易,已先后出版专著、译著二十余部,发表各种科研论文一百余篇,为国家的环境保护事业做出了巨大的贡献,同时也培养了大批的科研人才,进而赢得了社会的广泛好评。

钱易参与并推动了《中华人民共和国清洁生产促进法》《中华人民共和国循环经济促进法》的制定与施行,她还担任了中国科协副主席、全国人大环境与资源保护委员会委员等职务,在国际学术界与国际环境领域享有较高的声誉,还在多个权威国际学术组织担任重要职务。1992年至今,钱易先后担任北京市政协副主席、中国环境与发展国际合作委员会委员、第七届全国人大代表、第八届和第九届全国人大常委会委员、全国妇联第七届执委、国际科学联盟执行委员会委员、世界工程组织联合会副主席等重要职务,并获得国家科技进步奖二、三等奖,国家教委科技进步奖一、二等奖。

成绩面前不骄傲,百尺竿头更进步。在巨大的成绩面前,钱易却显得分外的谦逊。因为她知道,属于她的日子还很长,路还很远,需要她去做的事情还有太多太多,她自己也有决心、有信心为科研、为教育、为社会建设做出更多、更大的贡献!

第五章 芝兰玉树，满庭芳华
—— 族人谱

◎

七房桥五世同堂的钱家长辈，包括钱穆这一辈，继承家族的书香家风，大都爱好诗文，且多以执教为业。现将主要成员的情况略述如下。

五世同堂的长辈

无锡七房桥钱氏家族，世代书香，执教为业，不但走出了三个院士，而且一门五代基本都在从事教书育人的工作，可谓满门园丁，桃李天下。现将钱氏家族的三个院士以外的主要家族成员予以简要介绍。

一、钱穆的曾祖钱绣屏

钱绣屏，谱名钱士晳，生于清嘉庆十五年（1810），国学生出身。他育有七子，即钱珏、钱锟、钱鈇、钱镜、钱镇、钱锴、钱锜。其中，他的长子钱珏，家族中称为鞠如公，便是钱穆的祖父。

二、钱穆的祖父钱鞠如

钱鞠如,系钱承沛之父,谱名钱珏,生于清道光十二年(1832),卒于清同治七年(1868),邑庠生出身,擅长音韵,精于书法,惜英年早逝,享年仅三十七岁。钱鞠如育有两子,长子钱承浚,次子钱承沛。钱承沛育有四子,即钱挚、钱穆、钱艺、钱文。

三、钱穆的父亲钱承沛

钱承沛,字汉章,号季臣①,清同治五年(1866)出生于江苏无锡鸿声镇七房桥,钱穆之父,钱伟长之祖。钱承沛自幼聪慧,"发愤读书……寒暑不辍"。十六岁那年,他因"县试入泮,以案首第一名秀才",故得享"神童"之誉。此后,他先后在十九岁、二十二岁和二十五岁时三次到南京参加乡试,"皆在场中病倒,不终试而出","遂绝意功名"。他虽然未得功名,却总是牢记"子孙虽愚,诗书须读"的祖训,先后送两子钱挚、钱穆读塾。光绪三十二年四月二十四日(1906年5月16日),钱承沛因劳累过度离世,享年四十岁。

钱承沛生于世代书香之家。幼时曾拜颙桥村王先生为师,擅长律诗及四六文赋,族中称其为"珍二相"。十六岁时以第一名成绩入泮。他读书勤奋,学问渊博,成年后以设帐课徒为业。他既是一位深谙教子之道的好父亲,又是一个善于培育幼苗的好园丁。钱穆在《八十忆双亲》中,专门写有"先父对余之幼年教诲"一节,记述父亲钱承沛如何循循善诱的施教故事。钱承沛对子女钟爱有加,常说:"我得一子,如人增田二百亩。"但他对子女的要求也颇为严格,只是"从无疾言厉色。子女偶有过失,转益温婉,冀自悔悟",促使子女们自悟自省,改过自新。钱穆自幼聪颖过人,受到别人赞扬时难免有些得意扬扬。一次,钱穆当众背诵《三国演义》,博得众人好评,但钱承沛却不以为然,并借行路过桥之机,诱导钱穆戒骄戒躁。

---

① 钱穆在《八十忆双亲》中称其父字季臣。

钱承沛善于运用启发式教育,潜移默化地让孩子们在无形中认识到自己的错误,这对于一个仅中过秀才的书生来讲,是难能可贵的。

钱承沛生性耿直,宅心仁厚,时常仗义执言,"尽力族中及乡间事",在当地颇孚雅望。对此,钱穆在《八十忆双亲》中曾写道:"五世同堂各家,自此事无大小,皆来就商于先父,得一言为定,一扫往日涣散之情。继则富三房凡遇族中事,亦必邀先父集商。又继则嘱族人径赴先父处取决。更继则七房桥四围乡间事,几乎皆待先父主断。"①

成年后,钱承沛娶同邑邻村蔡师塘头村蔡秀才之女为妻。妻子与其同庚,婚后育有五子四女,成人四子二女。长子钱挚,次子钱穆,三子钱艺,四子钱文。长女生于清光绪十一年(1885),长嫁在汉口经商的广东番禺籍曾氏;次女生于光绪十三年(1887),长嫁上海王氏。

四、钱穆的兄长钱声一

钱声一,原名钱恩第,谱名钱挚,钱承沛之长子,钱穆之长兄,钱伟长之父,清末民初教育家。

钱挚幼年家贫,由父亲启蒙课读。清光绪三十一年(1905),无锡士绅华鸿模在荡口镇创办果育新式小学,钱父将钱挚、钱穆一同送到该校读书。父亲过世后,钱家日渐贫困,但他与弟弟钱穆仍然发愤读书,于光绪三十四年(1908)毕业,并以优异成绩与钱穆一同考入常州府中学堂,果育小学还为他们兄弟申请了荡口义庄的清寒勤学奖金。翌年,钱挚以第一名的成绩毕业于常州府中学堂师范班,他谢绝了屠校长要他到南京高等师范学堂深造的推荐,毅然回乡教书,以缓解家中困窘。回乡后,他呼吁钱氏族人,在七房桥创办了第一所新式小学——私立又新小学。不久,他被荡口鸿模小学聘往教书。民国肇始,无锡全县设立六所高等小学,第四中高等小学即设于梅村,华澄波任校长,钱挚任教务主任,弟弟钱穆也被聘往任教。此后,他又被聘至荣德生创办的公益学校任教兼教务主任。北伐胜利后,无锡在学前街县学里设立无锡县中,钱挚被聘为无锡县中教

---

① 钱穆:《八十忆双亲 师友杂忆》,生活·读书·新知三联书店,2005年版,第17页。

务主任兼舍监。1928年,钱挚参与筹建江苏省立乡村师范学校并担任校长,终因劳累过度去世,时年仅四十岁。

为了追念这位对家乡做过很大贡献的青年教育家,《新无锡》报还刊载了《追悼钱声一先生预志》的消息。其文略曰:

本邑教育界闻人及南延、泰伯两市领袖蒋仲怀、高践四、钱子泉、薛溱舲、许少山、秦颂硕、钱孙卿、蔡虎臣、华澄波、朱梦花、华书城、荣德生、华绎之、钱伯圭、邹茂如、华茂萱、强卓人、华子唯、薛蔚孙、朱彦颓诸君,以教育家钱声一先生,服务谨敏,持躬整饬,为同事所推信。不幸于本年夏历九月二十日逝世,得年仅四十岁。子女皆幼,尚未成立。特定于阳历本月十六日(即夏历十一月初九),假梅村第四高等小学开一追悼会,以申哀思。①

五、钱穆的大弟钱艺

钱艺,字漱六,钱承沛的第三子,钱穆的大弟。钱艺出生于清光绪二十六年(1900),曾就读于常州中学,一生以执教为业,1979年去世。

钱艺仅育一子钱慈明。钱慈明1946年毕业于江苏省染织专科学校,翌年考入江南大学,曾担任过无锡轻工业学院党委书记、江南大学党委书记等职。

六、钱穆的小弟钱文

钱文,字起八,钱承沛的第四子,钱穆的二弟。钱文出生于清光绪二十九年(1903),曾就读于常州中学,一生以执教为业,1979年病逝于苏州。

---

① 钱志仁、钱国平主编,无锡历史学会编:《无锡鸿声里钱氏六院士》,2008年版,第244页。

五世同堂的晚辈

七房桥五世同堂钱氏家族的众多后辈,也像他们的前辈一样,多以执教为业,甘作园丁,教书育人,并在各自领域里都有一定的建树。其主要成员情况简略如下。

一、钱穆的长子钱拙

钱拙系钱穆之长子,1931年生于北平,中学毕业后考入江南大学,是中共地下党员,1948年底因参加学潮而被开除离校。新中国成立后,钱拙任苏州第一中学物理教师,后调入江苏师范学院(今苏州大学)物理系,1963年曾与龚芹生、吴保让等合编《高中物理复习参考资料》一书。"文化大革命"期间,钱拙一家被下放到苏北射阳参加劳动。"文化大革命"结束后,他继续担任教职兼编《物理教育》杂志。1980年,钱穆写信给钱拙,希望他们兄弟姐妹能早日赴港见面,并在当年实现了愿望。1981年,钱拙不幸病逝。

钱拙育有钱松、钱斐。长子钱松,系钱穆之长孙,毕业于清华大学,后考取南京大学研究生,曾作为访问学者留美深造一年,后供职于南京大学。

二、钱穆的次子钱行

钱行是钱穆的次子,1932年生于北平。退休前在苏州第五中学任教,退休后专心写作,现为作家。

1948年,钱行中学毕业后,因时局关系未考大学。1949年5月参加工作,成为一名国家干部,在中学任物理教员四十余年。1950年,钱穆在香港创办新亚书院,写信让钱行三兄弟到港读书,他未能前去。1969年,他一家因"海外"关系被下放到苏北盐都县楼王公社范河大队①,与夫人

---

① 今盐城市盐都区楼王镇范河村。

同在小学任教,后到公社中学任教,直到1980年才落实政策回到苏州第五中学任教,并与兄妹们一起到香港探望父亲、继母。1984年7月4日至8月6日,他与弟妹和侄女钱婉约、长侄钱松,再次赴港参加父亲的九十大寿庆典,与父亲在港团聚了月余。

钱行与父亲共同生活的时间很短。因幼时不记事,及年龄稍长,又长相离别,记忆寥寥,只知父亲严厉而不苟言笑,过其书房必得轻手轻脚,以防打扰他读书写字。钱穆去世后,台湾组织编全集,钱行

钱行

参加遗稿整理工作,发现《读史随札》一稿,是写在家信的背面,后来才知这封家信竟是自己小时候写给父亲的。

当年,钱穆在香港办新亚书院,曾写信给子女,希望他们赴港就读。但当时社会舆论对钱穆极尽贬斥之辞,并指责其无耻卖国。因此,钱行兄弟皆违父愿,不肯前往。钱行那时十八岁,甚至还将报纸上的批判文章寄给父亲,以至于三十余年后父子即将相见时,钱穆仍担心钱行不愿来港与自己相见。"文化大革命"期间因父亲的关系,钱行的工作和生活都受到了不少的影响,举家还被下放到苏北农村。1980年,钱行与兄、弟、妹首次赴香港与父亲相见。1984年,在父亲九十寿辰时,钱行与弟妹再次赴港与父亲相见。

通过两次赴港亲聆庭训,钱行改变了以前对父亲的看法。当年,父子异途,钱行以爱国大义相责。经过三十余年的变迁,他昔日对父亲的敌视早已消退,仅留下为人之子的遗憾与内疚。1990年,钱穆在台北去世,钱行发愿认真阅读父亲的书,依其道而行,以赎不孝之罪于万一。但钱穆的著作,若无旧学根底,很难真正理解掌握。钱穆的回忆作品如《八十忆双亲》等,又写得颇为含蓄,若不知其历史背景与具体人事关系,很难理解书中的意见,言外之事更是无迹可寻。钱行与父亲钱穆不仅在生活上长相

别离,精神文化也格格不入,走近父亲钱穆并非易事。钱行所能做到的,只是细细阅读,摘录章句,写一些感想文字,以及关于钱穆的一些细碎小故事。钱行对父亲的理解和感知的变迁,虽属私事,却直抵现代中国的文化背景,对中国当代思想文化从封闭走向开放、从政治主导走向学术自由的过程,在侧面上也是一个直观的反映。2011年12月,钱行撰写的《思亲补读录——走近父亲钱穆》由九州出版社出版,女儿婉约还特意写了"后记",受到各界的好评。与那些回忆父辈生平往事的作品不同的是,钱行在书中鲜有忆及父亲生活细节的片段,而是以一个普通读者的身份,记取自己阅读父亲作品的感受。七十岁那年,钱行开始接触互联网,并以"毕明迩"之名发表了许多研究钱穆的文章,还特意隐去了钱穆之子的身份,在论坛上与广大网友讨论钱穆,受到各界的关注。对此,其女钱婉约也"叹服他的与时俱进,壮心不已"。

《思亲补读录——走近父亲钱穆》书影

钱行还校注出版了明代作家张潮的《幽梦三影》,并参与了译注《读书四观》《齐家四书》的出版工作。

三、钱穆的三子钱逊

钱逊系钱穆的第三子,1933年10月13日生于苏州,1946年考入苏州中学,1949年毕业并以优异成绩考入清华大学哲学系。1952年全国高校调整时,转入中国人民大学马列主义研究班学习,毕业后分配到清华大学当政治教师,此后一直在清华大学任教。1961年,钱逊调入清华大学哲学教研室。1981年又调到校文史教研组,开始对中国思想史进行研究。1985年,清华大学成立中国文化研究所并恢复中文系,张岱年任首任所长,钱逊后任副所长,协助张先生工作,此后相继出版有《〈论语〉浅解》(1988)、《先秦儒学》(1991)、《中国古代人生哲学》(1998)和《儒学圣典——〈论语〉》(2001)等专著,以及《对孔子思想中普遍性因素的探索》《文化的普遍性和特殊性》《谈"和"》《孔门"为己之学"》等论文。

钱逊对《论语》的研究颇有心得,所撰写的《〈论语〉浅解》于1988年10月由北京古籍出版社出版,全书二十余万字,除对孔子的思想进行评述外,重点对《论语》的内容进行诠释和评论。现在,他担任有国际儒学联合会理事、副理事长,中国孔子基金会理事,中华孔子学会副会长等社会职务。

四、钱穆的小女钱辉

钱穆有两女,长女钱易,小女钱辉。

1940年,钱辉出生于苏州耦园。钱辉出生时,钱穆正在千里之外的成都讲学。20世纪50年代,钱辉因所谓的"海外"关系,失去了一次到国外读书深造的机会,她在苏州师范毕业后先后在乡下当小学教师、中学教师、进修学校教师,一直到退休。1980年,钱辉与三个兄长一起赴香港探望父亲和继母,她与父亲分离三十二年后终得相聚。

1984年4月,在吴县第七次人民代表大会上,钱辉被选为江苏省吴县人大常委会副主任。

钱辉育有一双儿女,长子顾青,小女顾梅。顾青为1982年江苏省高考理科状元,被北京大学数学系录取,大学毕业后分配到南京邮电学院(今南京邮电大学)工作,后赴美留学,先后获美国德克萨斯州农工大学数学硕士、博士,又进入北京大学数学博士后流动站,现任教于上海华东师范大学数学系。

五、钱穆的孙女钱婉约

钱婉约,生于苏州,1980年考入北京大学古典文献专业,先后获北京大学文学学士、北京师范学院史学硕士和北京大学文学博士学位。

钱婉约先后执教于武汉大学历史系、日本京都大学人文科学研究所、日本姬路独协大学文学部、澳门理工学院等高校。2000年8月,钱婉约到北京语言大学人文学院任教,现为北京语言大学教授兼人文学院中文系主任,主要从事日本中国学(汉学)研究,同时关注中国历史文化及学术史发展和转型研究,并担任北京市中日文化交流史学会副会长、国际中国文化研究学会学术委员会副主任、中国中外关系史学会理事等社会职务。

钱穆的孙女钱婉约

钱婉约著有《内藤湖南研究》、《从汉学到中国学——近代日本的中国研究》《影响中国历史的30本书》(作者之一)、《梅樱短笺》等。译作较多,主要有:吉川幸次郎的《我的留学记》,内藤湖南的《中国史通论》(下),桑原骘藏的《东洋史说苑》,内藤湖南、长泽规矩等的《日本学人中国访书记》(与宋炎辑译并注,第一译者)等。

除专著和译作外,钱婉约在国内外报刊上发表论文及学术随笔百余篇,近年主要学术论文有《从近代日人来华访书看中华典籍的文化意义》《写给西方世界的两部日本文化名著》《论近代日本学科性中国语教育的确立——以仓石武四郎的业绩为中心》《小说家眼光　汉学家情愫——芥川龙之介的〈中国游记〉》《明季中国人的欧洲认识》《当代日本汉学研究的启示》《内藤湖南的沈阳访书及其学术意义》《岛田翰生平学术述论》《春凳闲话》《侠士狂生经世心——内藤湖南汉诗解析》《内藤湖南与中国学人关系述略》等。

六、钱穆的侄孙钱元凯

钱元凯是钱穆的侄孙,钱伟长的儿子。

1958年,十八岁的钱元凯从北京第四中学毕业,在高考中取得了华北考区总分第二名的好成绩,却因父亲的关系未能读上大学。当时,钱元凯的内心十分痛苦,但他理解父亲的处境,不为环境所吓倒,于是年9月分配到首钢,成为首钢机械厂的一名普通职工。

钱元凯爱动脑筋,勤于钻研,很快成了厂里的技术革新能手。1966年,他"以工代干"被调到厂里的技术科做工装设计工作,从此爱上了摄影,不久即自制了七台照相机及闪光灯。1982年,钱元凯调入北京市照相机总厂研究所任主任设计师,主持多种照相机的研制与开发,他所研发的EF3相机荣获北京市科技成果奖、全国照相机评比一等奖。1994年后,他在北京飞索公司担任总工程师,创建国内首套系列化的狭缝光栅立体图片制作系统,不久即投入商业运营,获得了五项专利。此后,他先后被聘为《大众摄影》《摄影与摄像》《电子影像》《中国摄影》等杂志的编委,1996年起担任北京电影学院摄影学院的客座教授。从2001年开始,他受父亲的影响,率先将眼光转入数码相机研究与授课上,并在北京电影学院力推数码摄影课程。多年来,他通过辛苦的研究和思考,先后出版了《照相机的原理与维修》(与周祥文合著)、《摄影光学与照相机》、《现代照相机》、《数字影像技术基础》、《现代照相机的原理与使用》,另在报刊上发表论文三百余篇,是我国首屈一指的数码影像专家,并被摄影界誉为"问不倒的钱元凯"。

钱穆的孙子、外孙这一辈,共有十人。长子钱拙育有钱松、钱斐,次子钱行育有钱婉约、钱静骅,三子钱逊育有钱军、钱忠,长女钱易育有张宁、张宇,小女钱辉育有顾青、顾梅。

第六章 书香门第，教育世家
——启示录

◎

传统宗族文化是中华文明的重要组成部分之一。这是因为，中国历来是一个乡土社会，而乡土社会的背后则是以血缘关系为基础的宗族制度和以土地为纽带的地缘关系。这种宗族关系，是以直系亲属为核心不断扩大的血缘关系。长期处于这样的关系中，多数人在很大程度上归属于家族所持的价值观，影响着一生立身行事的原则。

古老而又悠久的中华文明，家族文化底蕴深厚，涌现出了众多的文化世家，并分别积淀了与众不同的文化特征。吴越国王钱镠家族的成功，不仅在于个人功业上光照千古，而且得益于家教家风，日渐完善的宗族文化也确保了钱氏家族的兴旺发达。吴越国之后，历经北宋、南宋、元、明、清、民国乃至新中国，钱氏家族不断繁衍，由钱镠时的兄弟数人发展增殖到数十万人，而且俊彦辈出，代有英才。五代十国时期，吴越国纵跨七朝，五人先后封王；北宋初年先后又有六人获封王爵，且还有四位郡国、国公；至南宋仍有一人封为郡王，七人封为国公。两宋期间，钱氏家族担任宰相、枢密、翰林学士、节度使等高官者数十余人，刺史以下者不下千人。科举及第者为数众多。据武肃王钱镠第十三世孙钱国衡统计，钱氏在宋代共有三百二十人高中进士,说明钱氏子弟勤读成风,并不完全是仰赖门第荫庇,其中典型如忠逊王弘俶之子钱昆、钱易。钱昆未受世袭官职,埋头读书,以才藻知名当世;钱易才思敏捷,人誉其有"李白之才",后官至内相翰林学士;钱昆及其子钱彦远、钱明逸,其孙钱勰、钱藻、钱和,皆高中科第,他们自豪地说:"两朝之间,相继者父子;十年之内,并进者兄弟。"叔侄兄弟多为好学能文之士。当时的文学团体西昆派,代表人物十八人,其中钱氏文人就有钱惟演、钱准济,而钱惟演尤列为最重要首领。元、明、清三代,钱氏族人依然有大批高中进士并担任高官,而学有所成,潜心于学术、艺术、医术且卓有成绩者,更是史不绝书。有史可查的钱氏状元有六人,计有钱福、钱士升、钱祖寿、钱维城、钱棨、钱治平等。在中国科举史上,"连中三元"者仅有十四人,而钱王后裔钱棨即为其中之一。钱棨是清乾隆己亥恩科解元,接着进京参加会试,高中会元,殿试状元,两年之间连中三元;追溯少年时代曾连中县试案元、府试案元、长庠洋元,前后可合称为"六元",在历代"三元"中也仅此一人而已。

进入当代中国,钱氏家族人才依然兴旺。钱氏后裔中,在国家领导这一层,曾任国务院副总理的钱其琛,曾任全国政协副主席的钱正英、钱学森、钱伟长、钱昌照等,还有曾任全国政协副主席兼秘书长的钱远录,都是江南钱氏的裔孙,极一时之盛。

我国著名科学家"三钱"都是钱王的后裔,台湾也有"三钱"——"中央研究院"院长、院士钱思亮,其长子钱煦也是院士,次子钱复曾任国民党政府的"监察院"院长,是马英九的老师,他们也都是江南吴越钱氏的裔孙。据不完全统计,仅中国科学院、工程院和港台地区,以及美欧科技界著名学者就有一百多位钱王子孙,故人称"钱王后裔遍五洲"。

1996年10月,钱镠研究会理事蔡涉、副秘书长陶福贤,专程赴南京拜访钱镠的后裔钱锺韩先生,请教他对《钱氏家训》的看法。这位钱氏裔孙毫不讳言地说:"我们一家代代克勤克俭,历来要求极严,或许是受祖辈《家训》的影响吧!"[①]钱氏子孙,大都通文达礼,绍续家风,钱锺韩是"当代

[①] 钱镇国:《吴越钱氏家族》,详见《吴越钱氏家族文化研究》,齐鲁书社,2010年版,第41页。

文化昆仑"钱锺书的堂弟,这些在钱锺韩先生身上得到了证实。

在吴越钱氏后裔中,先后涌现了父子院士、兄弟院士、叔侄院士、夫妻院士和父女院士等,这种情况在一般家族中可以说是绝无仅有,足以证明钱氏家族的特殊文化魅力起着潜移默化的作用,千余年来生生不息,也是其他家族不易企及的奥秘之所在。

水汇四海,不上溯不悉其渊源;族分万派,不考察不知其亲疏。水起于源,人本于祖,国有史,地有志,家有谱,虽世代相更,年代遐远,然历谱斑斑可查,可见谱书文献记载之重要。千百年来,钱氏家族中走出了众多的知名人士,考其渊源,基本上也都是来自于江南吴越钱氏大家庭。

一百多年来,仅从无锡七房桥的五世同堂钱氏家族中,先后就走出了三个院士,可谓阶前玉树,满庭芳华。钱氏家族是如何培养出如此众多一流人才的呢?这个闻名天下的吴越钱氏家族又有哪些成功的秘诀呢?

七房桥五世同堂钱氏家族人才众多,这种"井喷"的文化现象也给世人留下了重要的启示。

武肃遗训,仁厚家风

江南钱家的兴旺与发达,与《钱氏家训》大有关系。"吾立明后,在子孙绍续家风,以明礼教",钱镠尊教重学的传统思想向为历代裔孙所继承,并激励着钱氏后人,而钱氏家族早先每有新生儿诞生,全家人就要围坐在一起恭读《钱氏家训》。到了近代,这一传统虽然中断了,但仍激励着钱氏后裔的成长。

七房桥五世同堂钱氏家族盛产名人,除了与江南的经济富裕、文化发达有关外,钱氏家族还有自己独特的成功秘诀。

钱氏家族的成功之处,首先在于有一个世代沿传的家训的引领,即武肃遗训传家,家风仁厚。

钱氏家训分为《武肃王八训》《武肃王遗训》《钱氏家训》、新《钱氏家训》四部分。

张一贯与孙儿们

《武肃王八训》是钱镠六十一岁寿辰那天为钱氏家族制订的八条家训,简称《武肃八训》。略谓:

一曰:吾祖自晋朝过江,已经二十七代。承京公枝叶,居住安国。吾七岁修文,十七习武,二十一上入军。江南多事,溪洞猖獗。训练义师,助州县平溪洞;寻佐陇西,镇临石镜。又值黄巢奔冲,日夜领兵,七十来战。固守安国、余杭、于潜等县,免被焚烧。自后辅佐杭州郡守,为十三部指挥使。值刘汉宏谶起金刀,拟兴东土。此时挂甲七年,身经百战,方定东瓯。初领郡印,寻加廉察。又值刘浩作乱于京口,将兵收复,即绾浙西节旄。又值陇西僭号,诏敕兴兵。三年收复罗平。蒙大唐双授两浙节制,加封郡王。自是恭奉化条,匡扶九帝。家传衣锦,立戟私门。梁室受禅,三帝加爵,封赐国号;后唐兴霸,重封国号,玉册金符,专降使臣。宣扬帝道,受非常之叨忝,播古今之嘉名。自固封疆,勤修贡奉。吾五十年理政钱塘,无一日耽于三惑。孜孜砣砣,皆为万姓三军。子父土客之军,并是一家之体。

二曰:自吾主军六十年来,见天下多少兴亡成败,孝于家者十无一二,忠于国者百无一人。余志佐九州，誓匡王室。依吾法则，世代可受光荣；如违吾理，一朝兴亡不定。

三曰：吾见江西钟氏，养子不睦，自相图谋，亡败其家，星分瓦解；又见河中王氏、幽州刘氏，皆兄弟不顺不从，自相鱼肉，构讼破家，子孙遂皆绝种；又见襄州赵氏、鄂州杜氏、青州王氏，皆被小人斗狫，尽丧家门。汝等兄弟或分守节制，或连绾郡符，五升国号，一领藩节。汝等各立台衡，并存功业。古人云：妻子如衣服，衣服破而更新；兄弟如手足，手足断而难续。汝等恭承王法，莫纵骄奢。兄弟相同，上下和睦。

四曰：为婚姻，须择门户。不得将骨肉流落他乡，及于小下之家，污辱门风。所娶之家，亦须拣择门阀；宗国旧亲，是吾乡县人物，粗知礼义，便可为亲。若他处人，必不合祖宜之望。

五曰：莫欺孤幼，莫损平民，莫听谗人，莫听妇言。

六曰：两国管内，绫绢绸绵等贱，盖谓吾广种桑麻；斗米十文，盖谓吾遍开荒亩。莫广爱资财，莫贪人钱物。教人勤耕勤种，岁岁自得丰盈。

七曰：吾家门世代居衣锦之城郭，守高祖之松楸。今日兴隆，化家为国。子孙后代，莫轻弃吾祖先。

八曰：吾立名之后，须子孙绍续家风，宣明礼教。子孙若不忠、不孝、不仁、不义，便是破家灭门。千叮万嘱，慎勿违训。①

吴越钱氏家族自少典氏发祥，如今已历逾一百二十余世，中间可分为两个时期。钱氏家族自始祖少典氏发祥始，至钱镠之父钱宽，前后历时整八十世，钱家尊少典氏为家族之"远祖"；自吴越一世祖钱镠起，至今又历四十余世，则尊钱镠为"近祖"。

唐哀帝天祐四年（907），北方军阀、唐将朱温废唐哀帝，建国曰梁，年号开平。朱温建立梁朝后，为了笼络人心，将占据东南吴越十三州的钱镠封为吴越王。钱镠在位期间，生活节俭，体恤民生，发展生产，临终前再三叮嘱子孙："善事中国，勿以易姓而废大礼。"去世之前，钱镠还给钱氏家

---

① 原载《钱氏大宗谱》，转引自杨三明：《吴越遗梦》，江苏文艺出版社，2006年版，第303–304页。

族留下了遗训,这篇遗训也被钱氏家族世代传承下来,钱镠因此被钱氏家族尊为"近纪始祖"或"近世始祖"。《钱氏宗谱》中,还载有吴越王钱镠的这篇《武肃王遗训》,简称《武肃遗训》。兹录如下:

余自束发以来,少贫苦,肩贩负米以养亲,稍有余暇,温理《春秋》,兼读《武经》。十七而习兵法,二十一投军。适黄巢叛,四方豪杰并起;唐室之衰微,皆由文官爱钱,武将惜命,托言讨贼,空言复仇,而于国计民生全无实济。余世沐唐恩,目击人情乖忤,心忧时事艰危,变报络绎,社稷将倾。余于二十四得功,由石镜镇百总枕甲提戈,一心杀贼,每战必克,大江以内,十四州军悉为保障,故由副使迁至国王,垂五十余年,身经数百战。其间叛逆诛而神人快,国宪立而忠义彰,无如天方降割,霸主频生。余固心存唐室,惟以顺天而不敢违者,实恐生民涂炭,因负不臣之名,而恭顺新朝,此余之隐痛也。尔等现居高官厚禄,宜作忠臣孝子,做一出人头地事,可寿山河,可光俎豆,则虽死犹生。倘图眼前富贵,一味骄奢淫佚,死后荒烟蔓草,过丘墟而不知谁者,则浮生若梦矣。十四州百姓,系吴越之根本。圣人有言:敬事而信,节用而忧人,使民以时。又云:恭则不侮,宽则得众,信则民任焉;敏则有功,惠则足以使人。又云:省刑罚,薄税敛。又云:惟孝友于兄弟。此数章书,尔等少年所读,倘常存于心,时刻体会,则百姓安而兄弟睦,家道和而国治平矣。

至元瓘、元琛、元璙、元璝、元勖、元禧,俱系幼稚,不特现在之饮食、教训,均宜尔等加意友爱,即成人婚配,亦须尔等代余主持。元璲、元镶、元璛等,中年逝世,遗子尚小,亦宜教养怜惜,视犹己子,毋分彼此。将吏士卒,期于宽严并济,举措得宜,则国家兴隆。余之化家为国,凤篆龙纶,堆盈几案,实由敬上惜下、包含正气而能得此。每慨往代衰亡,皆由亲小人远贤人、居心傲慢、动止失宜之故,正所谓德薄而位尊、智小而谋大,未有不遭倾覆之患也。尔等各守郡符,须遵吾语。余自主军以来,见天下多少兴亡成败,孝于亲者,十无一二;忠于君者,百无一人。是以:

第一,要尔等心存忠孝,爱兵恤民。

第二,凡中国之君,虽易异姓,宜善事之。

第三，要度德量力而识时务，如遇真主，宜速归附。圣人云：顺天者存。又云：民为贵，社稷次之。免动干戈，即所以爱民也。如违吾语，立见消亡；依我训言，世代可受光荣。

第四，余理政钱塘五十余年如一日，孜孜兀兀，视万姓、三军并是一家之体。

第五，戒听妇言而伤骨肉。古云：妻妾如衣服，兄弟如手足。衣服破，犹可新；手足断，难再续。

第六，婚姻须择阀阅之家，不可图色美而与下贱人结缡，以致污辱门风。

第七，多设养济院，收养无告四民；添设育婴堂，稽察乳媪，勿致阳奉阴违，凌虐幼孩。

第八，吴越境内，绫绢绸绵，皆余教人广种桑麻；斗米十文，亦余教人开辟荒亩。凡此一丝一粒，皆民人汗积辛勤，才得岁岁丰盈。汝等莫爱财无厌征收；毋图安乐逸豫；毋恃势力而作威；毋得罪于群臣百姓。

第九，吾家世代居衣锦之城郭，守高祖之松楸。今日兴隆，化家为国，子孙后代，莫轻弃吾祖先。

第十，吾立名之后，在子孙绍续家风，宜明礼教，此长享富贵之法也。倘有子孙不忠、不孝、不仁、不义，便是坏我家风，须当鸣鼓而攻。

千叮万嘱，慎体吾意；尔等勉旃，毋负我训！①

北宋神宗熙宁十年（1077）元月，原资政殿大学士、右谏议大夫赵抃出任杭州府军州事，有感于吴越王钱镠有功于后世，遂于是年七月上书朝廷，准以杭州玉皇山一佛寺废址改建表忠观，以供奉吴越国的三世五王。到了翌年的元丰元年（1078）八月，表忠观完竣，赵抃还特地请苏东坡代撰"表忠观"碑以纪。此后，来到杭州的文人雅士和迁客骚人，对钱镠也多有题诗吟诵。大诗人苏东坡先后两度放任杭州并有歌吟。他为赵抃代撰的《钱氏表忠观碑》一文，就盛赞钱镠的保全两浙之功。此外，他还写

---

① 钱志仁、钱国平主编，无锡市历史学会编：《无锡鸿声里钱氏六院士》，2008年版，第44—45页。

有《送表忠观钱道士归杭》一诗,对钱镠的文治武功倍为推崇。

先祖的嘉言懿行,严明的族规家训,对江南钱氏家族的崛起产生了深远的影响,对钱家后人的成才也起到了重要的教化和激励作用。重视文教,既是江南钱氏家族的传统,更是钱氏家族人才鼎盛的重要原因之一。"我们钱家人喜欢读书,书读多了容易当官,当官的容易出名",这是钱镠的第三十五世孙钱伟长在一次回答记者"钱家为什么能出那么多名人"时给出的答案,语中虽然带有调侃的意味,却也恰当地道出了钱氏家族成功之秘密所在。

除《武肃王八训》和《武肃王遗训》外,钱氏家族还有《钱氏家训》。《钱氏家训》又分为两篇,即早期的《钱氏家训》和晚期的《钱氏家训》。早期《钱氏家训》内容如下:

一曰孝。夫孝者,为百行之原,凡在人子皆当尽。非昏定晨省谓之孝,凡语言动静皆无违,可言孝。圣人曰:色难。又曰:生事葬祭,必诚必信。其理明而易晓,其事切而易行。圣人一部《孝经》,无非当然之则,如或不然,非特不可以为子,亦且不可以为人。

二曰悌。善事兄长曰悌,而悌不止于恭凡敬尊长,敦本睦族,皆谓之弟(悌)。若轻手足而重资财,听妇言而乖骨肉;同气尚自参商,则此外之谦卑逊顺,皆非本来面目。故为弟(悌)之道,必须从根本上做起,方为之悌。有子曰:君子务本。本立而道生,可以达乎天下矣。

三曰忠。圣人云:臣事君以忠。又曰:尽己之为忠。曾子曰:为人谋而不忠乎? 马融《忠经》,原不止为居官者言。故在朝,则笃棐靖献,因当不欺于隐微;即在野,而食德饮和,亦必尽心于报效。国课早完,不怨不尤,此皆所谓忠于其上者;而事事必求自慊,念念不敢自欺,则更有贵于随分自尽者焉。

四曰信。夫信,为人至要之物也。凡仁义礼智,非信不行。子曰:信近于义。又曰:人而无信,不知其可也。《左传》曰:信不由忠,质无益也。日用伦常,非信不立。所以圣人四教,其一曰信。人生一言一行,皆当以此为根本。不但朋友之交贵乎信,即世事往还亦必以信。未有无信之人而可行之于世矣。故圣贤谆谆诰诫者,信也。

五曰礼。夫礼,不可不有也。礼之为用,难以悉数。大而(言)君臣父子夫妇昆弟朋友,各有当然之则;小而(言)周旋揖让酬酢往来,皆有不易之经。故礼之大端有五,而所以行礼者,恭而敬而已。有礼则安,无礼则危;凡为人者,岂可不言礼而能处世哉!

六曰义。夫义者,为人最宜有之也。人有义,则诸事循乎规短(矩)近乎人情;不义,则是非得失必有毫厘千里之谬。故惟知之明而处之当然,后行之至而乐之尽。不然,则智者过之,愚者不及;贤者过之,不肖者不及,终身为不义人,岂非为名教中之罪人。故义不可不有也。

七曰廉。夫廉者,棱角陗厉也。世之所谓廉者,一介不与,一介不取也。《礼》有云:临则(财)毋苟得。先哲云:非义之财不可取。凡此三者,名虽异而实同,子孙如有临民作宰,须知俭以养廉,宜戒贪污。倘一不慎,必致忘廉。

八曰耻。人之有耻是圣贤,行己之方而羞恶之,良人所同。具总不能为圣为贤,亦必清清白白,断未有甘心于污贱者。苟其无耻,必将无所不为,至于被刑戮,辱祖宗,有靦面目为人类所不耻,则虽孝子贤孙,百世不能改也。①

明清时期,钱氏家族的一支在无锡日渐崛起,生活于此的钱家后裔在始祖钱镠《八训》《遗训》和《家训》的基础上,专门又制订了新的《家训》,也名之曰《钱氏家训》。这篇《家训》分为个人、家庭、社会和国家四个方面,后来还成为训导和规范钱氏家族所有成员的总纲。因是文对无锡钱氏家族后裔影响较大,故兹录其文如下:

个　人

心术不可得罪于天地,言行皆当无愧于圣贤。

曾子之三省勿忘,程子之四箴宜佩。

---

① 钱志仁、钱国平主编,无锡市历史学会编:《无锡鸿声里钱氏六院士》,2008年版,第45-46页。

持躬不可不谨严,临财不可不廉介;处事不可不决断,存心不可不宽厚。

仅前行者地步窄,向后看者眼界宽。

花繁柳密处拨得开,方见手段;风狂雨骤时立得定,才是脚跟。

能改过则天地不怒,能安分则鬼神无权。

读经传则根柢深,看史鉴则议论伟。

能文章则称述多,蓄道德则福报厚。

家　　庭

欲造优美之家庭,须立良好之规则。

内外门间整洁,尊卑次序谨严。

父母伯叔,孝敬欢愉;姆娌弟兄,和睦友爱。

祖宗虽远,祭祀宜诚;子孙虽愚,诗书须读。

娶媳求淑女,勿计妆奁;嫁女择佳婿,勿慕富贵。

家富提携宗族,置义塾与公田;岁饥赈济亲朋,筹仁浆与义粟。

勤俭为本,自必丰亨;忠厚传家,乃能长久。

社　　会

信交朋友,惠普乡邻。

恤寡矜孤,敬老怀幼。

救灾周急,排难解纷。

修桥路,以利人行;造河船,以济众渡。

兴启蒙之义塾,设积谷之社仓。

私见尽要划除,公益概行提倡。

不见利而起谋,不见才而生嫉。

小人固当远,断不可显为仇敌;君子固当亲,亦不可曲为附和。

国　　家

执法如山,守身如玉。

爱民如子,去蠹如仇。

严以驭役,宽以恤民。

官肯著意一分,民受十分之惠。

上能吃苦一点,民沾万点之恩。

利在一身固谋也,利在天下者尤谋之;利在一时固谋也,利在万世者更谋之。

大智兴邦,不过集众思;大愚误国,只为好自用。

聪明睿智,守之以愚;功被天下,守之以让;

勇力振世,守之以怯;富有四海,守之以谦。

庙堂之上,以养正气为先;海宇之内,以养元气为本。

务本节用则国富,进贤使能则国强;

兴学育才则国盛,交邻有道则国安。①

五代十国末期,随着北方宋王朝势力的日益增强,吴越国的继承者钱弘俶自觉不是中原赵宋王朝的对手,遂秉承"善事中国"之祖训,为确保吴越的一方平安,免除辖地生灵涂炭,审时度势,于是决定"纳土归宋"。为表示诚意,他还不顾个人安危,前往汴梁朝见宋太祖赵匡胤。钱弘俶离开杭州时,吴越民众闻知,特在杭州造塔一座,取"保佑钱弘俶"之意而名曰"保俶塔"。钱弘俶平安回到杭州后,为保护两浙百姓的一方平安,敕令广印佛经六十八万卷,又在钱塘江边另行辟建一塔,并取"六合和睦"之意而名之曰"六和塔"。

赵宋王朝大致实现南北统一后,吴越王的许多后裔都成了宋朝都城汴梁的达官贵人,其中最有名的便是风流文人钱惟演。钱惟演系忠懿王钱弘俶之次子,字希圣,是个多才多艺的风流名士。他十七岁考中进士,人称他有"李白之才",一生酷好读书,诗文俱佳,家藏书画汗牛充栋,堪与朝廷秘府媲美,曾参与编修《册府元龟》等巨著。钱惟演在世之时,曾对其家族前辈钱镠、钱元瓘、钱弘佐、钱弘倧和钱弘俶等人的诗予以悉心搜罗,合编一集,名曰《传芳集》。钱惟演入东京汴梁后,又常与刘筠、杨亿等十七人诗酒唱和,流连不绝,后来还结集为《西昆酬唱集》广为流传,时人称他们的诗为"西昆体"。《西昆酬唱集》共收诗二百四十四首,其中

---

① 钱志仁、钱国平主编,无锡市历史学会编,《无锡鸿声里钱氏六院士》2008年,第47页。

收钱惟演的诗就达四十八首。钱惟演的诗规步晚唐诗人李商隐,稍晚于他的一代文宗欧阳修对他十分推崇,并点赞他:"坐则读经史,卧则读小说,上厕则阅小词,盖未尝顷刻释卷也。"钱惟演还作过一首《对竹思鹤》的七绝,曰:"瘦玉萧萧伊水头,风宜清夜露宜秋。更教仙骥旁边立,尽是人间第一流。"清末民国年间福建籍著名诗人陈衍,对钱惟演也推崇备至,他在读了这首诗后,也盛称钱惟演是"有身份,是第一流人语"。

榜样的力量是无穷的,精神的力量是至关重要的。千百年来,钱氏精神得以传承下来,取决于一代又一代父母对子女的培养,这也正是江南钱氏家族兴旺发达的最重要原因之一。

五世同堂,满门书香

七房桥钱氏家族成功的第二个秘诀就是五世同堂,书香传家。

钱镠是江南钱氏后裔发愤读书的最好榜样。他出身贫寒,却从小酷爱读书,直到晚年仍然坚持读书,并立下了"子孙虽愚,诗书须读"的祖训。为能让族中的贫困子弟有书可读,各地钱家都设立义田、义庄、祭田,并明文规定其中一部分田产或盈利必须作为钱氏子弟共同的教育经费。建于无锡鸿山七房桥的"怀海义庄"等三个义庄就是一个典范,其宗旨是"救灾周急、恤孤矜寡、排难解纷、兴学育才"。族内凡是鳏寡孤独者均能领到义庄的钱粮,钱姓子弟不分贫富都能上学读书,佃农和附近农家子弟学费可酌减免。

繁衍于江南一带的钱氏家族,自唐末以来开枝散叶,人才辈出,载入史册的名家逾千人。近代以后更是出现人才"井喷"现象,钱学森、钱伟长、钱三强、钱穆、钱锺书等众多科技巨擘、国学大师、文坛硕儒,都出自这个"千年名门望族、两浙第一世家"。

孟子曾说:"君子有三乐,而王天下者不与存焉。父母俱存,兄弟无故,一乐也;仰不愧于天,俯不怍于人,二乐也;得天下英才而教育之,三乐也。"七房桥钱氏家族后裔,学高为师,代为师表,教书育人,为人称颂,可以说充分地体现了孟子"得天下英才而教育之"的人生理想。

自古以来,"红袖添香夜读书""书中自有黄金屋,书中自有颜如玉,书中自有千钟粟",寄托了多少中国文人的情怀,而"书香门第""满门书香"又是多少家族的殷切期冀。无锡七房桥钱氏家族,与江南其他钱氏家族一样,世传子弟,都以读书为乐事,他们其中最具代表性的无疑还是钱穆。

无锡七房桥钱氏家族直到钱穆的曾祖父的爷爷这一辈,家境仍宽绰有余,钱邵霖颇嗜读书,曾作为贡生赴金陵的江南贡院深造。清乾隆六年(1741),他的长玄孙,即钱穆的伯父一出世,钱家便有了划时代意义的"五世同堂",并获道光帝的嘉奖,被赐予"五世同堂"匾额,世代悬于钱氏家族的大门。乾隆二十八年(1763),钱镠第二十九世孙、五世同堂的第一先祖钱邵霖,凭着对先祖怀义济世的理解,与同族创办了怀海义庄,划地二百余亩,至道光年间发展到九百余亩。七房桥前后共办了三个义庄,除怀海义庄外尚有清芬堂义庄、宏远堂义庄。义庄虽是建立在血缘纽带上的家族救济,但从属戚中延伸出去的接济范围并不算小,鳏寡孤独借以远离贫困死亡、获资求学进取,意义非比寻常。

七房桥钱家自钱邵霖之后,全族成员以诗礼传家,书香传承,多赖五世同堂祖孙的相继接力。钱穆的高祖、曾祖、祖父,他们都是五世同堂书香传承的中坚。钱穆的祖父钱珏,留给子孙有一函他亲手抄写的《五经》,用的是上等白宣纸,字体大小、墨色浓淡整密一致,钱穆的父亲则用黄杨木和锦带穿孔予以裹扎,并在其上镌刻"手泽尚存"四字。祖父留给子孙的还有一部大字刻本《史记》,上面有鞠如公阅后留下的批注和五色圈点,除此手迹纪念外,上面还有主人因眼疾留下的临书泪渍,这些令后来的钱挚、钱穆兄弟时常抚书把玩。钱穆父子和兄弟不仅获得祖父的《五经》《史记》等古籍,这些读书习惯的养成和从读书获得的尊贵,也都成为一种读书向学的情结。祖父阅本的影响,使钱穆自幼即爱读《史记》,并引领他进入神圣的历史文学的殿堂。

五世同堂的鞠如公去世时,他的次子钱承沛只有三岁。钱承沛的血脉中好似隐埋了祖上习书的心智与习惯,他自幼便酷爱读书,并有"神童"之誉。他曾将自己置身于无人居住的素书堂后进的破屋中,寒暑不辍,夏夜蚊虫叮咬难耐,他便将双足浸于酒瓮中,每晚研读到深夜。钱承沛十六岁便以案首资格考中县试秀才,但因体弱多病,三次乡试均病倒于考场,后来只得远离考场,将希望寄托在诸子身上。父亲当年熟读的课本,给予钱穆以刻骨铭心的记忆和精神渗透,使晚年的钱穆仍然记忆犹新。

钱穆活了九十六岁,可以说与中国的20世纪同行。他一生都在与书打交道,读书、买书、教书、写书,成了他生命中最重要的事情。他又以教育为业,对教育的宗旨、为学与做人的关系、理想人物的培养等,也都做过精彩的论述。1959年5月26日,钱穆在香港苏浙公学的演讲中曾有过振聋发聩的精彩话语:

> 为什么读书便能学得做一个高境界的人呢?因为在书中可碰到很多人,这些人的人生境界高、情味深,好做你的榜样。目前在香港固然有三百几十万人之多,然而我们大家的做人境界却不一定能高,人生情味也不一定能深。我们都是普通人,但在书中遇见的人可不同,他们是由千百万人中选出,又经得起长时间的考验而保留以至于今日,像孔子,距今已有两千六百年,试问中国能有几个孔子呢?又如耶稣,也快达两千年;他如释迦牟尼、穆罕默德等人。为什么我们敬仰崇拜他们呢?便是由于他们的做人。当然,历史上有不少人物,他们都因做人有独到处,所以为后世人所记忆,而流传下来了。世间决没有中了一张马票,成为百万富翁而能流传后世的。即使做大总统或皇帝,亦没有很多人能流传让人记忆,令人向往。中国历代不是有很多皇帝吗?但其中大多数,全不为人所记忆,只是历史上有他一名字而已。哪里有读书专来记人姓名的呢?做皇帝亦尚无价值,其余可知。中马票固是不足道;一心想去外国留学、得学位,那又价值何在、意义何在呀?当知论做人,应别有其重要之所在。假如我们诚心想做一人,"培养情趣,提高境界",只此八个字,便可一生受用不尽;只要我们肯读书,能遵循此八个字来读,便可获得一种新情趣,进入一个新境界。各位如能在各自业余每天不断读书,持之以恒,那么长则十年二十年,短或三年五年,便能培养出人生情趣,提高了人生境界。那即是人生

之最大幸福与最高享受了。

读哪些书？

说到此,我们当再进一层来谈一谈读书的选择。究竟当读哪些书好？我认为,业余读书,大致当分下列数类：

一是修养类的书。

所谓修养,犹如我们栽种一盆花,需要时常修剪枝叶,又得施肥浇水。如果偶有三五天不当心照顾,便决不会开出好花来,甚至根本不开花,或竟至枯死了。栽花尚然,何况做人！当然更须加倍修养。

中国有关人生修养的几部书是人人必读的。首先是《论语》。切不可以为我从前读过了,现在毋须再读。正如天天吃饭一样,不能说今天吃了,明天便不吃；好书也该时时读。再次是《孟子》。孔孟这两部书,最简单,但也最宝贵。如能把此两书经常放在身边,一天读一二条,不过化（花）上三五分钟,但可得益无穷。此时的读书,是各人自愿的,不必硬求记得,也不为应考试,亦不是为着要做学问专家或是写博士论文；这是极轻松自由的,只如孔子所言"默而识之"便得。只这样一天天读下,不要以为没有什么用；如像诸位每天吃下许多食品,不必也不能时时去计算在里面含有多少维他命,多少卡路里,只吃了便有益；读书也是一样。这只是我们一种私生活,同时却是一种高尚享受。

钱穆在演讲中,除了人生修养方面的书外,又列举了欣赏类、博闻类、新知类、消遣类等方面的书,可以说是精彩至极。但说到读书。他又有如是之说：

上面已大致分类说了业余所当读的书。但诸位或说生活忙迫,能在什么时读呢？其实人生忙,也是应该的；只在能利用空闲,如欧阳修的三上,即：枕上、厕上和马上。上床了,可有十分一刻钟睡不着；上洗手间,也可顺便带本书看看；今人不骑骡马,但在舟车上读书,实比在马上更舒适。古人又说三余：冬者岁之余,夜者日之余,阴者晴之余。现在我们生活和古人不同；但每人必有很多零碎时间,如：清晨早餐前,傍晚天黑前,又如临睡前,一天便有三段零碎时间了。恰如一块布,裁一套衣服以后,余下的零头,大可派作别的用场。另外,还有周末礼拜天,乃及节日和假期;尤其是做教师的还有寒暑假。这些都可充分利用,作为业余读书时间的。假如每日能节约一小时,十年便可有三千六百个小时。又如一个人自三十岁就业算起,到七十岁,便可节余一万四千四百个小时,这不是一笔了不得的大数目吗?现在并不是叫你去吃苦做学问,只是以读书为娱乐和消遣,亦像打麻雀、看电影,哪会说没有时间的!如果我们读书也如打麻雀、看电影般有兴趣、有习惯,在任何环境任何情况下都可读书。这样,便有高的享受,有好的娱乐,岂非人生一大佳事!读书只要有恒心,自能培养出兴趣,自能养成为习惯,从此可以提高人生境界。这是任何数量的金钱所买不到的。

今日社会读书空气实在太不够,中年以上的人,有了职业,便不再想到要进修,也不再想到业余还可再读书。我希望诸位能看重此事,也不妨大家合作,有书不妨交换读,有意见可以互相倾谈。如此,更易培养出兴趣。只消一年时间,习惯也可养成。我希望中年以上有职业的人能如此,在校的青年们他日离了学校亦当能如此,那真是无上大佳事。循此以往,自然人生境界都会高,人生情味都会厚。人人如此,社会也自成为一好社会。我今天所讲,并不是一番空泛的理论,只是我个人的实际经验。今天贡献给各位,愿与大家都分享这一份人生的无上宝贵乐趣。

一代儒宗、史学巨擘钱穆的这些演讲,无疑是他对读书的领悟,也代表了七房桥钱氏家族众多学人对读书的理解。

七房桥钱氏家族后裔不但世为师表,教书育人,而且他们在长期的教学实践中都能继承孔子所说的"因材施教"和"循循善诱"等方法,钱承沛如此,钱挚、钱穆兄弟更是如此,钱伟长及其后辈也是如此。对此,钱伟长还对人说:"我们钱家有一家风是好的,长辈教育孩子,从不疾言厉色,更不打骂,而是示范、启导、熏陶,家父与四叔都是如此。祖祖辈辈都鼓励读书上进,学业有成,寓教于乐,注意方法,不是一味死读书。从孩子感兴趣的地方着手,在不知不觉中增长知识。"以钱穆为代表的七房桥钱氏族人,能如此诲人不倦地教育本家子弟和学校学生,难怪会受到社会的尊重了。钱穆在评论其父钱承沛时即说:"先父之得人尊敬,尤有超乎读书的学让。"

七房桥钱氏家族成员,不但爱书,而且也多有著述者,钱穆可以说是其中最杰出的代表;凡大成就者,不但是在困境苦学中取得的,也大都是在寂寞孤苦中取得的,钱穆又是一个最明显的例证。

钱穆十二岁失怙,四十岁的父亲去世,家境从此陷入贫苦。十七岁时,钱穆中学未毕业即辍学回家,开始了长达近二十年的乡教生涯,他先是在家乡无锡教小学,后到厦门教中学,再转苏州教师范。他在任教之余,总是利用一切时间,苦学不辍,博览经史,旁涉考据、训诂,他本人曾说:"虽居穷乡,未尝敢一日废学。"即便是吃饭、如厕之时,他也都捧书如常,苦学如常。熊十力的弟子唐君毅曾称钱穆凭借早年"独立苦学,外绝声华,内无假借",方才取得后来的史学成就,这便是知人之论。试想,一个既无大学文凭,也无留洋经历,仅以一乡村教师的身份最终站在中国最高学府的讲台上,除了这份苦学的韧劲外,还凭什么? 所幸的是,钱穆的苦学得到了回报,他实现了自己的抱负与理想,也为钱氏家族争得了荣光,并成了钱氏家族后裔的榜样。

执教为业,世代园丁

七房桥钱氏家族成功的第三个秘诀就是执教为业,崇文倡教。

钱穆家族被称为教育世家是当之无愧的。他的父亲钱承沛下第后,无意功名,以设馆课徒为业;钱穆兄弟四人也都是教师,胞兄钱挚还创立了又新小学,钱穆本人则在香港创立了新亚书院;钱穆的两位夫人张一贯、胡美琦也都是教师,钱穆的三子二女也都是园丁。钱穆的夫人张一贯兄弟姐妹五人,也皆为教师。钱伟长的夫人孔祥瑛曾任清华大学附中的校长;而作为钱家后辈的钱婉约,不但称家族的"长辈们清一色都是教师",她本人也继承长辈的事业,执教育人的同时,又勤奋著述,佳绩连连。

七房桥钱氏家族的成员,几乎都以执教为业,甘为园丁,辛勤育人,被传为佳话。特别是钱穆,中学尚未毕业,即走上了执教生涯,先后任教于小学、中学和大学,终成一代名师。早年乡教时期,他立志成才,博览群书,虽然蛰居乡间,但在以教谋生的同时,"未尝敢一日废学",又终成一代国学大师。钱穆到香港后,秉承中国传统知识分子经世救国的抱负,收留战乱流离到港的学生,与同人创办新亚书院,并坦言:"我创办新亚的动机,是因为当初从大陆出来,见到许多流亡青年,到处彷徨,走投无路,又不是人人都有机会到台湾来;而我觉得自己是从事教育工作的人,怎忍眼看他们失学。同时,也觉得自己只有这一条适当的路可以走。虽然没有一点把握,但始终认定这是一件应当做的事。"

钱穆的长子钱拙,1931 年生于北平,1947 年就读于江南大学,是江南大学的地下党员,学生歌咏团团长。将歌咏团取名为"骆驼",是以提倡一种吃苦耐劳、任重道远的骆驼精神。新中国成立后,他先在中学,后在江苏师范学院(今苏州大学)任教,1981 年因病去世。

钱穆的次子钱行,1932 年生于北平,幼时在苏州就学,1948 年夏高中毕业,因为时局关系,未进大学深造。1949 年 5 月参加革命,后在中学任教,并因钱穆去香港的关系,被下放到偏僻的苏北农村参加劳动,直到1980 年才被落实政策,作为统战对象,完成回城手续,安排在苏州第五中学教书。

1980 年,钱行的女儿钱婉约考入北京大学中文系。钱穆知道后很高兴,写信指导钱婉约说:"你读《论语新解》,能与《朱子集注》以及《十三经注疏》中之《论语》并读,甚佳。但《论语》一书含义甚深,该反求诸己,配合当前所处的世界,逐一思考,则更可深得。重要当在自己做人上,即一字一句亦可终身受用无穷。"

给钱穆安慰的还有其三子钱逊,继承家学,成绩斐然。1933 年,钱逊生于苏州;1949 年,十六岁的钱逊从苏州中学毕业,其时钱穆从香港来信,希望他们兄弟能到港就读,钱逊兄弟皆未成行,但他不久即考入清华大学哲学系,后一直任教于该校。1985 年,清华大学成立中国文化研究所,中国哲学史专家张岱年担任所长,钱逊任副所长。1995 年 1 月起钱逊担任研究所所长,他的主要研究方向是先秦儒学、中国古代人生哲学。

钱穆一生研究孔子,对孔子极为崇拜,钱逊也将主要精力放在对孔子的研究上,1988年10月出版了《论语浅解》,对孔子的思想进行评述,并用辩证唯物主义的观点对《论语》做了比较简要的解释。

钱穆还育有两女,长女钱易1936年生于北平,小女钱辉1940年生于苏州。钱辉师范毕业后,也像父亲和家人一样,执教为业,先后在小学、中学和师范当教师。

钱穆的长女钱易,是著名的环境工程专家、中国工程院院士。初中毕业后考入新苏师范,后又考入同济大学,1956年以优异的成绩被清华大学录取,毕业后留在清华大学工作,在环境工程系任教。现为清华大学教授、博士生导师,清华大学环境模拟与污染控制国家重点实验室主任。1994年选聘为中国工程院院士。

钱穆的三个儿媳妇和两个女婿也都在大、中学校任教,传道授业解惑。

在七房桥钱氏家族第三代的十个孙子辈中,钱军、钱静骅(女)、钱婉约(女)、钱松、张宁、顾青、顾梅(女)等七人,曾在或正在国内外大、中学校任教。

此外,钱伟长的夫人孔祥瑛,钱艺之子、无锡轻工业学院院长钱慈明等,都是教师。粗略统计,无锡七房桥钱穆家族五代,计有园丁近三十人。

从七房桥钱氏家族走出来的众多园丁,在为社会培育人才的同时,他们自己也在不断地追求上进,为钱氏本家子弟的成长积淀范例。

甘作园丁,乐于育人,身做蜡烛,奉献自己,为国家培育人才,倾尽自己的才智和心血,为社会、为人类做出自己的贡献,这是无锡七房桥钱氏家族成功的又一秘诀。

自钱镠以下千余年来,钱氏家族声名显赫,为江南望族、吴越世家,崇尚和传承朴茂严谨的家风,打造出一个传承千年的书香门第,创造了一个俊彦辈出的人才"井喷"传奇,在中国文化史和科技史上闪耀着璀璨夺目的光华,这一现象值得世人去学习、探索和研究。

附录一　七房桥钱穆家族世谱简图[①]

钱　镠　吴越钱氏家族
（852—932）　第一世
↓
钱元瓘　第二世
↓
钱弘佐　第三世
↓
钱　昱　第四世
↓
钱　杭　第五世
↓
钱　进　第六世
↓
钱　僅　第七世
↓
钱　皋　第八世
↓
钱　梓　第九世
↓
钱宗起　第十世
↓
钱成大　第十一世
↓
钱志宁　第十二世
↓
钱　裕　第十三世
↓
钱文焯　第十四世
↓
钱士元　第十五世
↓
钱　恒　第十六世
↓
钱　发　第十七世
↓
钱正德　第十八世

[①]　本表系据《无锡鸿声里钱氏六院士》之"无锡鸿声钱氏三德支世系简表"和印永清《百年家族：钱穆》之"钱穆家庭世系简表"等整理改编。

↓
钱 洪　第十九世
↓
钱 枢　第二十世
↓
钱 缨　第二十一世
↓
钱来凰　第二十二世
↓
钱师尧　第二十三世
↓
钱辅家　第二十四世
↓
钱有恒　第二十五世
↓
钱如璋　第二十六世
↓
钱世德　第二十七世
↓
钱 溥　第二十八世
↓
钱邵霖　第二十九世
↓
钱 寯　第三十世
↓
钱绣屏(1810—?)　第三十一世
↓
钱鞠如(1832—1868)　第三十二世
↓
钱承沛(1866—1906)　第三十三世
↓
钱 穆(1895—1990)　第三十四世
↓
钱伟长(1912—2010)　钱 易(1936—)　第三十五世

附录二　主要参考书目及文献资料

[1] 邓尔麟. 钱穆与七房桥世界[M], 蓝桦, 译. 北京: 社会科学文献出版社, 1998.

[2] 严耕望. 治史三书[M]. 2版. 上海: 上海人民出版社, 2011.

[3] 蒋永新, 王海雄, 詹华清, 等. 钱伟长图影编年[M]. 上海: 上海大学出版社, 2008.

[4] 孔庆茂. 丹桂堂前: 钱钟书家族文化史[M]. 武汉: 长江文艺出版社, 2000.

[5] 钱穆. 八十忆双亲　师友杂忆[M]. 北京: 生活·读书·新知三联书店, 2005.

[6] 汪学群, 武才娃. 大家精要: 钱穆[M]. 昆明: 云南教育出版社, 2008.

[7] 郭齐勇, 汪学群. 钱穆评传[M]. 2版. 南昌: 百花洲文艺出版社, 2010.

[8] 陈勇. 国学宗师钱穆[M]. 北京: 北京大学出版社, 2007.

[9] 徐国利. 一代儒宗: 钱穆传[M]. 武汉: 湖北人民出版社, 2011.

[10] 祁淑英. 中国"三钱"[M]. 石家庄: 河北教育出版社, 2006.

[11] 岳南. 南渡北归[M]. 长沙: 湖南文艺出版社, 2011.

[12] 柯琳娟. 以国家需要为专业的科学家: 钱伟长传[M]. 南京: 江苏人民出版社, 2009.

[13] 祁淑英. 钱伟长传[M]. 太原: 山西人民出版社, 2010.

[14] 孔庆茂. 钱钟书与杨绛[M]. 海口: 海南国际新闻出版中心, 1997.

[15] 郭谦. 影响中国的文化世家[M]. 武汉: 崇文书局, 2011.

[16] 钱伟长. 钱伟长文选[M]. 上海: 上海大学出版社, 2004.

[17] 岳南. 陈寅恪与傅斯年[M]. 西安: 陕西师范大学出版社, 2008.

[18] 顾潮. 我的父亲顾颉刚[M]. 北京: 人民文学出版社, 2010.

[19] 顾颉刚. 顾颉刚日记[M]. 北京: 中华书局, 2011.

[20] 钱行. 思亲补读录: 走近父亲钱穆[M]. 北京: 九州出版社, 2011.

[21] 顾颉刚.顾颉刚自述[M].刘俐娜,编.郑州:河南人民出版社,2005.

[22] 印永清.钱穆[M].石家庄:河北教育出版社,2003.

[23] 李最欣.吴越钱氏家族文化研究[M].济南:齐鲁书社,2010.

[24] 钱胡美琦.楼廊闲话[M].北京:九州出版社,2012.

[25] 杨三明.吴越遗梦[M].南京:江苏文艺出版社,2006.

[26] 苏庆彬.七十杂忆:从香港沦陷到新亚书院的岁月[M].香港:中华书局(香港)有限公司,2011.

[27] 钱伟长.钱伟长文集[M].上海:上海大学出版社,2013.

[28] 钱伟长.钱伟长学术论文集[M].上海:上海大学出版社,2012.

[29] 陆玉芹.未学斋中香不散:钱穆和他的弟子[M].广州:广东教育出版社,2007.

[30] 中国人民政治协商会议江苏省无锡县委员会.钱穆纪念文集[M].上海:上海人民出版社,1992.